Werner Peiner

Go West

Werner Peiner

Go West

Die Entdeckung Nordamerikas
hinter der Prärie

Universitas

Alle Fotos im Bildteil
von Erika Peiner

© 1999 by Universitas Verlag in der
F. A. Herbig Verlagsbuchhandlung GmbH, München
Alle Rechte vorbehalten
Lektorat: Literatur-Agentur Axel Poldner, München
Schutzumschlag: Wolfgang Heinzel
Schutzumschlagmotiv: »Westwärts geht der Weg«,
Gemälde von E. G. Leutze (Archiv für Kunst und Geschichte, Berlin)
Satz: Fotosatz Völkl, Puchheim
Druck: Jos. C. Huber KG, Dießen
Binden: R. Oldenbourg, München
Printed in Germany
ISBN 3-8004-1390-6

INHALTSVERZEICHNIS

ZUR EINSTIMMUNG IN DIE SPURENSUCHE

»Hi, folks, how are you today?« Im Westen der USA be-
grüßen sich wildfremde Menschen mit der forschen Ver-
trautheit alter Bekannter. Es wird erwartet, daß man mit
»fine!« antwortet, dann aber schnell zur Sache kommt. In
diesem weiten, vor 200 Jahren den Weißen noch völlig
unbekannten Teil des Kontinents wurde man nicht mit
Plaudern seßhaft. Die Amerikaner westlich von Mississippi und Missouri haben es bei aller Gelassenheit so eilig, als
wären sie noch immer nicht ganz angekommen.

Indien, China und die jungen asiatischen Industrienationen sind heute die vorgeschobenen Grenzen des
amerikanischen Einflußbereiches. Fernöstliche Fluglinien
und Schiffe beherrschen das Bild der amerikanischen
Häfen am Pazifik. Europa dagegen ist den Menschen
jenseits der Rocky Mountains eher fern. Es scheint fast,
als hätte Präsident Thomas Jefferson diese Entwicklung
kommen sehen. Anfang des 19. Jahrhunderts, als noch
Spanier und Briten die nordamerikanische Pazifikküste jeweils für sich beanspruchten, bemühte er sich
bereits um Stützpunkte für die USA. Er wollte, daß sein
Land den Überseehandel mit Asien betrieb. An Siedd-
lungen der Amerikaner im äußersten Westen wagte er
jedoch kaum zu denken. Ost und West trennte damals

unwegsame Wildnis; es war – noch – das Land der Indianer.

Aber da hatte der dritte Präsident der USA seine tatendurstigen Amerikaner unterschätzt. Wie ein Fieber ergriff die junge Nation der Drang, in die weiten Ebenen östlich der Rocky Mountains und darüber hinaus vorzustoßen. Das noch unbekannte westliche Territorium bis zum Pazifik zu besiedeln war der Traum, den alle Schichten und Generationen träumten. Der US-Historiker Robert Frost brachte es auf die Formel: »Wir besaßen das Land, bevor es uns besaß.«

Wie das geschah, was Trapper und exotische Kundschafter dabei erlebten, was Offiziere, Wissenschaftler, Landvermesser, Künstler, Siedler und Goldsucher leisteten und erlitten, die Tragik der verdrängten Indianer und die Ideen der großen Reformer – das ist nun faszinierende Geschichte. Viele ihrer Helden und Schurken wären unter weniger dramatischen Umständen bestimmt unauffällige Durchschnittsbürger geblieben. Wer heute den US-Westen etwas nachdenklich bereist, wer sich nicht an die verbreiteten Klischees, sondern an die Fakten hält, wird eine Ahnung dieser Geschichte bekommen. Allein die Orts- und Landschaftsnamen zeugen in vielen Sprachen von den abenteuerlichen Entdeckungen und Erkundungen, die mit der Erschließung des Landes verbunden sind.

Die menschlichen Spuren im »Wunderland«, wie Prospekte den amerikanischen Westen gern anpreisen, erzählen nicht nur Geschichte, sondern auch Geschichten. Vieles an der Legende vom Wilden Westen ist halb wahr, manches schlichtweg unwahr. Und wer hat nicht alles an diesem Epos mitgewirkt: Von Fenimore Cooper und Friedrich Gerstäcker über Karl May – der sowohl Hitler als auch Einstein fesseln konnte – bis zu den Kino-Epen Hollywoods und den bunten Bildchen der Zigarettenreklame zieht sich die Reihe der »Märchenerzähler«.

Der Traum vom »Wilden Westen« ist ein kommerzieller Dauerbrenner. Dutzende europäischer Erzähler und Romanciers haben die Indianer, die Trapper und das Land, in dem sie lebten, nach der Schwarz-Weiß-Methode beschrieben – je nachdem, wie es ihnen selbst oder ihren prospektiven Lesern gefiel. Die Protagonisten ihrer Phantasien waren Exoten und Fabelwesen – mal Halbgötter, mal gefallene Engel. Der Westen war entweder ein Garten Eden, voller Versprechungen für die Immigranten, oder abstoßend wild und gesetzlos, aber immer aufregend unbekannt. Die Menschen wurden zu Kunstfiguren, die im Verlauf einer spannenden Handlung sowohl schwülstige Romantik wie obszöne Brutalität verkörpern konnten.

Doch auch darüber, wie es wirklich war, gibt es eine Fülle authentischer Berichte. Für denjenigen, der dieses Land erfahren will, sind sie eine Fundgrube. Angesichts der ergreifenden Landschaft und der von ihrer Geschichte geprägten Menschen werden sie wieder lebendig. Und bei allen interessanten Fakten sind es die Zwischentöne, die das Bild des amerikanischen Westens vertiefen. Die Erbauungs- und Gruselliteratur hat sie fleißig ausgespart, um an den einträglichen Vorurteilen nicht zu rütteln.

Viele der großen Highways und Eisenbahnlinien von Ost nach West verlaufen entlang der alten Trails, über die einst Indianer, Trapper und Siedler gezogen sind. Das erleichtert den Touristen die geschichtliche Orientierung im Westen, der heute in die Staaten Kalifornien, Oregon, Washington, Montana, Wyoming, Idaho, Nevada, Utah, Colorado, Arizona und New Mexico unterteilt ist. Insgesamt machen sie rund ein Drittel der USA aus. Dieses Land ist in weiten Teilen noch nicht entstellt durch störende Be- und Überbauung, wie sie unsere europäischen Landschaften so verfremdet haben.

In urgeschichtlichen Zeiten war der Westen der USA bereits in ähnlicher Ausformung wie heute vorhanden – nur waren die Berge höher und die Täler tiefer. Doch dann muß der Kontinent im Westen ziemlich plötzlich abgesunken sein, bis nur noch die Spitzen der Wasatch-Berge bei Salt Lake City aus den Wassern ragten. Das blieb während des ganzen Paläozoikums so. Das Gebiet des heutigen Nevada und Kalifornien sackte jedoch noch weiter ab; der Bruch zog sich an der mittleren westlichen Kordillere entlang. Am Ende des Mesozoikums hob sich der Westen wieder an, und das Meer gab Nordamerika in seiner heutigen Gestalt frei. Um diese Zeit bildeten sich die Süßwasserseen in den Rocky Mountains, und an den Bruchstellen der kontinentalen Verschiebung wurden gewaltige vulkanische Kräfte frei. Die Berge türmten sich noch höher, und die folgenden zwei Eiszeiten, unterbrochen von längeren Trockenperioden, ließen schließlich die heutigen landschaftlichen Feinstrukturen – die V-förmigen Täler, Wüsten und Halbwüsten – entstehen, die fast alle einmal vergletschert waren.

Der Westen der USA ist mit Europa fast nirgendwo zu vergleichen. Es ist nicht nur eine Frage der Ausmaße – szenisch ausgebreitete Höhenzüge, gewelltes Weideland und öde Ebenen wechseln mit den parkartigen Hochtälern der Rocky Mountains und den domhohen Rotfichtenwäldern am Pazifik. Flüsse, flach und breit dahinfließend oder tief in Canyons über Felsgeröll schäumend, unterteilen das

Land, fangen das Wasser auf, das aus der Höhe stürzt. Zu gigantischen Geisterstädten erodierte bunte und nackte Gesteinsmassen, Land, das unvermittelt Hunderte von Metern in Schluchten abtaucht und wieder auftaucht mit aufgestülpten Vulkankegeln, in denen Geysire und heiße Quellen pulsieren – das ist der Westen; steile Klippen, dazwischen Sand- und Geröllwüste mit Büscheln von Stachelgewächsen zeichnen das Land. Es besitzt einen einmaligen Reichtum an Formen und Strukturen, die bei sengender Hitze, furchterregenden Blizzards, kaltblauem Himmel oder wolkentreibendem Wind ganz unterschiedlich erlebt werden. Wer Ähnlichkeiten mit Europa sucht, geht verkehrt an diese Landschaft heran, so wie viele der gebildeten Entdecker des Westens, denen die Worte für die Einmaligkeit des Landes fehlten, hilflos nach Vergleichen mit dem alten Kontinent suchten und damit nur ein mageres Zerrbild entwarfen. Der Westen ist Bestandteil und Ausdruck der amerikanischen Kultur, die nicht aus einer langen Geschichte menschlichen Gestaltungsdrangs schöpfen kann und deshalb auf die Größe und prägende Vielfalt der Natur zurückgreifen muß.

Der Geschäftsreisende unserer Tage zieht es vor, die westlichen Staaten der USA in wenigen Stunden zu überfliegen. Die lockende Ferne ist zur kalkulierbaren Entfernung verkommen. Mit dem Auto gewinnen Urlauber, Vertreter, Saisonarbeiter, Umzügler zunächst noch eine Ahnung von der Faszination der Weite. Sie brauchen immerhin Tage und erleben, erfühlen noch etwas vom Land. Menschen wohnen hier meist weit auseinander und wären ohne Straßen auf verlorenem Posten. Doch diese Straßen durchziehen den Westen großräumig – noch gibt es diesen Eindruck von unberührter Natur, auch außerhalb der vielen National und State Parks mit ihrer geschützten Umwelt. Unvergeßlich, wie einige der Scenic Highways auf aussichtsreichen Graten balancieren und sich dann wieder durch enge Klüfte aus Buntsandstein winden.

Hat man jedoch erst die Autowelt auf dem Parkplatz hinter sich gelassen und ist zu Fuß in die Wild- und Naturreservate eingetaucht, werden Erinnerungen an spannende Jugendlektüre, an Irving Stones Charakterbilder der »Leute aus dem Gebirge« oder an James Micheners ausgreifende Romane von Siedlern, Bisons und Indianern wach. Im »Outback« mögen ängstliche Gemüter aus Neugier und Unbehagen gemischte Gefühle beschleichen, die viele Fragen aufwerfen: Wie haben die Ureinwohner und ersten Weißen damals dieses noch wirklich wilde Land erlebt? Wie haben sie sich der Bären, Wölfe und Berglöwen erwehrt, die heute wieder zu Tausenden durch die bewachten Naturreservate streichen? Wie haben sich die ersten zivilisierten Menschen, die in die Wildnis kamen, gekleidet und ernährt? Wie haben die Jäger ihr Pulver trocken gehalten? Wie sind die Siedler gereist, und wer hat ihnen den Weg gewiesen?

Die zeitgenössischen Berichte in der Kongreßbibliothek in Washington, in Stiftungen, Universitäten und Museen füllen Bände. Vieles wurde skizziert, gemalt und auch fotografiert. Die Historiker schrieben gründliche Bücher mit unterschiedlichen Beurteilungen, in denen man ein Leben lang lesen könnte. Die deutschsprachige Ausbeute ist dagegen überraschend gering. Der Autor hat sich deshalb auf den folgenden Seiten um einen Querschnitt der Entdeckungen und Wiederentdeckungen des Westens der USA, seiner Erschließung und Siedlungsgeschichte bemüht. Dieses Buch beschreibt, wie eine entstehende Nation ihre Grenzen immer weiter steckte, um Einwanderern aus aller Welt eine Heimat zu geben – darunter auch vielen Deutschen.

Der Westen der USA, so ein Historiker, ist nicht ein Ort, sondern ein Vorgang. Was als Flirt mit dem Abenteuer begann, wurde zur amerikanischen Besessenheit. Zeiten des Aufbruchs und Umbruchs, wie sie auf diesen Seiten beschrieben werden, sollen den Hintergrund für das Reiseerlebnis »Amerikanischer Westen heute« skizzieren.

Nach Cibola mit Feuer und Schwert

Der erste Weiße im Südwesten Nordamerikas ist ein Gestrandeter, der nächste ein mordender und plündernder Konquistador auf der vergeblichen Suche nach dem Gold der Pueblo-Indianer. Später werden die spanischen Missionare und Kolonisatoren am Rio Grande von den zur Militärmacht aufgestiegenen indianischen Nomaden bedrängt, die sich Waffen und Pferde von den Weißen beschafften.

Christoph Columbus suchte 1492 den Seeweg nach Indien und fand die Bahamas vor der Ostküste Nordamerikas. Seine Reise war ein tollkühnes Wagnis. Das mußte er dem kastilischen Königspaar abtrotzen, denn die Kasse der christlichen Monarchen war ob der andauernden Kämpfe gegen die maurischen Herrscher Spaniens chronisch leer. Rentiert hat sich der Aufwand für die Ausrüstung Columbus' erst sehr viel später. Fast ein halbes Jahrhundert blieb die Entdeckung der beiden Amerikas ohne nennenswerte Folgen für die alte Welt, zumindest was den nördlichen Kontinent betrifft.

Die Spanier interessierten sich zunächst mehr für Süd- und Mittelamerika. Erst als sie sich dort festgesetzt hatten, wagten sie sich weiter nach Norden über die Mesas, die begrünten Tafelberge mit Wasserläufen in den Klüften, bis in die Rocky Mountains und nach Kalifornien vor. Das Neuland, das sie betraten, glich in seiner Kargheit entfernt ihrer von den Römern entwaldeten Heimat. Sie kamen in härener Kutte und schimmernder Rüstung, um zu bekehren und zu erobern. Sie waren daran gewöhnt, sich auch in fast ausweglosen Situationen zu behaupten. Doch Menschen in der Lage dieser spanischen Eroberer konnten leicht den Boden unter den Füßen verlieren. Ihr Leben war ein Traum von Reichtum und Gotteslohn und hatte dementsprechend seine Tücken in der Realität. Der Dichter Calderon kannte seine Landsleute.

Die spanischen Konquistadoren waren ausdauernd und rücksichtslos. Mit ihren Pferden und Kriegshunden fielen sie über die halbnackten Indianer im Südwesten Nordamerikas her. Ihre Lanzen, Schwerter und Armbrüste waren den indianischen Waffen weit überlegen; ihre Feuerwaffen und Pferde versetzten die Ureinwohner in Panik. Die Konquistadoren zerstörten oder straften, was sich ihnen nicht beugen wollte. Sie dachten nicht daran, das Land zu bestellen oder gar zu verstehen. Sie wollten es »ruhmvoll« beherrschen und vor allem ausbeuten.

Unzählige Ruinen einheimischer Kulturen zeugten einst von der spanischen Heimsuchung. Doch wären sie in der meist unbewohnten Wildnis und Wüste verlorengegangen, hätte sie nicht die eine oder andere zeitgenössische Feder nachgezeichnet und der Nachwelt erhalten. Als Entdecker blieben die großen iberischen Seefahrer und nach ihnen die Konquistadoren mit ihrem Wunderglauben mythische Gestalten. In ihrem düsteren Katholizismus, ihrer Habgier und Grausamkeit hinterließen sie eine wenig anziehende Erinnerung bei den unterworfenen Völkern: ein paar stolze Herren hoch zu Pferde, für die die heidnischen Ureinwohner erst durch die Taufe zu Menschen wurden. Die meisten ihrer Begleiter und Helfer waren grobe Schweinehirten aus der ärmlichen La Mancha ihrer spanischen Heimat. Nun waren sie zu Herren erhoben. Mit der Aussicht auf Bereicherung und mit dem Segen der Kirche richteten sie dreist fremde Kulturen zugrunde. Das hat die süd- und mittelamerikanische Welt bis heute nicht überwunden.

Der erste Spanier jedoch kam weder als Eroberer noch als Entdecker nach Nordamerika. Er war nichts als ein Gestrandeter. Aber einer, der sich nicht unterkriegen ließ. Der rothaarige Alvaro Nuñez Cabeza de Vaca (auf deutsch »Kuhkopf«) wurde nach einer mißglückten Florida-Expedition der Spanier schiffbrüchig und halb tot an den texanischen Strand gespült. Als er sich erholt hatte, hielt er sich durch Tauschhandel mit den texanischen Indianern über Wasser. In der Großen Ebene beidseits des Mississippi sah er als erster Bürger der damaligen Weltmacht die riesigen Büffelherden.

1534, sechs Jahre später, versuchte dieser stolze Soldat und frühere Verwalter der königlichen Finanzen mit drei Begleitern, darunter einem Schwarzen, über Land zurück nach Mexiko zu seinen Landsleuten zu gelangen. Er berichtete über seine Erlebnisse mit trockenem Humor. Den Rio Grande aufwärts soll es die kleine Gruppe nach mehreren vergeblichen Anläufen bis in den Norden Neu-Spaniens geschafft haben, der später New Mexico genannt wurde. Nach fast zwei Jahren hatten die Reisenden vermutlich den südlichsten spanischen Vorposten Culiacan im heutigen Arizona erreicht. Damit wären sie weit vom direkten Weg nach Mexiko abgekommen. Ihre Ankunft in der Gegend des mexikospanischen Sonora im Frühjahr 1536 ist jedenfalls verbürgt.

16

Die rund 10 000 Kilometer lange Reise mit vielen Umwegen über die Dörfer der Pueblo-Indianer verlief wohl eines Konquistadoren würdig: Der Spanier und seine winzige Eskorte wurden wie übernatürliche Wesen bestaunt. Zeitweise sollen sie bis zu 4000 Zuñi und Hopi von Dorf zu Dorf begleitet haben. Die Indianer sorgten dafür, daß es den Reisenden an nichts fehlte – bis die Spanier an die Grenze Mexikos kamen und dort auf die ersten christlichen Sklavenfänger trafen. Hier verbargen sich die wenigen noch nicht eingefangenen und ausgeraubten Eingeborenen vor den Menschenhändlern. Selbst Vaca hatte alle Mühe, ihnen seinen Neger wieder zu entreißen.

Kaum stand Vaca auf vertrautem Boden, schwärmte er seinen spanischen Landsleuten von den indianischen Dörfern im Süden New Mexicos vor. Mit wachsendem Abstand wurden überstandene Gefahren und Qualen verklärt. Er berichtete nicht nur – zu Recht – von der Gastlichkeit der Indianer, sondern unterstellte ihnen auch einen Reichtum an wertvollen Metallen und Edelsteinen, den er nie gesehen hatte. Die logische Konsequenz für sein habgieriges Publikum: Also hatten die Indianer ihre Schätze verborgen! Und das Gerücht kehrte mit Cabeza de Vaca nach Spanien zurück. 1537 trat er die Heimreise an. 1542 veröffentlichte er einen Reisebericht, in dem er sich von den Indianern des amerikanischen Südens und ihren Pueblos, den Dörfern, in vielfältiger Hinsicht beeindruckt zeigte.

Doch Vacas Begleiter, der angeblich sechs Indianersprachen radebrechende Negersklave Estévan, trug noch dicker auf als sein Herr, als er merkte, daß dies gut ankam. Er stellte sich 1539 dem französischen Franziskaner Marcos von Nizza und dessen Freund, Bruder Ornatore, als Führer für eine Vorausexpedition an den Rio Grande zur Verfügung. Dieses seltsame Gespann sollte die beste Route für eine Conquista unter dem damals erst 28jährigen Francisco Vásquez de Coronado erkunden. Doch der Schwarze überzog die spanischen Gewohnheiten: Als er, den Mönchen vorauseilend, in den Dörfern Türkise und Frauen requirieren wollte, schlugen ihn die beleidigten Zuñi tot.

Der Mönch Marcos hatte von ferne genug gesehen und drehte um. Zu Gesicht bekommen hatte er nur eines der Pueblos, und nicht einmal ein großes. Damit hatte er seinen Auftrag verfehlt. Aber die Phantasie stand Marcos bei, als er Coronado wortreich die angeblich sieben goldenen Städte von Cibola schilderte. Tatsächlich waren es nur sechs, und keine war vergoldet. Deren größte, so phantasierte Marcos, übertreffe Mejico, die Stadt, die heute als Mexico City bekannt ist. Die Häuser hätten zehn Stockwerke, und die schönsten seien außen ganz mit Türkisen verziert.

Sieben Monate nach Marcos' Bericht, im Jahre 1540, brach Coronado mit fast 300 Soldaten, 700 Indianern sowie zahllosen Sklaven und Trägern auf. 1500 Tragtiere und ungefähr ebensoviel Schlachtvieh für den Proviant bildeten den Troß. Aber der spanische Edelmann war ein vorsichtiger Soldat. Als er hörte, daß die rund 1700 Kilometer bis Cibola über Vorgebirge, schlechte Pfade, nur dürftig begrastes Land und in nordöstlicher Richtung weitab von der pazifischen Küste führten, beschloß er, das Gros seiner Armee zunächst in Culiacan zurückzulassen. Elf Wochen später erreichte er die Gegend von Cibola – und sah seine Felle davonschwimmen: Er und sein Ziehvater, der Vizekönig Neu-Spaniens, Antonio de Mendoza, hatten ein

Vermögen in die Expedition investiert. Nun mußte er erkennen, daß diese Indianer keineswegs die urbanen Völker mit viel Besitz waren, wie sie die aus Geltungssucht und Versagensgefühlen geborenen Berichte ausgemalt hatten. Die Conquista war offenbar eine Fehlinvestition.

Coronado und seine Begleiter beschimpften wütend den Mönch Marcos, der ihnen solche Märchen aufgetischt hatte. Gewiß, die insgesamt 130 Pueblos Arizonas mit ihren jeweils 400 bis 2000 Einwohnern waren, im Vergleich zu den ärmlichen mexikanischen Siedlungen, mit ihren mehrstöckigen Lehmbauten fast schon luxuriös. Aber mit den Städten der Azteken und Inka konnten sie sich bei weitem nicht messen. Gold, Silber und Edelsteine – außer Türkisen – waren nicht aufzutreiben. Die Indianer kannten nur Kupfer. Und sie waren entschlossen, sich zu verteidigen. Die Zeiten, da man die Fremden wie Götter bestaunt hatte, waren vorbei.

Coronado hielt sich noch für einen eher milden Streiter für die Sache Spaniens und des Vatikan. Er wollte friedlich erobern. War es nicht des weißen Mannes Bürde, den vernachlässigten Heiden das Christentum und die Zivilisation im Tausch gegen ein wenig Beute zu bringen? Entkräftet und vor Hunger außer sich, versuchte die spanische Vorhut, in den ersten Vorort der mythischen »Sieben Städte von Cibola« an einem der alten Handelswege zum Pazifik einzurücken. Doch die Indianer zeigten sich wenig begeistert, ihre Vorräte an die anmaßenden Eindringlinge auszuliefern. Eine Wolke von Pfeilen regnete auf die Soldaten nieder, ohne jedoch großen Schaden anzurichten. Doch nun ritt die spanische Kavallerie die Indianer nieder. Mordend und plündernd drangen die Soldaten in das Pueblo der Zuñi mit dem historischen Namen Hawikuh ein. Sie erteilten den Indianern eine Lektion, die sich schnell herumsprach. Die benachbarten Orte boten jetzt den Soldaten doch lieber ihre Gastfreundschaft an. Aber der Haß wuchs. So haben diese durch den Krieg mit den Arabern in ihrer Heimat geprägten und verhärteten Spanier mit ihren missionarischen Raubzügen eine Mauer errichtet, die bis heute nicht abgebaut ist: Sie verbreiteten Schrecken und Terror, und lange Zeit unterwarfen sich die dagegen wehrlosen Eingeborenen. Doch unter der Oberfläche brodelte es: Coronado wurde gleich zu Beginn des Scharmützels in Hawikuh von einem schweren Stein am Kopf getroffen. Ein kurzer Aufschub für die Indianer. Der Spanier plante, gewarnt, sein weiteres Vorgehen. Er empfing zunächst die Delegationen aus den benachbarten Pueblos, dann verfaßte er einen langen Brief an Mendoza über die Verhältnisse, die er angetroffen hatte. Das Gros der Expedition ließ er in sein vorläufiges Hauptquartier Hawikuh nachrücken. Kleine Gruppen schickte er zur Erkundung in die weitere Umgebung aus. Doch von Gold, Silber und Edelsteinen keine Spur. Einige Indianer wollten von einem westlich in Richtung Pazifik verlaufenden großen Fluß wissen, der sich aus einer tiefen Schlucht ergoß. Konnte man ihnen glauben? Sollte man weiterziehen?

Coronado schickte García López de Cardenas los. Und der sollte als erster Europäer, vermutlich vom heutigen Desert View aus, den Fluß entdecken, den er wegen seiner rotbraunen Farbe »Colorado« nannte. Vergebens versuchte er, den Grund des Grand Canyon zu erreichen, durch den der Colorado schäumt. Cardenas – sprachlos vor Staunen – war sofort klar, daß man auf diesem wilden Gewässer keinen Nachschub von der See heranführen konnte. Eine weitere Enttäuschung.

Eine Gruppe unter Melchior Diaz versuchte, den Kontakt mit den drei Versorgungsschiffen unter dem Befehl von Hernando de Alarcón an der pazifischen Golfküste herzustellen. Der hatte den Auftrag, über einen Wasserweg ins Landesinnere vorzudringen. Alarcón war mit Booten bis zum Zusammenfluß von Colorado und Gila vorgestoßen, wurde dann aber von den inzwischen gewappneten Indianern zur Umkehr gezwungen. Diaz kam durch einen tragischen Unfall am Unterlauf des Colorado um, als er sich bei der Verfolgung seines Jagdhundes mit seiner eigenen Lanze aufspießte.

Coronado vertraute Hernando de Alvarado, einem Offizier seiner Truppe, den weiteren Vorstoß östlich über den Rio Grande bis in die Große Ebene an, von der Cabeza de Vaca berichtet hatte. Ein überaus ehrgeiziges und kühnes Unternehmen, von dem sich der Befehlshaber und seine Hauptleute die in den Pueblos ausgebliebenen Erträge ihrer strapaziösen Reise erhofften. Darin fühlten sie sich durch die vagen Berichte von drei indianischen Händlern bestärkt, die in Hawikuh aufgetaucht waren. Die Spanier glaubten verstanden zu haben, daß es ein sagenumwobenes Königreich der Indianer in den großen Prärien gebe. Archäologen haben später herausgefunden, daß in grauer Vorzeit, als die Prärie noch Waldland war, tatsächlich vergleichsweise wohlhabende Ureinwohner dort gesiedelt haben müssen. Doch das von den drei erwähnte Reich lag mit seinen von Palisaden geschützten hölzernen Tempeln auf Erdhügeln östlich des Mississippi in Georgia, Alabama und South Carolina. De Soto, der spanische Statthalter in Florida, verheerte die Städte der Mississippi-Kultur. Die von Südwesten eintreffenden Spanier unter Alvarado sollen dagegen das heutige Dodge City in Kansas erreicht haben; am Arkansas River marschierten sie in die 24 Siedlungen von Quivira ein. Aber wieder erwiesen sich die von den Kundschaftern in Aussicht gestellten Schätze als eine Fata Morgana. Man traf nur auf Nomadenvölker wie die Apachen, die all ihre Habe mit sich trugen, oder wie die Wichita, die ihre bescheidenen Gärten mit Mais und Bohnen bestellten.

Einmal mehr rächte sich der tiefe, von keinerlei Verständnis überbrückte Graben zwischen den Kulturen: Für die Indianer war das fruchtbare Prärieland mit seinen Büffeln Reichtum. Die vom Wunschdenken beseelten Konquistadoren vom Schlage Coronados sahen nur endloses Weideland und dürftige Hütten; Reichtümer waren für sie nur Gold, Silber, Edelsteine. Ein tragisches Mißverständnis, das die mißtrauischen Spanier noch weiter festigten, als sie aus ihren einheimischen Scouts mit den Methoden der Inquisition die Wahrheit über den sagenhaften Reichtum herauszuquälen versuchten. So »gestanden« auch die »armen Wilden«, was man von ihnen hören wollte.

Zunehmend entnervt und erschöpft, gaben die Soldaten und Mönche die Suche schließlich auf. Entbehrungen und Fehlschläge ließen ihre verständnislose Arroganz bösartig werden.

Als die Hauptleute Coronados nach Osten, Norden und Westen ausgeschwärmt waren, um den südwestlichen Teil der heutigen USA zu erkunden und auszubeuten, hatte es sich das nachgerückte Gros der Armee und der Troß in den Pueblos am Rio Grande, nicht weit vom heutigen Santa Fe, bequem gemacht. Vor allem in Tiguex, heute Tiwei, wurde die wiedervereinigte Armee anfangs sogar recht freundlich aufgenommen. Aber dann kamen die

Hungernden, Entkräfteten und Enttäuschten aus der Weite des Landes zurück. Sie warfen die Indianer aus ihren Häusern und nahmen ihnen die Vorräte weg.

In Tiguex und Umgebung schlug die Stimmung bei den Ureinwohnern darauf radikal um. Empört ergriffen sie Partei für die beiden an Händen und Füßen gefesselten indianischen Führer Alvarados, die durch einen Dritten bezichtigt worden waren, daß sie die Spanier bewußt in die Irre geführt hätten. In der richtigen Annahme, daß die Fremden nur durch ihre Pferde überlegen waren, töteten sie einige der Tiere und führten andere weg. In Arenal befand sich das Zentrum des Widerstands. Cardenas stürmte es und räucherte die Bewohner der mehrstöckigen, fast fensterlosen Häuser aus, deren einzelne Stockwerke innen durch Leitern verbunden waren.

Als sich die Hopi schließlich gegen die fanatischen Spanier erhoben, wurden sie niedergemacht, einige wurden zur Abschreckung lebend an Pfähle gebunden und verbrannt. Fortan hatten die Indianer am Rio Grande eine Vorstellung davon, was es bedeutete, unter dem Kreuz der Inquisition zu leben. Von da an war das Verhältnis zwischen den spanischen Eindringlingen und den Ureinwohnern endgültig gespannt. Durch ihre unnötige Grausamkeit hatten sich die Spanier das Requerimiento – die Landnahme durch die spanische Krone für spanische und mexikanische Grundbesitzer sowie die Einbürgerung der Ureinwohner – sinnlos erschwert.

Den verblendeten Rittern dies- und jenseitiger Macht sollte ihre Schuld noch im Diesseits vergolten werden. Coronado stürzte bei einem Pferderennen mit einem Freund und wurde durch Hufschlag am Kopf schwer verletzt. Körperlich und geistig gebrochen, zog er sich nach

Mexiko zurück. Für ihn war der Südwesten Nordamerikas erledigt. Aber nun hatten seine Feinde Oberwasser. Sie klagten ihn wegen der Mißhandlung der Indianer von Tiguex an. Coronado bestritt, daß er Cardenas und Alvarado Anweisungen erteilt habe. Es bewährte sich nun, daß sich der General immer im Hintergrund gehalten und seinen Hauptleuten beim Umgang mit den Indianerstämmen den Vortritt gelassen hatte. Vizekönig Mendoza sagte für Coronado aus. Die Anklage war damit entkräftet, doch Coronado kam nicht mehr auf die Beine. Krank und verarmt starb er im Alter von nur 44 Jahren in Mejico.

Auch der Mönch Juan de Padilla zahlte mit einem traurigen Ende: Nur noch halb bei Verstand, wurde er auf dem Rückweg vom Rio Grande von Pfeilen durchsiebt. Er hatte als Missionar und Inquisitor bei der Besetzung der Pueblos und der Tortur der Indianer-Scouts eine schimpfliche Rolle gespielt. Krank und gebrochen kehrte auch der französische Mönch Marcos zurück.

Außer einigen mexikanischen Indianern und ein oder zwei weißen Überlebenden sollte 40 Jahre lang nichts mehr in den Pueblos an den ersten mißglückten Versuch einer spanischen Conquista und Christianisierung im amerikanischen Südwesten erinnern.

Erst gegen Ende des 16. Jahrhunderts nahm Don Juan de Oñate die Erschließung des Gebietes der vergleichsweise reich bevölkerten Pueblos im Norden des heutigen Arizona und New Mexico wieder auf. Mönche und Soldaten unterwarfen die Indianer nun gemeinsam, um für 130 spanische Siedlerfamilien, ihre mexikanischen Sklaven und ihr zahlreiches Vieh eine Kolonie mit Mission zu gründen. Die finanzierte der Kolonialherr als königliche »Leihgabe« selbst.

Ein Jahr später brach wieder ein Aufstand aus. Die Erinnerung an Coronado und das Schicksal der Orte Hawikuh und Tiguex war noch sehr lebendig. Dreizehn Spanier kamen um. Die Vergeltung ließ nicht lange auf sich warten. Das malerisch auf einem von steil abfallenden Klippen umgebenen Hochplateau gelegene Pueblo Acoma wurde fast vollständig zerstört. Die meisten Bewohner starben in den Ruinen. Übrig blieben 70 bis 80 Männer, denen ein Fuß abgeschlagen wurde; 500 Frauen und Kinder hatten 20 Jahre als Sklaven zu dienen.

Diesmal hielt die Friedhofsruhe 80 Jahre lang. Zeit genug, das Land der Pueblo unter den Eroberern aufzuteilen und es ihnen tributpflichtig zu machen. Schon wenige Jahrzehnte später wohnten Indianer und Spanier gemeinsam in den Häusern der Ureinwohner. Die Spanier zeugten mit den indianischen Frauen Kinder. In den größeren Pueblos bemühten sich Franziskaner und Jesuiten, das Leben der bekehrten Eingeborenen erträglicher zu gestalten. Die Garnisonen hielten sich in ihren Präsidios im Hintergrund, bereit, jeden Widerstand im Keim zu ersticken.

Mit den kooperativen Pueblos schufen die spanischen Missionare eine neue religiöse, wirtschaftliche und politische Organisation, die Handwerk und Gewerbe voranbrachte. Schließlich brachten die Spanier nicht nur Unheil. Sie vermittelten handwerkliche Fähigkeiten, führten Pferde und Schafe ein, pflanzten Weizen und Gerste an und züchteten Pfirsiche, Pflaumen und Aprikosen. Nicht lange, und man brauchte die Spanier auch als Beschützer gegen die mit Gewehren bewaffneten Komantschen, Apachen, Navajo und Ute, die über den neuen Wohlstand in den Pueblos herfielen. Die Pueblo-Indianer hatten unter den Spaniern ihre Handelsbeziehungen zu den berittenen Nomaden abgebrochen, die sich nun zunehmend durch Raub bedienten.

Die Spanier trieben die Indianer zu harter und produktiver Arbeit an. Reich wurden dabei nur die spanischen Grundbesitzer, der Wohlstand in den Dörfern ging wieder zurück. Die Stadt Santa Fe wurde mit den erzwungenen Hand- und Spanndiensten der Ureinwohner errichtet. 1680 unternahmen die Pueblo einen neuen Versuch, das Joch des Katholizismus und der spanischen Herrschaft abzuschütteln. Sie versicherten sich der Hilfe der kriegerischen Apachen und Navajo, zerstörten die Missionen, töteten 21 von 33 Priestern und 375 der 2350 spanischen Kolonisten. Der Rest der Spanier konnte entfliehen. Doch es blieben die großen Pferdeherden der Spanier, die fortan den bis dahin noch zu Fuß jagenden Nomaden als Reittiere dienten.

1692, rund 12 Jahre später, machte sich der neue spanische Gouverneur Diego de Vargas an die Wiedereroberung. 1695 war sie abgeschlossen. Aber schon ein Jahr später erhoben sich die Eingeborenen erneut – die Spanier hatten nichts dazugelernt. Erst als die Pueblo wieder unterworfen waren, gelang ein Kompromiß. Im Gegenzug für geringere Abgaben und mehr Mitbestimmung wurden die Indianer brave Katholiken, die ihrer alten Religion nur noch im Untergrund, in den im Boden versenkten Kivas, anhingen, und gehorsame Untertanen der spanischen Krone, die ihnen ihr Land zurückgab.

Um 1750 waren die durch Conquista oder ehrenhafte Abkunft ausgewiesenen rund 3500 spanischen Familien die alleinigen Herren New Mexicos. Ihr Wohlstand war eher bescheiden. Manche Ureinwohner oder zugezogene europäische Siedler auf Staatsland konnten sich darin durchaus mit ihnen messen. Anfang des 18. Jahrhunderts spielten Rassen und Klassen für den sozialen Aufstieg bereits eine geringere Rolle, Hauptsache, man hatte den Katholizismus und die spanische Kultur angenommen, besaß Land und konnte wenigstens einen spanischen Vorfahren vorweisen.

Dies war, grob umrissen, die gesellschaftliche Ausgangssituation für die späteren spanischen Niederlassungen im Südwesten Nordamerikas. Überlagert wurde dieses System durch ein zwiespältiges Verhältnis zu den indianischen Nomaden. Von ihnen erwarb man die Sklaven, die man dringend als Arbeitskräfte an Stelle der dahinsiechenden Pueblo-Indianer brauchte. Jedoch waren die plündernden und raubenden Nomaden eine ständige Gefahr für die sich zaghaft ausbreitende spanische Zivilisation im südwestlichen Indianerland. Die Indianer waren den Spaniern zahlenmäßig weit überlegen. Um 1800 lebten knapp 20 000 Spanier und Mexikaner im Südwesten Nordamerikas.

Die klimatischen Vorzüge und die Fruchtbarkeit der Pazifikküste haben die Spanier erst spät für sich entdeckt. Der Landweg bis zum Ozean war weit und schwierig. Juan Rodrígues Cabrillo hatte 1542 den Süden Kaliforniens entdeckt, als er die Nordwestpassage suchte, nach der Columbus schon von den Bahamas aus vergeblich Ausschau gehalten hatte. Cabrillo – es war vermutlich sein Spitzname, der »kleine Ziege« bedeutet – war der geborene Seemann und Schiffbauer. Er umsegelte den Golf von Kalifornien, in den zuvor schon die Spanier Francisco de Ulloa und Hernando de Alarcón eingedrungen waren. Seitdem wußte man, daß Baja California keine Insel war.

Cabrillo starb auf der knapp zehn Monate langen Reise entlang der kalifornischen Küste durch einen Sturz. Er selbst hat sicher noch in der Bay von Monterey geankert. Sein Nachfolger, Bartolomé Ferrer, könnte in die Mündung des Rogue River in Oregon eingelaufen und dann umgekehrt sein. Aber sicher ist das nicht. Jedenfalls kam er trotz wilder Stürme mit allen drei oder vier Schiffen zurück nach Mexiko. Bei Kontakten mit den Küstenindianern hörten die Seeleute gerüchteweise von Diaz' und Coronados Abenteuern im Inneren des Landes; offensichtlich funktionierte das Nachrichtensystem der Eingeborenen damals besser als das der Spanier. Die Indianer nannten die Fremden übrigens »die Bärtigen«; auch ihre Haartracht fiel befremdlich auf.

Über zwei Jahrhunderte lang geschah seitens der Spanier nichts, um das amerikanische Sonnenland zu kolonisieren, das Cabrillo und seine Leute gesehen hatten. Nur auf der Mexiko näheren Halbinsel Baja California gründeten Jesuiten elf Missionen. Erst ab 1769 wagte sich der Mönch Junípero Serra weiter vor. Er errichtete 21 Missionen von San Diego bis zur Bay von San Francisco – eine Herkules-Arbeit der Kolonialisierung und Missionierung.

Juan Bautista de Anza erschloß 1774 den Landweg von Sonora bis zu den kalifornischen Missionen der Spanier. Zwei Jahre später führte er über diesen Weg die spanischen Siedler, die San Francisco gründeten. Fast gleichzeitig versuchten die Patres Silvestre Vélez de Escalante und Francisco Attanásio Domingues im Auftrag ihrer Regierung, von Santa Fe aus das kalifornische Monterey zu erreichen. Den Franziskanern war ein Erfolg ihrer langen Reise nicht vergönnt, doch immerhin lernten sie einen großen Teil Utahs mit seinen abwechslungsreichen Wüsten-, Gebirgs- und Tafellandschaften kennen. Sie drangen vor, bis ihnen die Ausläufer der wilden Canyonlands den Weg verlegten.

In Kalifornien gelang es den Mönchen zeitweise, rund 35 000 Küstenindianer in der Nähe ihrer Missionen anzusiedeln – ein für unzählige Eingeborene tödliches Unterfangen. Die Ureinwohner zwischen San Diego und San Francisco wurden im Laufe der Jahre von 72 000 auf 18 000 dezimiert; sie starben an ansteckenden Krankheiten, die sich wegen der schlechten sanitären Verhältnisse in den »Indianerlagern der Christianisierung«, der fehlenden medizinischen Betreuung, der Umstellung auf europäische Nahrungsgewohnheiten und der oft rigorosen Arbeitsdisziplin weit schneller verbreiteten als in den ehemals großräumig verteilten Siedlungen der Indianer an der Küste. Der Anthropologe Alfred Kroeber wird mit dem Ausspruch zitiert: »Die Patres retteten Seelen auf Kosten des Lebens.«

Eigenständige, gewachsene Strukturen europäisch-indianischen Zusammenlebens haben die Spanier in Kalifornien außerhalb der Missionen nicht hinterlassen. Die Missionen sind später meist verfallen. Der spanische Grundbesitz blieb in seinen Dimensionen schon bald hinter dem der eingebürgerten amerikanischen Gutsherren zurück. Jedoch haben die großen spanischen Viehranches in Ost-Texas und am Rio Grande den Boden für die Weidewirtschaft vorbereitet, die dann die Amerikaner in noch größerem Stil mit Millionen von Rindern betreiben sollten. Heute ist die Prärie, die einst das Land prägte, verschwunden. Amerikanische Lebensart hat das spanische

Erbe gründlich überwuchert. Erosion durch Überweidung entfachte in den letzten Jahren die Diskussion, ob man das von Züchtern gepachtete Staatsland stilllegen sollte.

Von inneren und äußeren Feinden umgeben und nur von einer hauchdünnen Elite ausgebeutet, hatten die erst spanischen und dann mexikanischen Besitzungen in Nordamerika keine Zukunft. Sie verloren durch die Liberalisierung des öffentlichen Lebens im Kirchenstaat Spanien nach der Besetzung durch Napoleon 1806 ihren inneren Halt. Nach der Ächtung der Jesuiten und der Privatisierung der wohlhabenden Missionen aller Orden wurden das meiste Land und die größten Herden unter der Elite spanischer Herkunft aufgeteilt. Auch christianisierte Indianer konnten Land erhalten, sie zeigten sich aber selten interessiert; die meisten zogen weg. Die Kluft zwischen den reichen Grundbesitzern und den armen indianischen Landarbeitern und Cowboys wurde noch größer. Amerikanische Trapper und Indianer trieben jetzt ungeniert das Vieh von den ehemaligen Missionsweiden weg.

Es brachen soziale Unruhen und Revolten gegen die Regierung in der mexikanischen Hauptstadt aus. Die kriegerischen Indianer überfielen die spanischen Rancher am Rio Grande und in Ost-Texas immer dreister. Sie zermürbten die Pueblo, die bis dahin den Druck der spanischen Krone im Tausch gegen ihre äußere Sicherheit ertragen hatten. Die nur schwach verteidigten Grenzbefestigungen wurden für die berittenen Indianerbanden, vor allem Komantschen, und die Amerikaner durchlässiger. Gesindel jeder Hautfarbe und Herkunft wurde vom Machtvakuum magisch angezogen. Der östliche Flankenschutz durch die Franzosen fiel nach dem Verkauf

Louisianas an die Amerikaner im Jahre 1803 ebenfalls weg.

Die USA und Mexiko waren nun souveräne Staaten. Dazwischen eingezwängt, zerbrach vom Osten Texas bis zum südlichen Kalifornien die koloniale Ordnung, die, wie sich nun zeigte, nur durch die kampfbereite Autorität von Kirche und spanischem Königreich gesichert werden konnte. Alle nördlichen Territorien der Spanier waren nach der Liberalisierung der Wirtschaft und der Säkularisierung der Kirche auf Neusiedler angewiesen. Die kamen jedoch weder aus Spanien noch aus Mexiko. So mußten große Ländereien an amerikanische und europäische Immigranten vergeben werden, die man bis dahin gewaltsam ferngehalten hatte.

Die Dämme brachen, als sich im Zuge der Liberalisierung der Wirtschaft die ehemals spanischen Provinzen dem Handel mit den Amerikanern öffneten. Nun konnte sich der amerikanische Einfluß mit Windeseile ausbreiten. Die Versorgung der kalifornischen Küstengebiete mit Handelsware hatten amerikanische Seeleute schon seit Jahrzehnten gegen mexikanisches Recht an sich gerissen.

Amerikanische Expeditionen durchstreiften nun das Innere der Pazifikstaaten. Die bereits dort ansässigen amerikanischen Siedler und Unternehmer, dem Gesetz nach spanische Bürger, hatten den Boden für die Amerikanisierung vorbereitet. Der energische und geschickte Schweizer Sutter beherrschte das idyllische Sacramento Valley, in dem heute hervorragende Weine gedeihen, wie ein orientalischer Potentat mit seinem Harem von Frauen aus der Südsee. Von den Russen hatte er, als sie überraschend Fort Ross an der Bodega Bay aufgaben, Kanonen aufgekauft. Eine private Armee aus 40 Kanaken schützte seine Landarbeiter und seinen ausgedehnten Besitz, der nicht beurkundet war. Sein Nachbar, nahe beim heutigen Berkeley, war der Grobian Marsh aus Massachusetts: Arzt aus Leidenschaft, aber ohne Approbation. In Monterey verdiente der Amerikaner Larkin ein Vermögen als Kaufmann, obwohl er sich von den Spaniern nicht einbürgern ließ. Die Krönung seiner Laufbahn: Er wurde später amerikanischer Konsul.

1830 hatten die Mexikaner die wirtschaftliche Kontrolle über ihre nördlichen Provinzen vollends verloren. Die spanische Garnison in Kaliforniens damaliger Hauptstadt Sonoma war nur mehr ein verrotteter Haufen kaum wehrfähiger Soldaten. Es bedurfte 18 Jahre später nur noch eines militärischen Handstreiches, um Kalifornien und New Mexico mit Arizona dem amerikanischen Staatenbund einzuverleiben.

Die Indianer der Großen Ebene zwischen Missouri und Rocky Mountains waren ursprünglich Halbnomaden: Die Männer bejagten die Prärie, die Frauen blieben im Dorf und bestellten die Äcker. Mit den Spaniern kamen epidemische Krankheiten in das bis dahin gesunde Leben der Eingeborenen. Das politische und ökologische Gleichgewicht Nordamerikas wurde empfindlich gestört. Unter den Epidemien hatten besonders die in ihren Dörfern dicht aufeinander lebenden Frauen, Kinder und Alten der Indianer zu leiden. Die nomadisierenden Männer verbreiteten auf ihren Jagd- und Raubzügen die tödlichen Bakterien und Viren schnell bis in die hintersten Winkel der Wildnis.

Während so immer mehr Dörfer der Ackerbau und Gartenwirtschaft betreibenden Indianer ausstarben, dehnten die reinen Nomadenvölker auf dem Rücken der Pferde ihre Jagdgründe aus. Die kriegerischen Sioux, verbündet mit Apachen und Cheyenne, waren Mitte des 19. Jahrhunderts die mächtigste Militärmacht in den nördlichen und südlichen Ebenen. Durch ihre Raubüberfälle gefährdeten sie nicht nur die spanischen Siedlungen; sie trugen auch zum weiteren Niedergang der seßhaften Indianer bei. Das indianische Leben wurde durch die spanischen »Mitbringsel« wesentlich kriegerischer, als es vordem gewesen war.

Die letzten spanischen Weißen im Westen zogen sich die unversöhnliche Feindschaft der Nomadenstämme zu, weil sie ihre Gefangenen versklavten und damit zugrunde richteten. Die Sklavenhaltung der Weißen war ein antikes Erbe des Mittelmeervolkes. Sie war auch bei einigen Indianerstämmen üblich, nur mit dem Unterschied, daß diese ausschließlich ihren gefangenen Kriegsgegnern Zwang antaten. Die Spanier hingegen hielten es für ratsam, die indianischen Räuber vorsorglich auszurotten. Ihr Alibi war einmal mehr ein grundlegendes kulturelles Mißverständnis: Die Indianer, die Privateigentum kaum kannten und sahen, daß die Weißen als Überflußgesellschaft auf Indianerland mehr produzierten, als sie selbst verbrauchen konnten, glaubten ganz selbstverständlich, sich davon ihren Teil nehmen zu dürfen. Aber sie hatten bald begriffen, daß ihnen die spanischen Mexikaner den totalen Krieg angesagt hatten und beantworteten ihn mit blutigem Gegenterror. Der erstreckte sich nach anfänglicher gegenseitiger Duldung später auch auf die Amerikaner im Südwesten, als der junge und unerfahrene Lt. Bascom von der US-Armee den Häuptling Cochise und Mitglieder seiner Familie in Geiselhaft nahm. Damit verletzte er dauerhaft die Würde und das Gefühl für Fairneß bei den kriegerischen Stämmen.

Unangemessene weiße Reaktionen auf indianisches Denken und Verhalten und mangelndes Einfühlungsvermögen haben die für die Indianer ruinöse und für die Weißen unnötig verlustreiche Nichtanpassung der Kulturen verfestigt. Die alten hochstehenden Indianerreiche verkamen völlig, als die Infektionskrankheiten der Europäer vor allem die seßhafte Bevölkerung zugrunde richteten. Die für die Entdeckung, Erkundung und Besiedlung des Westens unbedeutend erscheinende Zivilisierung der Pueblo-Indianer durch die Spanier war das Zentrum eines frühen bevölkerungspolitischen und sozialgeschichtlichen Bebens. Seine destabilisierenden Schwingungen hatten bereits den ganzen mittleren und fernen Westen erfaßt, ehe dort die ersten Angelsachsen mit ihrem ökonomisch bestimmten Sendungsbewußtsein auftauchten und das schicksalhafte Mißverständnis zwischen den Ureinwohnern und den Neuangekommenen noch vertieften.

Land der Wunder und der Indianer

Nach den Spaniern interessieren sich auch die Franzosen, Briten und Amerikaner für die Weiten vor und hinter den Rocky Mountains. Bei ihren Expeditionen in die Wildnis lernen sie die landschaftlichen Unterschiede und die kulturelle Vielfalt der Ureinwohner kennen.

An einer Besiedlung des Westens und Nordwestens von Nordamerika waren weder die wenigen für den Pelzhandel arbeitenden Briten im Norden noch die paar tausend Spanier auf ihren Latifundien im Süden interessiert. Man hielt diese Wüsten- und Gebirgslandschaft für lebensfeindlich. Allerdings sollte auch keine andere Macht sie für sich beanspruchen. Die Amerikaner waren zuerst unschlüssig, ob sie sich dafür mit den überlegenen europäischen Kolonialmächten anlegen sollten. Doch dann schlossen Kommerz und Politik – die Pelzhändler und die Imperialisten – einen Pakt. Golo Mann hat diese Allianz zur Erkundung und Erschließung des fernen Westens »eine Verbrüderung von Reinem und Unreinem, Heiligen und Sündern« genannt. Heutige Kritiker greifen sich leider nur das Unreine und die Sünder heraus und vermitteln damit ein schiefes Bild.

Die flache westliche Prärie, gleich vor der Haustür der

eben erst von England unabhängig gewordenen Neuenglandstaaten Kentucky und Virginia, hielt man Anfang des 19. Jahrhunderts bis in die 30er Jahre für zu trocken und unbewaldet für Acker- und Weidewirtschaft. Die Prärie schien dazu völlig ungeeignet zu sein. Doch noch weiter westlich erhoben sich, erst in steilen Vorgebirgen, dann in zerklüfteten Felsstürzen und schließlich mit dem einen oder anderen ragenden Gipfel, die Rocky Mountains. Durch diese auf einem bereits hohen Inlandsplateau aufsitzende Mauer von Gesteinsmassen führten Wege auf gut bewässerte Hochprärien. Die »Parklandschaften« im Nordwesten Amerikas durchflossen mächtige Ströme wie der Missouri, der Snake-, Green-, Colorado-, Yellowstone River; bequeme Verkehrsadern – dachte man – für Entdecker und die Viehzüchter und Farmer, die ihnen folgen sollten. Jenseits der Bergmassive breitete sich Wüste aus: das Great Basin Nevadas mit dem Salt Lake in Utah. Dort hoffte man, den legendären Rio Buenaventura zu finden, von dem man sich leichten Zugang zu Kaliforniens und Oregons grünen Tälern und zum Pazifik erhoffte.

Am Fuße der südlichen Ausläufer der Rockies lag die alte spanische Stadt Santa Fe, zu Jeffersons Zeit noch Ausland. Von hier aus boten an klaren Tagen die Berge der Sangre de Christo Range einen Anblick erdrückender Größe: statt gangbarer Pässe tief eingeschnittene Canyons mit reißenden Flüssen. Gigantisch und respekteinflößend war der Blick auf den San Juan River; aus dem Hochplateau des heutigen Utah ergoß sich der Colorado River in den Grand Canyon. Weiter südlich wieder nichts als Wüste mit eingestreuten Eisgipfeln, erloschenen Vulkankegeln und monumentalen Felsformationen, und ganz im Westen das Todestal und die Mojave-Wüste mit fast tausend Kilometern Sand- und Gerölldünen; das muß den Landsuchenden damals wie eine Tabuzone vor Kalifornien erschienen sein. Durch die Unzugänglichkeit der Rockies von Süden konnte der Eindruck entstehen, daß die Gegend von Santa Fe nicht allzuweit vom oberen Missouri entfernt sei. Aber war das sicher? Die auf Erkundung geschickten »Gebirgsleute« im Dienste der Armee und der großen Pelzhändler verkündeten dann eine ganz andere Botschaft: Sie fanden den heutigen Staat Colorado mit sechsmal so vielen Berggipfeln, wie die Schweiz sie bietet, und einem Mehrfachen der Fläche dieses europäischen Alpenlandes. Das Land lag zwischen Missouri und Santa Fe, aber noch lange war man davon überzeugt, daß es mitten in den Rockies ein riesiges Reservoir von Schnee und Quellen geben müsse, von dem aus Flüsse in alle Himmelsrichtungen flossen – unter anderem der Rio Buenaventura. Erst die genaue Aufklärung des Gebietes zwischen Salt Lake und der kalifornischen Sierra Nevada hat diesen Irrtum endgültig ausgeräumt.

Als Anfang des 19. Jahrhunderts Spanier, Franzosen, Briten und Amerikaner vereinzelt in die Große Prärie und die Rocky Mountains vordrangen, waren sie sich bewußt, daß sie Land betraten, das den Indianern gehörte. Bei ihren Begegnungen mit den Ureinwohnern machten sie ganz unterschiedliche Erfahrungen. Dies ließ auf eine überraschende Vielfalt der indianischen Kulturen, Lebens- und Verhaltensweisen schließen – was später von den Anthropologen durch Studien über die verschiedenen Völker- und Sprachgruppen in ihren ursprünglichen Siedlungsgebieten und Jagdgründen bestätigt wird. Erst als die weißen Siedler aus Europa und dem Osten der USA in großer Zahl anrückten, wurde der Begriff »Indianer« zum Klischee.

Die unbegreifliche, da unbekannte Weite des Landes und die hauchdünne Besiedlung durch die Ureinwohner machten es den Amerikanern der ersten Generation und den frisch aus der Enge des menschlichen Zusammenlebens hinzukommenden Iren, Skandinaviern und vor allem Deutschen aus den Armenhäusern des alten Kontinents leicht, den Gedanken zu verdrängen, daß dieses riesige Land die Heimat der Indianer war. So konnte man die Besitzergreifung ohne Gewissensbisse legitimieren. Das taten Amerikaner und europäische Kolonialmächte gleichermaßen, obwohl es heute nur den USA als Makel anhaftet.

Gewohnheiten und Brauchtum der Ureinwohner waren landsmannschaftlich sehr verschiedenartig und wurden untereinander weit mehr toleriert als bei Europäern. Andersartigkeit führte bei den Indianern selten zu Werturteilen.

Die Völkerkunde vermittelt klare Vorstellungen über die landschaftlichen Unterschiede der von Indianern bevölkerten Gebiete im Westen Nordamerikas vor dem Beginn der weißen Besiedlung. Danach zeichnen sich fünf Regionen ab: der Südwesten und Kalifornien, die vergleichsweise früh mit den Spaniern Bekanntschaft machten, die Große Prärie, das Hochplateau der westlichen Gebirge und das Great Basin mit seinen Sagebrush- und Alkaliwüsten zwischen Rocky Mountains und Sierra Nevada, die später an die Amerikaner fielen. Heute sind die charakteristischen Unterschiede zwischen den indianischen Standorten kaum mehr nachzuvollziehen; die sogenannte Zivilisation und die Umsiedlung der Stämme in Reservate haben sie verwischt.

Das heutige Kalifornien war die Heimat der größten und unterschiedlichsten indianischen Populationen. Sie lebten meistens am Unterlauf der Flüsse in den nahe der Küste gelegenen Ebenen und in den klimatisch begünstigten Tälern des Landesinneren. Zur Zeit des Columbus lebten dort rund 350 000 Ureinwohner in 105 uns bekannten Stämmen und Sippen. Diese unterteilten sich wiederum in sechs Sprachfamilien mit ungezählten Dialekten. Immer mehr Archäologen datieren den Ursprung der Indianer rund 30 000 Jahre zurück, also vor die durch Artefaktenfunde bei Clovis in Mexiko gesicherte Kultur um 9000 v. Chr., die bis dahin als der Ausgangspunkt der indianischen Geschichte in Nordamerika galt. Eine gewisse Verwandtschaft besteht zu den Ureinwohnern des angrenzenden Great Basin. Diese einstigen Naturmenschen ernährten sich vorwiegend vegetarisch von Wurzeln und Baumfrüchten, aßen aber auch, wenn sie ihrer habhaft werden konnten, Wild und Fische. Sicher keine Frage der Überzeugung, sondern der natürlichen Gegebenheiten. Bis in die neuere Zeit blieben die bitteren Eicheln, die man zu Mehl aufzubereiten wußte, ein Hauptnahrungsmittel.

Entsprechend dem milden kalifornischen Klima gingen diese Menschen nackt oder nur spärlich bekleidet. Der sicher auch daraus entstandene Eindruck der Spanier, daß die kalifornischen Indianer besonders primitiv seien, war völlig falsch. Keramik und Flechtwerk wiesen sie als künstlerisch begabte Handwerker aus. Ihr soziales und spirituelles Leben war vielfältig; sie tanzten, spielten, feierten Feste und organisierten rituelle Zeremonien, die teilweise von anderen Indianerkulturen beeinflußt waren. Sie waren die einzigen Ureinwohner Nordamerikas, die ihre Kanus aus Planken zusammensetzten. Die Chumash bei Santa Barbara waren sozial hoch organisiert und standen im Ruf, erfahrene Astronomen zu sein. Doch auch ihre Kultur fiel den überheblichen Eroberern zum Opfer. Anfang des 20. Jahrhunderts waren die kalifornischen Indianer fast ausgestorben. Heute leben wieder 40 000 in- und außerhalb der Reservate, und ihre Zahl nimmt noch zu.

Der Südwesten der USA besteht aus vereinzelten Hochplateaus, Mesas genannt, aus Canyons, aus Halbwüsten mit öden und steilen Mittelgebirgszügen, vor allem aber aus Flachland aus Sand und Geröll. Selbst auf den Höhen ist der Bewuchs spärlich, Wasser in den Niederungen eine Kostbarkeit. Trotzdem sind hier große indianische Siedlungsgebiete mit einer urbanen Zivilisation entstanden, deren Vergangenheit erst mäßig erforscht ist. Ab 200 n. Chr. von Mittelamerika herkommend, dehnten sich die vorwiegend bäuerlichen indianischen Stämme in den kargen amerikanischen Südwesten aus. Die Mogollon, so benannt nach den Bergen mit Wald und Hochweiden an der Grenze zwischen Arizona und New Mexico, und die Hohokam in Arizonas Wüste bei Sonora schufen sich einfallsreich und mit bemerkenswertem technischem Können die Voraussetzungen für ein Überleben unter schwierigen klimatischen Verhältnissen. Dies waren jedoch letztlich nur Kulturen, die gewisse Nischen kurzzeitig besetzten – so plötzlich, wie sie kamen, sind sie in der vorkolumbianischen Zeit auch wieder verschwunden.

Oder haben diese zähen Landwirte neue Standorte in den wasserführenden Canyons und auf den Mesas im nordwestlichen New Mexico gesucht? Sind sie die Begründer der ebenso rätselhaften wie beeindruckenden Hochkultur der Anasazi mit Zentrum im Chaco Canyon gewesen? Bis heute wissen wir nicht genau, woher diese erfahrenen Architekten und Bauhandwerker kamen, die geräumige Städte für bis zu 5000 Bewohner mit mehrstöckigen Häusern bauten, in denen die Archäologen kunstvoll gefertigten Türkisschmuck, tönernen und metallenen Hausrat fanden. Begabte Baumeister planten und legten die breiten, schnurgeraden Wüstenstraßen zwischen ihren Städten an, die dank Infrarotfotos von Flugzeugen aus sichtbar gemacht werden konnten. Eine kleine Welt, ganz auf sich gestellt, die sich vor den Europäern nicht zu verstecken brauchte. Aber sie scheint an plötzlichen Klimaveränderungen gescheitert zu sein, die ihr die Existenzgrundlage entzogen. Die Erfahrung einer brutalen und launischen Natur ist alt und beeinflußte indianisches Denken zutiefst: Diese Menschen waren daran gewöhnt, Gelegenheiten zu ergreifen, wenn sie sich ihnen anboten, und Veränderungen klaglos hinzunehmen. Die zielgerichtete Lebensplanung der Europäer war und blieb diesen geborenen Improvisatoren fremd. Die Verstädterung blieb ein Ansatz, der sich offensichtlich nicht bewährte. Die Launen des Klimas erzwangen kleinere ethnische Einheiten mit mischkultureller Existenzgrundlage.

Die späteren Bewohner des unteren Colorado River gehen auf die Anasazi der Canyons zurück. Das sind mehr als ein Dutzend verschiedener Stämme, die einer relativ einheitlichen Sprachfamilie angehören. Den Norden Arizonas und New Mexicos bevölkerten die Navajo, die erst spät aus dem fernen Nordwesten des Kontinents zuzogen. Nachzügler dürften gleichzeitig mit den Spaniern eingetroffen sein. Dann wanderten auch Apachen, Komantschen, Ute der Canyonlands und Mescalero in diesen Teil des Südwestens ein. Auf den Mesas ließen sich die Hopi nieder und im Inneren New Mexicos die Zuñi mit ihrer ganz eigenen Sprachfamilie.

Prähistorische Überbleibsel all dieser unterschiedlichen Kulturen und Sprachfamilien sind gut bewahrt. Überkommenes hat sich bei den seßhaften Indianern des Südwestens auch weit besser erhalten als bei den Nomaden. Die ältesten Funde – Speerspitzen – werden zehn- bis zwanzigtausend Jahre zurückdatiert. Späteren Datums sind die von den Forschern entdeckten Ballspielplätze, die denen der mittelamerikanischen Indianerstädte ähnelten, und die Häuser mit vier Pfosten und lehmverschmierten Faschinen an den Außenwänden. In ihrer Ernährung konnten die auf meist unfruchtbarem Boden lebenden Indianer der Frühzeit nicht wählerisch sein. Kleine Trupps aus Mitgliedern verschiedener Familien sammelten wohl in einem begrenzten Umkreis eßbare Grassamen, Bohnen, Pinienkerne, Kakteenfrüchte und Beeren. Sie fingen kleine Säugetiere, Reptilien und Vögel und verzehrten auch Insekten. Aus Kaninchenfellen und Pflanzenfasern fertigten sie Decken und Kleidung. Landwirtschaft, Keramik und andere kulturelle Eigenarten der südwestlichen Indianer erinnern durchweg an mittelamerikanische Traditionen.

Schon während der europäischen Antike haben die südwestlichen Ureinwohner ihre später von den Europäern bestaunten landwirtschaftlichen Fähigkeiten entwickelt. Damals wohnten die Wüstenindianer noch in mit Zweigen und Laub bedachten Grubenhäusern. Sie züchteten eine Maissorte, die auch Dürreperioden überstehen konnte. Zu Zeiten, als die Spanier über die Pueblos am Rio Grande hereinbrachen, kultivierten die Bewohner verschiedene Bohnensorten, Melonen, Kürbis und Kartoffeln. Etwa ab 600 n. Chr. waren die Felder durch ganze Netzwerke von Wassergräben vergrößert worden, die später aber wieder verfielen.

Spitzenerzeugnisse handwerklicher Fertigkeit waren zur Zeit der südwestlichen Hochkultur Spiegel aus Eisenpyrit und Gefäße mit künstlerisch ausgestalteten Ornamenten. Zur Zeit der Spanier hatte die Kultur der Anasazi – in der Sprache der Navajo bedeutet das »die lange Verschwundenen« – ihren Höhepunkt längst überschritten. Doch obgleich ihre Urheber selbst gar nicht mehr existierten, übte sie weiter großen Einfluß auf die Entwicklung der gesamten Region aus. Beispielhaft sind die kunstvoll geflochtenen Körbe, die man in den Ruinen der Hochhäuser aus Lehmziegeln mit verputzten Innenwänden fand, die Webstühle für Baumwolle und reich verziertes Gerät für den täglichen Gebrauch, aber auch die Bewaffnung mit Pfeil und Bogen und die künstlich belüfteten Kivas, die Kult- und Versammlungshäuser bei den Hopi.

Auch die auf der Tradition der Anasazi aufbauenden frühen Pueblos am Rio Grande verschwanden nach etwa 1300 n. Chr. Die primitivere Wüstenkultur gewann stellenweise erneut die Oberhand. Nie wieder wurden so künstlerische Figurinen, Federroben, Gürtel und Töpfereiwaren hergestellt. Auch der Türkisschmuck der späteren Pueblo-Indianer, von den Spaniern so heiß begehrt, konnte sich nicht mit den früheren Kreationen messen.

Das Leben der Zuñi und Hopi in den Pueblos blieb jedoch durchdrungen von religiösen Riten und äußerst phantasiereichen Mythen. Die Priester beherrschten den Gemeinderat, dem als Exekutive die Miliz der Krieger mit ihren das Amt vererbenden Häuptlingen zur Verfügung stand – ein für indianische Verhältnisse erstaunlich hierarchisches und diszipliniertes System. Jedes Pueblo stellte eine eigene politische Einheit dar. Die Kiva war in den mehrstöckigen Adobe-Häusern der unten gelegene Kulturraum, den Frauen und Kinder nur als »Schulungsort« außerhalb der Weihestunden betreten durften. Hier waren die Kachina-Puppen untergebracht, die als Gottesboten im alltäglichen Leben eine große Rolle spielten. Die Priester imitierten sie bei Kulthandlungen mit Masken.

Die Gesellschaft der Pueblo war konformistisch. Wettbewerb, Aggressivität und Ehrgeiz verstießen gegen das Gesetz der Harmonie. Die Pueblo bildeten eine der friedlichsten und kooperativsten aller bekannten indianischen Gemeinschaften. Gewalt und Unfrieden waren verpönt. Gleichwohl wußte man sich gegen Feinde zu wehren.

Den Frauen gehörte die Ernte. Nach ihnen bestimmte sich auch die Generationenfolge. Beide Geschlechter trugen ansehnliche Baumwollbekleidung und hielten auf ihr Äußeres. Monogamie war Gesetz. Noch bis vor wenigen Jahren pflegten die Hopi in ihren Reservaten ihre alten Zeremonien. Wenn sie, wie es der Verfasser noch selbst erlebt hat, in weißer Tunika auf ihren eleganten Pferden Kröten und Frösche als Symbole des Regengottes zum Tanzplatz brachten, hatte der geduldete weiße Besucher den Eindruck, archaische Würde und Größe in Reinkultur zu erleben.

Dagegen erschienen die spät aus den Rockies in die Wüstenstriche und in die Große Prärie eingefallenen Apachen – in der Sprache der Zuñi »Feinde« – den Weißen als eine gefährliche, wilde und disziplinlose Horde von Räubern und Schlächtern, ohne Loyalität zu ihren zeitweiligen Häuptlingen und der eigenen Gruppe. Ganz zutreffend ist dieses Urteil nicht. Die Apachen und andere Nomaden hatten auch ihre Götter und ihre Moral: die Berggeister, denen ihr persönliches Schicksal anvertraut war. Wenn Apachen auch sonst nichts fürchteten – Angst hatten sie vor den Hexen und den Geistern der Toten, von denen sie sich heimgesucht glaubten. Deshalb versuchten sie jede Spur der Gestorbenen auszutilgen.

Die Apachen lebten in Wickiups, großen konischen Hütten aus Busch und Gras, die von den Squaws im Handumdrehen aufgerichtet wurden. Bei Regen oder Kälte dichtete man diese Laubhütten mit Fellen ab. Die Kleidung aus Leder ähnelte der der meisten Gebirgsindianer. Dekorative Ohrringe, Anhänger, Arm- und Halsbänder aus Türkis, in Silber gefaßt, erwarben oder raubten die Apachen aus den Pueblos, von deren Bewohnern sie viele Gewohnheiten annahmen.

Ursprünglich kämpften und raubten die Apachen zu Fuß. Obwohl sie später meist beritten waren, zogen sie es vor, die überzähligen oder anderen Nomaden geraubten Pferde zu verspeisen, statt sie abzurichten. Je übler die spanische Polizei mit den Apachen umsprang, desto grausamer verfolgten diese die Weißen sowie alle Indianer, die freiwillig oder gezwungen zu ihnen hielten. Die großen Häuptlinge der Apachen wurden später die erbittertsten und fähigsten Feinde der amerikanischen Soldaten, von denen sie wie Freiwild gejagt wurden. Heute leben noch 10 000 Apachen in den Reservaten von Oklahoma, Arizona und New Mexico. Aber sie sind nur noch ein Schatten ihres früher so stolzen Volkes.

Rund 110 000 Navajo fristen heute ihr Leben im größten südwestlichen Reservat. Ihre Zahl nimmt jährlich um gut zwei Prozent zu, obwohl auf den erodierten und kahlen Böden nur 35 000 ein halbwegs gutes Auskommen ohne Subventionen haben könnten. In mancher Hinsicht sind die Navajo den Apachen verwandt – bis auf ihr Harmoniebedürfnis und ihre Bodenständigkeit, in denen sie den Nachkommen der Anasazi, den Zuñi und Hopi, ähnlicher sind. Auch ihre Bekleidungsgewohnheiten gleichen diesen Stämmen. Ihre Hütten bauten sie dagegen früher aus Rundhölzern; die Zwischenräume wurden mit Lehm verschmiert, anschließend wurden die Hütten mit Buschwerk bedeckt.

Neben den dominierenden Völkern des Südwestens existierten noch mehr als ein Dutzend kleinerer Stämme, die heute großteils in ihren Reservaten mehr dahinvegetieren als selbstbewußt leben.

Die Salz-, Sand- und Steinwüste von Utah und Nevada ist eine der trockensten und am wenigsten besiedelten Landschaften der Vereinigten Staaten. Trotzdem haben sich schon vor zehntausend Jahren in dieser seither nur wenig veränderten Region verstreute Horden von Indianern aufgehalten, die fast ausschließlich mit der täglichen Nahrungssuche beschäftigt waren. Die Ausbeute an Wurzeln, Würmern und Insekten, die sie mit Grabstöcken ans Tageslicht beförderten, war begrenzt; oft halbverhungert, blieben diese Ureinwohner schwach und friedfertig. Gewiß, im Laufe der Zeit entwickelten auch sie Techniken, um beispielsweise Antilopen und Gebirgsschafe in Gruben oder Einfriedungen aus Gestrüpp zu fangen. Doch ihre Existenz blieb bescheiden, bis einige von ihnen in die benachbarten Flußtäler des Columbia- und Colorado-Plateaus auswanderten; dort fanden sie Jagdgründe mit reichlich Fisch, Muscheln, verschiedenen Gemüsen und Wild. Unter diesen Bedingungen nahmen sie dann auch bald die Lebensgewohnheiten der dort ansässigen Stämme an. Früher, in der Wüste, hatten sie, wie alle Sammler und Kleintierjäger, in Höhlen oder unter überhängenden Felsen, auf Lagern aus Baumrinde und Gras ihre Nächte verbracht. Feuer schlugen sie durch die schnellen Drehungen eines Holzstabes auf trockenen Holzfasern – wie fast alle anderen Ureinwohner Nordamerikas auch.

Für die ersten Weißen mag dies Grund genug gewesen sein, die Indianer des Great Basin als eine Art Steinzeitmenschen zu betrachten. Sie nannten sie »Digger Indians« – Wühler – und wandten sich angeekelt ab, wenn diese geröstete Heuschrecken, Eidechsen, Mäuse oder Reptilien verzehrten. Auch die Kleidung dieser Indianer – die Frauen trugen beispielsweise kurze Röcke aus Bast – mag bei den Weißen Verwunderung ausgelöst haben. Doch über die wasserdichten Körbe, in die erhitzte Steine geworfen wurden, um die Suppe zum Kochen zu bringen, haben sie sich immerhin anerkennend geäußert.

Um 1700 erwarben dann auch diese ärmsten unter den armen Indianern Pferde. Von da ab veränderte sich ihr Leben gewaltig. Nun gingen auch sie unter die Räuber. Aber der Auftrieb dauerte nicht lange. Die weißen Siedler und Goldsucher behandelten sie wie wilde Tiere, schlugen sie tot oder vertrieben sie. Einige wenige dieser Great-Basin-Indianer sind heute Farmer, doch die meisten überleben erbärmlich in Reservaten. In den Augen der Weißen

haben sie immer auf der niedrigsten Stufe aller Indianerkulturen gestanden.

Vor rund elftausend Jahren erreichten erstmals Menschen
das Hochplateau zwischen den Rocky Mountains und den
Cascade Mountains im Norden. Damit hatten sie bestimmt nicht den schlechtesten Teil des Westens als Jagd-
grund erwählt. Sie bildeten bald eine Vielzahl von Völkern
mit unterschiedlichen Mundarten verschiedener Sprachfamilien. Zwischen bewaldeten Bergen und rauschenden
Flüssen, zerklüfteten vulkanischen Calderas und grünen
Tälern war für alle Platz. Sie ernährten sich vorwiegend
von Fisch, jagten aber auch Wild und kleideten sich in
Leder. Die Theorie der Völkerkundler ordnet sie in die
Alte Cordillerenkultur ein, deren Angehörige die Gebirge
von Alaska bis Patagonien bevölkert haben sollen. Speerspitzen und andere Funde sprechen dafür. Diese Kultur
stand in Blüte, als in der Großen Prärie steinzeitliche Indianer mit ihren primitiven Waffen das riesige Großwild
erlegten. Doch dann waren die Gletscher in den hohen
Gebirgen endgültig geschmolzen. Die Wüste breitete sich
im ganzen Nordwesten aus. Die Plateau-Indianer wichen
wahrscheinlich in feuchtere und kühlere Gebiete aus.
Vor 3500 Jahren haben sich dann abermals Menschen,
die vom Wald und der Jagd lebten, zu den Hochplateaus
aufgemacht. Sie brachten die nördliche Waldkultur in das
Gebiet zwischen Columbia- und Fraser River. Diese Indianer scheinen auch kulturelle Eigenarten aus einem fernen asiatischen Ursprung mitgebracht zu haben: beispielsweise Tabakpfeifen, Kupfergegenstände, Steingravuren
und Grabmulden. Wissen, Gewohnheiten, Techniken, aus
denen mit der Zeit eine eigene Plateau-Kultur entstand.

Später haben auch die Lebensgewohnheiten und Techniken vor allem der Küsten- und der Prärie-Indianer die dazwischenliegende Plateau-Kultur beeinflußt.

Als die Weißen diese indianischen Wohngebiete erreichten, lebten die Ureinwohner in kleinen, nur zeitweise bewohnten Fischersiedlungen entlang der großen Ströme und ihrer Nebenflüsse. Nicht einer dieser Stämme glich genau einem anderen, wenngleich gewisse soziale und völkische Gemeinsamkeiten oder ein ähnlicher Sprachgebrauch einen gewissen Zusammenhang erkennen ließen. Sonst war jedoch jede Siedlung eine autonome Einheit. Sie wurde von einem auf Lebenszeit gewählten Häuptling angeführt, dessen Gewalt allerdings selten absolut war. Für die Jagd und den Krieg fanden sich spontan Gruppen von Kriegern verschiedener Stämme zusammen.

Bezeichnend für alle jene Stämme waren die Langhäuser aus Planken, in denen viele Familien gemeinsam unter einem Dach den Winter verbrachten. Die Lagerstätten lagen an den Außenwänden, das Feuer in der Mitte. Handwerklich geschickt, fertigten diese Indianer viele nützliche Dinge. Ehe sie an Pferde kamen, reisten sie zu Fuß oder auf dem Wasser in Einbäumen, Dugouts genannt, weil sie mit Feuer und Beil ausgehöhlt wurden. Naturgottheiten bestimmten ihr religiöses Leben. Der intensive Kontakt mit britischen, amerikanischen und franko-kanadischen Händlern hat diese Plateau-Bewohner allzubald degeneriert und korrumpiert. Dann kamen die Siedler und Goldsucher und mit ihnen die Soldaten, die sie nach einer Reihe von Gefechten von ihren Siedlungen und Jagdgründen vertrieben. Auch die meisten Nachfahren dieser Indianer leben heute in Reservaten.

Die »Flatheads« fielen durch ihre in der Kindheit künstlich abgeflachten Schädelformen auf, Stämme der »Nez Percés« durch ihre durchbohrten Nasen. Ausgefallen waren auch die aus getrockneter Rinde gefertigten Bekleidungsstücke dieser Eingeborenen, ihre ledergedeckten Rundzelte, Tipis genannt, und ihre mit Federn geschmückten Frisuren. Einen schwerwiegenden Schritt in den Untergang taten sie, als sie das Reiten lernten. Die neue Beweglichkeit verleitete sie, ihre Fischerdörfer zu verlassen, um im Sommer in den Niederungen des Missouri den Büffel zu jagen. Dort wurden sie unvorbereitet mit den kriegerischen Nomaden konfrontiert, die Flatheads, Nez Percés und auch die Shoshonen der Gebirgsregion als Eindringlinge behandelten und entsprechend bekämpften.

Das Bild vom nordamerikanischen Indianer wurde vor allem von der Urbevölkerung der Großen Prärie zwischen Mississippi und Rocky Mountains geprägt. Die imponierenden Federhauben und ihr Nomadenleben in den riesigen Wildrevieren lieferten den Schriftstellern und Malern des 19. Jahrhunderts in Nordamerika die Vorlagen für ihre spannenden Indianer-Epen und entsprechende szenische Gemälde. Doch umherziehende Jäger waren die Prärie-Indianer erst seit knapp 400 Jahren. Als sie den ersten Weißen begegneten, waren die meisten noch halbseßhafte Jäger und Ackerbauern. Ihr Ursprung läßt sich heute durch vereinzelte Funde von Speerspitzen 11 000 Jahre zurückverfolgen. Damals müssen sie mit Speeren Großwild wie den urzeitlichen Mammut gejagt haben. Aber dann kamen Jahrtausende, in denen das Klima der großen Ebenen heißer und trockener wurde und schließlich auch die ausgedehnten Wälder verschwanden. Die Bauern lösten die Jäger ab. Sie ließen sich an den Ufern der Flüsse nieder, bauten Mais, Bohnen und Sonnenblumen an.

Während in Europa die Kultur des Mittelalters in Blüte stand, faszinierende Bauten weltlicher und religiöser Macht entstanden, wohnten diese Ureinwohner des flachen nordamerikanischen Landes in runden Hütten, die mit Grassoden oder geschnittenem Gras gedeckt waren. Seßhafte und halbseßhafte Stämme trafen die Siedler noch auf ihren ersten Expeditionen am Unterlauf des Missouri an. Dann erst begann die große Zeit der berittenen und mit Flinten ausgerüsteten Sioux-Stämme, die eine Sprachfamilie bildeten und die gleichen kulturellen Merkmale aufwiesen. Die Krieger stahlen Pferde und plünderten die Siedlungen ihrer weißen Feinde und indianischen Brüder – für sie machte das keinen großen Unterschied. Ihre Kriegstänze, ihr wildes Bandendasein und ihr martialisches Gehabe trugen den Sioux den Ruf kaltblütiger Killer ein. Doch auch das ist ein Klischee. Ehrenvoller war es für den Sioux, den Feind nur mit einem eigens dafür vorgesehenen kurzen Stock berührt zu haben, als ihn zu töten.

Die vielen Zeremonien, der ausgefallene Kopfschmuck und die ausgesucht kunstvoll ornamentierte Lederkleidung gehen noch auf die Zeit zurück, als die Stämme halbseßhaft waren. Die Erdhüttendörfer der Mandanen und Arikara am Missouri waren an der Wende vom 18. zum 19. Jahrhundert bereits weiße und indianische Handelszentren. Dort kauften die Nomaden ein. Zu der Zeit rasierten einige Stämme auch ihren Schädel bis auf eine in die Stirn fallende Locke oder einen bunt gefärbten und steif aufgerichteten »Hahnenkamm« auf dem Scheitel.

Im Norden und Nordwesten hielt sich in indianischen Streusiedlungen das Halbseßhafte am längsten. Im heutigen Kansas dagegen war der typische Büffeljäger seit der Zeit der ersten spanischen Konquistadoren zu Hause. Nomaden und Seßhafte bildeten im flachen Grasland und in den verstreuten Badlands der Dakotas zahlreiche Untergruppen. Die bekanntesten (von Norden nach Süden betrachtet) sind die Stämme der Blackfeet, Assiniboine, Grosventre und Ogibwa, der Crows, Oglala, Cheyenne, Sioux und Pawnee, die Kiowa-Apachen und schließlich die Komantschen. Alle diese Prärie-Stämme waren typische Männergesellschaften, in denen nur die stärksten und mutigsten eine gewisse Autorität erlangten. Doch auch diese Führer konnten nur Rat erteilen, nicht aber Anweisungen geben. Disziplin wurde durch die öffentliche Mißbilligung von Verstößen gegen die Regeln oder auch ein Scherbengericht aufrechterhalten. Mörder wurden verbannt, was für die meisten den Tod bedeutete. Wenn viele Gruppen gemeinsam kampierten, stellten sie ihre Tipis in Kreisen oder Halbkreisen auf. Der Sonnentanz war eine allen gemeinsame Form der Religiosität. Trance und selbstquälerische Torturen einzelner Krieger waren für die Indianer rituelle Gemeinschaftserlebnisse. Den ersten Weißen müssen sie einen Schock versetzt haben. So konnten – wollten? – sich die meisten den »friedlichen Indianer« nicht vorstellen. Nur wenige Weiße begriffen die Doppelbödigkeit des indianischen Wesens.

AM ANFANG WAR NUR WILDNIS

Europäische Adelige und wohlhabende Globetrotter erkunden den Westen. Begleitet werden die »Gentlemen« von Wissenschaftlern und Künstlern, die ihren aufhorchenden Zeitgenossen die großartigen Landschaften und das buntbewegte Leben der durch den Pelzhandel einander verbundenen Trapper und Indianer nahebringen.

Europäische und amerikanische Entdecker lockten nach 1800 mehr die Wildnis und die Weite als der heutige Siedlungsraum im Westen. Die Union der amerikanischen Staaten war noch schwach, über ihre künftige Ausrichtung zerstritten und schlecht organisiert. Die Spekulation in Land, Vieh und Minen hielt sich aber zu der Zeit in Grenzen. Die Metropolen waren keine frühkapitalistischen Hochburgen mit Einwandererslums und Mafiaterror. Washington bestand nur aus kühnen Plänen und Baustellen. Die Verfassung hatte zwar festgeschrieben, daß jedermann sein Glück versuchen dürfe und damit das fast ungehinderte Streben nach wirtschaftlichem Erfolg sanktioniert, aber nur wenige der damals fünfeinhalb Millionen Amerikaner leiteten daraus bereits eine »Sendung zur Landnahme im Westen« ab.

Der religiös eingestellte Siedler übte sich in Bescheidenheit und Zufriedenheit. Das wurde ihm durch die Umstände erleichtert. Noch gab es keine Maschinen zur Bearbeitung größerer landwirtschaftlicher Flächen. Auch wußte man nicht, wie man große Viehherden hätte einfrieden sollen. Von Gold und Silber wagte man nicht einmal zu träumen. Die eben erst im Osten seßhaft gewordenen Einwanderer hatten Land genug. Es reichte bis zu den Mittelgebirgen Kentuckys und Tennessees und erstreckte sich längs der Atlantikküste bis Florida. Für die ein- bis zweihunderttausend Farmer des Ostens war das bereits der Westen. Der Gedanke, was dahinter sein mochte, berührte nur wenige.

Erst Jahrzehnte später prägte der New Yorker Redakteur O'Sullivan für das westwärts gerichtete Vorrücken der Siedlungsgrenzen den Begriff der »Manifest Destiny«. Viele Menschen dachten auf einmal über ihre Bestimmung als Vernunftwesen in einer Welt ohne Aberglauben nach. Die Philosophen der Aufklärung hatten ihnen das Stichwort gegeben. Eine der mächtigsten Wanderbewegungen der Neuzeit griff auf ihre Weise darauf zurück. Aber eilen wir den Ereignissen nicht voraus.

Die europäischen Gentlemen und Aristokraten gelüstete es dagegen immer schon nach Abenteuern und nach dem Ruhm des Forschers. Anderen war die Natur Religion. Die große Zeit des Bildungsbürgertums war angebrochen. Der Adel demonstrierte Weltläufigkeit. Um Wissensdurst und Neugier zu befriedigen, nahm man Gefahren und Strapazen in Kauf, die nur zähe Naturen mit starkem Willen und beachtlicher Kühnheit durchstehen konnten. Duodezfürsten von Napoleons Gnaden auf dem europäischen Festland litten unter der Enge der Verhältnisse. Einige ihrer Fürstentümer waren kleiner als amerikanischer Großgrundbesitz. Was lag näher, als sich weit westwärts auf dem neuen Kontinent nach einem Lebensraum ohne Räte und Kabinette umzuschauen? Dort fanden sie in den Hochgebirgen mit ihren Savannen zwischen den Bergketten die unverfälschte Natur. Die heroische Lebensweise der Ureinwohner und Trapper – jedenfalls wie diese meist blaublütigen Hobby-Entdecker sie sich vorstellten – entsprach ganz ihren Sehnsüchten. Diese Adligen und die von ihnen geförderten Künstler und Wissenschaftler, Unternehmer und Politiker bildeten unbewußt eine kleine, aber einflußreiche Allianz, die im Westen kräftige Eindrücke der weißen Rasse hinterlassen und seine Amerikanisierung voranbringen sollte.

Jedediah Morse legte 1797 eine erste Karte mit den Umrissen Nordamerikas vor. Darauf waren zwischen Mississippi und Sierra Nevada fast nur weiße Flecken; die Rocky Mountains wurden mit ihrem äußersten Ende in Alaska angedeutet. Doch die Erfahrung widersprach dem Kartographen. Der Pelzhandel blühte bereits in diesem angeblich völlig unbekannten Niemandsland. In Washington begannen weitblickende Politiker, sich mit dem Westen zu beschäftigen. Händler, Fallensteller und Indianer berichteten über einen Garten Eden mit ausgedehnten Wäldern und einem Überfluß an Wild, der genug Nahrung und Kleidung für alle liefere. Zwischen den Wäldern befinde sich fruchtbare Prärie mit hohem und saftigem Gras. Klare Flüsse seien voller eßbarer Fische, der Himmel voller jagbarer Vögel. Das alles eingerahmt von abweisenden, mit Eisgipfeln gekrönten Bergen, deren Besteigung man immerhin versuchen könne – Anreiz womöglich für britische Gentlemen. Auch die Wüsten, so die mutigen Entdecker, hätten ihren einsamen Reiz.

Das entsprach ganz den Vorstellungen und Wünschen einiger reicher Männer. Sie suchten das Neue und fanden es im Westen. Und sie brachten ihre Eindrücke vom fernen Wunderland zu Papier, beauftragten Künstler, für sie zu zeichnen und zu malen, berichteten in ihren Zirkeln über ihre spannenden Forschungsreisen. Dadurch ermunterten sie zweifellos das an einer Ausdehnung der USA interessierte Washington und trugen dazu bei, die öffentliche Meinung auf die Besiedlung des Westens einzustimmen. Die Geschäftemacher, die dann über die Indianer herfielen, ihr Land nahmen oder es ihnen abschwatzten und sich an keine Zusage hielten, versetzten diesen aufgeklärten Bildungsreisenden einen schweren Schock.

Ganz im Gegensatz zu diesen romantischen, wenn auch ausdauernden Europäern sahen viele Yankees bis dahin im Westen nur »die große amerikanische Wüste« mit erschreckenden Entfernungen, fremdartiger Landschaft und nutzloser Weite. Der New Yorker Anwalt Templeton Strong fand: »Da gab es weder eine legendäre Vergangenheit noch eine poetische Gegenwart.« Die gebildeten Amerikaner im Osten bewunderten die Schloßparks der Alten Welt und schämten sich ein wenig der kargen Wildnis auf dem eigenen Kontinent. Die reichen Pelzhändler waren in ihren Augen eingebildete Parvenus und Außenseiter.

Prinz Maximilian von Wied reiste 1833 aus Neuwied an, um das Neuland zu besichtigen, ein wenig zu jagen und zu fischen. Daß seine Entdeckungsreisen trotz seiner noch heute lesenswerten Aufzeichnungen nicht gleich wieder vergessen wurden, verdankte der Prinz dem künstlerischen Werk Karl Bodmers. Der Schweizer zeichnete und malte in seinem Gefolge das Leben der Indianer. Schon damals sagte ein mittelmäßiges Bild mehr aus als tausend gut gewählte Worte. Friedrich Paul Wilhelm, Herzog von Württemberg, der mit Wied befreundet war, hatte ihn zu der Reise angeregt. Der Herzog selbst, hochgebildet und alles andere als ein Stubengelehrter, wünschte in die Spuren Alexander von Humboldts zu treten, des berühmten Erforschers der beiden Amerikas. Er unternahm zwischen 1822 und 1860 sieben sorgfältig vorbereitete wissenschaftliche Exkursionen. Leider sind jedoch nur wenige Notizen über seine Erfahrungen erhalten, doch der korpulente deutsche Kavallerieoffizier soll von allen Europäern den amerikanischen Westen am besten gekannt haben. Seine unerschrockene Haltung bei Begegnungen mit räuberischen und gewalttätigen Eingeborenen, aber auch sein Verständnis für ihre verzweifelte Lage wurden legendär. Von seiner ersten amerikanischen Reise brachte er »Pomp«, den adoptierten Sohn der Indianerin Sacagawea und eines Franzosen, mit nach Hause, die, wie wir noch berichten werden, die Lewis/Clark-Expedition miterlebten.

Paul Wilhelm wurde auf seiner zweiten Reise in den Westen von Sioux-Indianern vor der Verfolgung durch kriegerische Blackfeet gerettet. Sein gut gemeinter Dank dafür wäre beinahe noch sein Tod gewesen: Er nahm einen der Sioux mit zurück in seinen württembergischen Stammsitz, um ihn zu zivilisieren. Der – in der ihm völlig fremden Umgebung sicherlich unglückliche – Indianer hätte ihm bei einem sportlichen Waffenturnier beinahe mit einem Tomahawk den Schädel gespalten. Der Fürst ließ ihn – ob deswegen oder weil er erkannte, daß der Indianer in der fremden Kultur nicht heimisch werden konnte, sei dahingestellt – zurück in seine Heimat bringen. Der Herzog war ganz offensichtlich ein verständiger Freund der Indianer, obwohl sein Skalp mehrfach in Gefahr gewesen war. Von der Indianerpolitik der amerikanischen Präsidenten seiner Zeit hielt er jedenfalls nicht viel.

Auf den ersten Reisen befand sich im Troß des württembergischen Herzogs der Künstler Heinrich Baldwin Möllhausen, der eine eigene Karriere als Entdecker und Abenteurer machen sollte. Der in die Jahre gekommene Möllhausen schloß sich später Whipples Armee-Expedition auf der Suche nach einer Eisenbahntrasse für die Central Pacific an. 1857 wanderte er in den Grand Canyon, damals noch eine sehr mutige Tat. Was sollte auch den humorvollen Rheinländer Möllhausen noch erschüttern? Mit dem Herzog hatte er, in eine nasse Büffelhaut gewickelt und Erfrierungen am ganzen Körper erleidend, vier Wochen frühwinterlicher Schneestürme in der Prärie wie durch ein Wunder überlebt. Ausgezehrt vom Fieber, vom Hunger und von ständigen Magen- und Darmerkrankungen, halb erblindet durch den Rauch im engen Zelt hatten sich die beiden über Hunderte von Kilometern auf dem Oregon Trail dahingeschleppt, als ihre Reit- und Zugtiere längst verendet waren. Vor den Indianern, die sie überfielen und zu massakrieren drohten, rettete sie nur das Skizzenbuch des Künstlers, das die räuberische Bande für einen rächenden Zauber gehalten haben muß.

Die beinahe schon surrealistischen Canyon-Bilder Möllhausens erregten mehr Staunen als Beifall. Heinrich Möllhausen hat sich auch mit Dutzenden von Novellen einen Namen als Schriftsteller des amerikanischen Westens erworben. Im 19. Jahrhundert machte er vielen Deutschen die Auswanderung nach den USA schmackhaft. Seine Freunde nannten ihn den »alten Trapper«, hatte er doch so manches Jahr in den Behausungen der Missouri-Indianer zugebracht, die ihn fast schon als einen der Ihren betrachteten.

Als Maler erwies sich allerdings Karl Bodmer seinem Kollegen Möllhausen überlegen. Bestechend präzise und atmosphärisch sind seine 400 Landschaften, Armee-Forts und Interieurs wildwestlicher Erdbauten und Blockhäuser. Nie zuvor hatte jemand so faßbar und zugleich entrückt die für das Land zwischen Missouri und Rocky Mountains typische Weite gezeichnet und koloriert. Paris stellte seine Werke aus. Viele Magazine druckten seine farbigen Illustrationen. Bodmer arbeitete später mit den Künstlern der französischen Barbizon-Schule und als Fotograf.

Auch vornehme Engländer waren zur Stelle. Sir George Gore kam bis zum Yellowstone-Park. Aus Mexiko ritt Captain Frederick Ruxton mit einer Gruppe von »Männern aus dem Gebirge«, wie man die Trapper nannte, quer durch das Land bis zur kanadischen Grenze. Der englische Botaniker Thomas Nuttall sammelte in seinen Schachteln Pflanzen aus dem Westen. Der berühmte John James Audubon ließ bei seinen farbigen Zeichnungen kein Tier aus, das er auf seinen Reisen gesehen hatte. Eher zufällig hatte er aus dem Malen und Zeichnen seinen Hauptberuf gemacht. Der in der Karibik geborene Franzose war vom Westen begeistert. Audubons Vögel zieren als Drucke noch heute weltweit viele Zimmer. Auch die Literaten adaptierten den Westen. James Fenimore Coopers »Lederstrumpf«-Geschichten spielten sich im Westen ab; dabei war er nie über den Mississippi hinausgekommen. Dutzende inzwischen vergessener Literaten verlegten ihre Erzählungen ins Land jenseits der Rocky Mountains.

Für die bei den früheren Expeditionen mitreisenden Naturalisten war das westliche Nordamerika mit seinem Artenreichtum eine Fundgrube. Was sie zu Papier oder auf die Leinwand brachten, hob sich von der europäischen Tradition durch die Originalität der Themen aufsehenerregend ab. Europa bezog aus den Pflanzengärten der Botaniker seltene Zierbüsche und fruchttragende Baumarten. Die Künstler schufen eine frische, neue Sicht mit exotischem Reiz; dabei lehnten sie sich im Stil teils an Henri Rousseau, teils an William Turner an.

Näher soll hier auf die Bilder des großen George Catlin mit seinen Impressionen von den Bergen und Canyons jenseits der großen Ebenen eingegangen werden. Der Künstler und Völkerkundler, ein Amerikaner der ersten Generation, leistete den weitaus größten Beitrag zu einer systematischen und genauen Wiedergabe all dessen, was man mit dem Auge im Westen Amerikas erfassen und in Gesprächen mit den Indianern erfahren konnte. Wie kaum ein anderer war er der Typ des interessierten Gentleman-Entdeckers. In seinem Malstil, in seinen Briefen und auch in seinen Eingaben an den Kongreß glühte die Hingabe an den damals noch ganz wilden Westen und seine Ureinwohner.

Catlins zahllose Präsentationen des indianischen Lebens vermitteln eine liebevolle Besessenheit. Er ahnte, daß mit dem Zurückdrängen der Indianer eine der farbenprächtigsten und vielseitigsten Primitivkulturen ausgelöscht würde. Nach seinen eigenen Worten beschloß er, »in Text und Bild das Verhalten, die Gewohnheiten und den Charakter einer interessanten Menschenrasse festzuhalten, die schnell vom Erdboden verschwinden wird – um sie damit als eine aussterbende Nation, als eine stolze und edle Rasse, die keine eigenen Historiker und Biographen hat, vor dem schnellen Vergessenwerden zu bewahren«.

Zunächst schloß sich Catlin einer Großexpedition an, die aber ihr Ziel, den Yellowstone River, nie erreichen sollte. Doch er bekam genug von den Indianern am Missouri zu sehen, um das zu tun, was er sich vorgenommen hatte: Häuptlinge und Medizinmänner standen ihm mit ihrem malerischen Kriegsschmuck in seinem Feldatelier Modell. Er zeichnete ihre Tänze, Feste und Zeremonien. Er kroch in ihre Zelte und ging mit ihnen auf die Jagd. Er erwarb besondere Prachtstücke ihrer Kleidung, Waffen und Geräte. Was er zu Hause darbot, war exotisch und einladend.

Einfach wie das Leben der Stämme wurde auch die Darstellung durch Catlin – notgedrungen, mit nur zehn Farben auf der Palette. Ein üppiges Kunstschaffen gaben die kargen Lebensumstände in der Prärie nicht her. Der akkuraten Illustration tat das keinen Abbruch, wenn er die extremen Mutproben der jungen Krieger skizzierte: beispielsweise wie sie sich die Muskeln durchbohrten und sich an einem Seil umherschwingen ließen; dabei unterdrückten sie stoisch ihren Schmerz. Diese Einstellung zu körperlichen Qualen sollte sprichwörtlich werden.

Acht Jahre lang malte und studierte Catlin auf Reisen in den Westen die Indianer, bis er schreiben konnte: »Ich habe 48 Stämme mit 400 000 Angehörigen besucht, von denen die meisten jeweils eine andere Sprache hatten.« Die künstlerische Ausbeute waren 510 Portraits und Ölgemälde mit 3000 Indianern.

Ähnlich umfangreich, wenn auch wenig systematisch war das wissenschaftliche Kompendium, das Catlins Ge-

genspieler Henry R. Schoolcraft über die Indianer veröffentlichte: sechs dicke Bände, die der große Alexander von Humboldt ein »Schrottbuch« nannte. Wissen über die Indianer war reichlich und sorgfältiger recherchiert vorhanden.

Wenn es nach Catlin gegangen wäre, hätten die Indianer und die Siedler friedfertig auf geteilten Jagdgründen nebeneinander gelebt. Für dieses Ziel setzte er sich durch Darbietungen ein, mit denen er den Städtern im Osten und der Regierung in Washington mit indianischer Folklore die Lebensweise der Ureinwohner nahezubringen versuchte. Aber seine romantisch geprägte Hingabe an seine indianischen Freunde wurde leider vom Kongreß und der öffentlichen Meinung nicht geteilt. Der Kongreß rügte vielmehr die Kosten der Präsentationen und verweigerte ihren Ankauf. Aufgegriffen wurde aber sein Gedanke der Nationalparks.

1839 ging Catlin enttäuscht erst nach Europa und dann nach Südamerika, um dort das öffentliche Gewissen für die Indianerfrage weiter zu schärfen und die mörderischen kolonialen Methoden anzuprangern. 1872 kehrte er nach 33 Jahren in die USA zurück. Die historische Abteilung des 1848 gegründeten Smithsonian Institute mit seinen ausgedehnten Sammlungen aus dem Westen stellte ihm ein Büro zur Verfügung. Das offizielle Washington begann endlich, ihn und seine Vorstellungen von einem friedlichen Zusammenleben der »Bleichgesichter« und »Rothäute« zu beachten.

Zu der Zeit lagen auch John Mix Stanleys sowie Richard und Edward Kerns künstlerisches Werk über den Südwesten vor – beide allerdings Maler, die sich mit Catlin nicht messen konnten. Ebenbürtig war ihm Albert

Bierstadt, der bereits mit der Eisenbahn in die Rocky Mountains reiste und sie ganz im Stile der Alpen portraitierte, so wie man es gern im kultivierten Osten und bei den vornehmen Großgrundbesitzern in den Südstaaten sah. Alle diese Künstler und die romantische Periode euro-amerikanischen Entdeckertums hinterließen Spuren, in die Politiker mit dem Willen zur Versöhnung mit den Indianern treten konnten.

Der schottische Edelmann Sir William Drummond Stewart war besonders dem äußeren Westen der USA verfallen. Nach einer verunglückten Ehe mit einem Dienstmädchen konnte er sich eine Rückkehr auf Drummond Castle aus dem Kopf schlagen. Wenig begütert, aber nicht mittellos, lebte er fortan jagend und umherschweifend ein unbekümmertes Leben. Er hinterließ zwei etwas schwülstige Novellen, in die Gesehenes und Erlebtes eingeflossen sein sollen. Stewart kannte sich in den Rocky Mountains aus, stand mit Trappern und Indianern auf gutem Fuß. Und er konnte begeistern: 1836 traf er in New Orleans, dem Ausrüstungs- und Pelzhandelszentrum des Westens, einen jungen Maler aus Baltimore, Alfred Jacob Miller. Der ließ sich überreden, das lustige Leben im French Quarter aufzugeben und Stewart mit Skizzenbuch und Farbkasten auf einer Tour ins Landesinnere zu begleiten.

Miller hielt in zahllosen frühimpressionistischen Zeichnungen und Aquarellen das Leben der Menschen in den westlichen Bergen fest. Ihm ist eine der wenigen Darstellungen der ab 1825 jährlichen sogenannten Rendezvous des Pelzhandels zu verdanken. Die fanden meistens am oberen Green River oder an den Quellflüssen des Missouri statt. Diese Rendezvous hatten die großen Pelzhändler erfunden; sie verdienten an diesen Tauschmärkten enorm. Hier trafen sich – ausnahmsweise – in friedlichem Wettstreit um die Gunst der Trapper und Indianer die britisch-kanadischen und amerikanischen Pelzhandelsgesellschaften. Ihre Mitarbeiter hatten sich vielleicht noch kurz zuvor in den Jagdgründen mit jedem nur erdenklichen Trick und vielen Gemeinheiten oder gar Gewalt die Beute streitig gemacht. Hier aber demonstrierten die »Big Four«, die Hudson Bay Company, die Northwest Company, die American Fur Company und die Rocky Mountains Fur Company, gelegentlich auch Außenseiter und Einzelkämpfer wie Bonneville oder Wyeth, gute Kollegenschaft. Konkurrenz bis aufs Messer, aber auch Fair Play waren schon damals typisch angelsächsische Geschäftsprinzipien bei den straff organisierten Gesellschaften. Diese Treffen waren eine ideale »Entdeckerbörse«. Da erhielt man Antwort auf die damals so häufige Frage: »Wo geht's westwärts?«

Über das Treffen in Oregon 1837 schrieb Miller: »Das war der Höhepunkt. Hier ruhten wir einen Monat lang im Schatten der Gipfel der Wind River Mountains aus. Da campierten wir zusammen mit 3000 Indianern, den Snakes und Angehörigen anderer Stämme. Die hatten sich hier versammelt, um Büffelhautkleidung und Biberfelle gegen Nahrungsmittel, Munition, Tabak und anderes einzutauschen. Das war schon ein imponierender Anblick: die weißen Zelte der Indianer, die sich weit in der Ferne verloren, die geschäftige Menge der Wilden auf ihren gelehrigen Pferden, die in alle Richtungen sprengten – einige in barbarisch eindrucksvoller Ausstaffierung.«

Miller schildert dann, wie »König Alkohol«, obwohl nicht billig, der erste Tag gehörte, wie die »armen Indianer« der Rausch beutelte, bis sie umfielen. Aber man veranstaltete auch Ballspiele, rannte um die Wette und erfreute sich anderer Vergnügungen wie dem Pokern. Doch dann kehrte Nüchternheit ein. Die American Fur Company stellte ihr großes Zelt auf, und es wurde gehandelt. Die Trapper ergänzten ihre Ausrüstung und zogen in Gruppen ab zu ihren Revieren, wo sie den Bibern nachstellten. »Hier sahen wir alles, was Rang und Namen hatte: die großen Führer unter den Indianern und Bleichgesichtern.«

Fallensteller und Pfadfinder bezogen ihre ersten Informationen über das Land und die Jagdgebiete von den zu dieser Zeit noch meist kooperativen Indianern. Die Indianer kannten die Flüsse und Pässe in den Rockies und auch die Pfade in den großen Ebenen diesseits und jenseits des Hochgebirges. Sie wußten, wo die seltenen Wasserstellen in den Halbwüsten waren, fanden schlafwandlerisch Futter für die Tiere und Wildbret für die Menschen. Ihr Orientierungssinn trog sie auch dann nur selten, wenn sich für die Weißen keinerlei sichtbare Merkmale in den Wüsten und Steppen mehr boten. Als es noch keine ausgetretenen Pfade gab, waren die Indianer als Scouts für die Hobby-Entdecker und -Jäger unverzichtbar. Die Weißen brachten ihnen dagegen mit ihren Werkzeugen und Waffen manche Erleichterung. So aufeinander angewiesen, verstand man es, friedlich miteinander zu verkehren. Gleichwohl wurden gewisse »Wilde« auch schon damals als Bedrohung empfunden. Blutige Zwischenfälle blieben nicht aus. Banden von Trappern und Horden von kriegerischen Indianern wie den gefürchteten Blackfeet lieferten sich tödliche Gefechte. Oft standen Weiße mit friedlichen Indianern gegen die räuberischen und kriegslüsternen Stämme zusammen. Auf den bekannten Trails in den Rockies ließen sich Begegnungen nicht vermeiden. So menschenleer und einsam scheint der wilde Westen auch wieder nicht gewesen zu sein, glaubt man den Berichten über blutige Auseinandersetzungen.

Wissenschaftler drangen zunächst mehr interessiert als planvoll in die Wildnis ein. Und weil es ihnen ums Anschauen und Sammeln ging, konnten sie uns Eindrücke von einer noch unberührten Natur vermitteln. Dafür hatten spätere Generationen kaum noch ein Auge; sie waren weit mehr an Ausbeute und Bewirtschaftung interessiert. Weniger uneigennützig und besser geplant machten sich Expeditionen an die Aufklärung der diesbezüglichen Chancen; finanziert wurden sie mit dem Geld des Pelzhandels und seiner Hintermänner. Sinn und Zweck dieser Unternehmen war ein geordneter Überblick, um Niederlassungen und damit Fixpunkte für die amerikanische Sache im Wettbewerb mit dem britisch-kanadischen Pelzhandel zu gründen. Wie skrupellos und letztlich ruinös dies für die Beteiligten ablief, lohnt eine nähere Betrachtung; Beispiel seien der vornehme und skurrile John Jacob Astor aus dem Osten und der schlaue Emporkömmling Manuel Lisa aus dem Süden. Strategisches Denken und Handeln verband diese bedeutendsten amerikanischen Pelzhandelsunternehmer der Frühzeit mit Thomas Jefferson, dem Philosophen, Naturwissenschaftler und Farmer im Amt des dritten US-Präsidenten. (Das amerikanische Pelzgeschäft reicht in die neuenglischen kolonialen Anfänge des 18. Jahrhunderts zurück; seine Blüte erreichte es 1807. 1840 hatte der Pelzhandel seinen Höhepunkt überschritten. Die aufkommende Seidenindustrie riß das Geschäft mit den Zylinderhüten an sich, die bis dahin aus

Biberfellen gefertigt worden waren. Auch Biberfellmäntel waren plötzlich kaum mehr gefragt.)

Doch was konnte einen US-Präsidenten der Pelzhandel kümmern? Ganz einfach: Er war damals die einzige bedeutende Exportbranche Nordamerikas; eine zwar riskante, aber um so höhere Gewinne abwerfende. St. Louis war der bedeutendste Umschlagplatz für Biber-, Otter-, Nerz- und Fuchspelze sowie Felle und Häute von Wildtieren aller Art. Als Delikatesse wurden auch Büffelzungen und als modischer Besatz allerlei Exotisches wie Pranken und Quasten von Bären gehandelt. Das Kapital, das diesen hochorganisierten Handel finanzierte, residierte in New York, jedenfalls soweit es die amerikanischen Gesellschaften betraf. Die Kapitalisten als Zahler von Abgaben, Arbeitgeber und Verteidiger vorgeschobener Grenzstützpunkte beeinflußten dementsprechend Kongreß und Senat. Jefferson wollte den einträglichen Pelzhandel für die Amerikaner in Nordamerika monopolisieren, soweit das die älteren Ansprüche Spaniens im Südwesten, der Frankokanadier am St.-Lorenz-Strom und der Briten an der Hudson Bay zuließen. Daneben verfolgte er ein politisches Ziel, das wegen der Gebietsansprüche der Spanier und Briten im Westen des Kontinents besser nicht offen ausgesprochen wurde: die Ausdehnung der USA bis zum Pazifik und die Teilnahme der amerikanischen Nation am aufblühenden China-Handel.

Staatliche und private Initiative spielten sich gegenseitig in die Hand, als man sich in Washington entschieden hatte, den amerikanischen Westen systematisch zu erforschen. Unter den vielen Expeditionen waren einige von geschichtsträchtiger Bedeutung für die Besiedlung des westlichen Kontinents. Es waren, was auch immer ihre

Intention war, außergewöhnliche Menschen, die sie planten und ausführten. Ihre Namen sind haftengeblieben und werden auf den braunen Tafeln an den Historic Sites am Rande der heutigen Highways im Westen der USA immer wieder erwähnt.

Zwei Kapitäne auf Landfahrt

Die Armeeoffiziere Lewis und Clark führen die erste Expedition im Auftrag des US-Kongresses zum westlichen Ozean. Die abenteuerliche Reise der beiden tüchtigen Offiziere und ihrer Männer durch gänzlich unbekanntes Land begründet den amerikanischen Expansionismus zum Pazifik. Der weitblickende US-Präsident Jefferson hatte auch Späher in den damals noch spanischen Südwesten gesandt, um den Grenzverlauf zu Louisiana zu erkunden.

Die erste transkontinentale Expedition, für die der Kongreß in Washington 1803 die Mittel freigab, führten die Army Captains Meriwether Lewis und William Clark an. Beide Männer waren von Jefferson mit detaillierten Anweisungen auf ihre Aufgabe vorbereitet worden. Lewis war von führenden Wissenschaftlern Phildelphias mit einem Schnellkurs in die Schule genommen worden; Clark hatte bereits den Ruf eines bewährten Truppenführers und Kenners der Indianer. Außerdem war er Jeffersons Nachbar in Virginia. Beide Forscher brachen am 14. Mai 1804 auf und kehrten, von der Öffentlichkeit bereits aufgegeben, im August 1806 wohlbehalten mit ihrer Truppe zurück – bis auf zwei Mann: der eine war schon in den ersten Wochen an einer Blinddarmentzündung gestorben, der andere kurz darauf desertiert.

Der völkerkundlich bewanderte Jefferson war ein Freund und Bewunderer der indianischen Kultur. Er hatte den Chefs der Expedition eingeschärft, den Indianern freundlich zu begegnen und sich über ihre Lebensweise und Beziehungen zu anderen Stämmen gründlich zu informieren. Die anfangs aus 43 Mann bestehende Truppe sollte keinesfalls Macht demonstrieren, sondern »good will« verbreiten. Der überzeugte Zivilist und Republikaner kannte sein Militär, dem er als Philosoph einige Skepsis entgegenbrachte, obwohl er es als Politiker geschickt zu nutzen wußte.

Immerhin scherte sich dieser Präsident nicht weiter um den spanischen Botschafter Yrujo, der gegen die geplante Durchquerung des seinerzeit noch umstrittenen Gebietes protestierte (erst seit 1819 gehört es definitiv zu den USA). Jefferson hatte als Außenminister mit der hinhaltenden spanischen Diplomatie keine guten Erfahrungen gemacht. Die spanische Krone wollte ihren Anspruch auf den noch unerforschten Westen begründen. Jeffersons Plan kam da dem US-Kongreß sehr gelegen. Die kriegerischen Arikara und Sioux am Missouri hielten sich ebenfalls für die rechtmäßigen Eigentümer und hatten schon öfter den amerikanischen Pelzhändlern den Durchgang verwehrt.

Lewis und Clark wußten um ihre schwierige Mission. Ihnen war klar, daß ihr oberster Kriegsherr nicht nur einen humanitären und geographischen Versuch finanzierte. Ihn beunruhigte, daß der Schotte Alexander McKenzie im hohen Norden Kanadas bereits das Eismeer erreicht hatte. Wer würde zuerst über Land zum Pazifik gelangen – die Amerikaner oder die Briten in Kanada? Jefferson war von der Idee besessen, daß es eine Nord-West-Passage zum Pazifik auf dem Binnenwasserweg geben müsse. Das soll-

ten die beiden herausfinden. Aber bald schon stellten sie
fest, daß die alten Karten nicht stimmten. Weit mehr als
nur die eine verzeichnete Gebirgskette waren bis zum
Pazifik zu überwinden. Und mit der Schiffbarkeit der
flachen oder reißenden Flüsse war es nicht weit her. Eine
große Enttäuschung, denn damit war klar, daß die Amerikaner ihren Teil des Kontinents nicht so schnell und
leicht würden erkunden können wie die französischen
Kanadier den ihren im Bereich der großen Seen und im
Nordwesten.

Die Route der Expedition ist genau belegt. Insgesamt
wurden rund 13 000 Kilometer zurückgelegt. Sieben Monate lang ruderte, treidelte oder segelte das Corps der
Entdecker den gewundenen Missouri aufwärts. Das erste
Winterquartier bezog man nahe dem heutigen Bismarck
am Oberlauf des Missouri. Dort heuerte der Pelzhändler
Toissant Charbonneau mit seiner 16jährigen indianischen
Squaw Sacagawea an. Charbonneau sollte kochen, Sacagawea dolmetschen. Sie war vom Volk der Snake-Indianer,
deren Jagdgründe auf dem Weg lagen.

Im Frühjahr 1805 wurden 13 Teilnehmer der Expedition
mit wissenschaftlich interessanten Funden und Aufzeichnungen flußabwärts zurück nach St. Louis geschickt. Das
Gros folgte dem Missouri weiter flußaufwärts, vorbei an
der Mündung des Yellowstone. Die Great Falls umging
der Trupp. Bereits hinter der ersten Kette der Rockies
gelangte er an die drei Verzweigungen des Missouri. Die
Offiziere entschieden sich, den westlichen Zufluß, später
benannt nach Jefferson, weiter zu verfolgen. Doch dann
war bald schon Schluß mit den Wasserläufen.

Man fand den Lemhi Pass und ließ sich von den Indianern die Trails über die noch folgenden schwer zugängli-

chen Bergketten Idahos zeigen. Schließlich gelangte man zum Salmon River und zum Bitterroot Valley. Nahe dem heutigen Missoula, Montana, überquerten Lewis und Clark den Lolo Pass in Richtung Clearwater. Der mündet in den Snake River und dieser wiederum in den Columbia River. Am 5. Dezember 1805 standen die verbliebenen 29 Mann der Lewis/Clark-Expedition am Pazifik. William Clark ritzte seinen Namen und das Datum in die Rinde eines mächtigen Redwood-Baums ein. Die Mannschaften bauten mit Fort Clatsop den ersten pazifischen US-Stützpunkt und bezogen danach ihr zweites Winterquartier.

Auf dem Rückweg teilte sich die Expedition hinter dem Lolo Pass. Lewis entdeckte den später nach ihm und Clark benannten näheren Übergang über die Bergketten und stieß danach, dem Sun River abwärts folgend, oberhalb der Great Falls auf den Missouri. Als er dann noch den Marias River erkundete, kam es zum einzigen Scharmützel mit Indianern auf dieser Reise. Am 12. August 1806 trafen sich Lewis und Clark wieder kurz hinter dem Zusammenfluß von Missouri und Yellowstone. Sie hatten zwar keinen durchgehenden Wasserweg zum Pazifik gefunden, aber für Washington den Anspruch auf den Nordwesten erhärtet. Das sollte sich bei der endgültigen Festlegung der Grenzen mit Kanada auszahlen. Und die Jahre später nach Nordwesten drängenden Siedler bekamen immerhin eine erste Wegbeschreibung mit.

Der Erfolg der Expedition war zweifellos der minutiös genauen Vorbereitung und dem klugen und wachsamen Verhalten der beiden Offiziere zuzuschreiben. Der 29jährige Lewis und der 33jährige Clark empfanden eine respektvolle Freundschaft füreinander, die Rivalitäten gar nicht erst aufkommen ließ. Beide kannten die Wildnis durch militärische Grenzeinsätze und waren ihrer Aufgabe auch menschlich gewachsen. Ihre Fürsorge für die ihnen anvertrauten Männer war für damalige Zeiten nicht eben selbstverständlich. Die Truppe respektierte die Offiziere, die alle Strapazen mit ihnen teilten.

Lewis war der theoretisch gebildete und nachdenkliche Wissenschaftler und übernahm mit Hingabe die ihm gestellte strategische Aufgabe. Clark, dem Techniker und glänzenden Unterhändler im Umgang mit den Indianern, lag als schneidigem Abenteurer das Operative. Er hatte wohl auch das ausgeglichenere Temperament und übte bis zu seinem Tode 1838 mit großem Einsatz für seine Schutzbefohlenen das Amt des Indianer-Beauftragten der Regierung aus. Er beherrschte die Flußfahrt mit Kielbooten, mit leichten, fellbespannten »Bullboats« und den robusten, mit der Axt und glühenden Holzresten ausgehöhlten »Dugouts« aus Pappelstämmen. Dies war eine Wissenschaft für sich, ohne die man die Wildnis über weite Strecken damals kaum bezwingen konnte. Lewis kümmerte sich als Arzt um die Krankheiten und Verletzungen seiner Männer – einschließlich der eigenen Verwundung, als ihm auf der Rückreise aus Versehen einer seiner Jäger eine Kugel durch das Gesäß schoß.

Die Mannschaft verhielt sich auf der ganzen strapaziösen und oft gefährlichen Tour erstaunlich diszipliniert. Nur während der ersten Wochen wurden drei Mann wegen verschiedener Vergehen mit den in diesen Fällen üblichen 75 Peitschenhieben bestraft. Die Teilnehmer der Expedition waren Soldaten, Jäger und Handwerker, und jede Profession wurde benötigt.

Die Flußfahrt, erst mit Kielbooten auf dem Missouri, dann mit nach Indianerart ausgehöhlten Einbäumen auf den flachen und reißenden Gewässern im Gebirge war eine einzige Plackerei. Über weite Strecken mußten die Boote gestakt oder getreidelt werden. Um Wasserfälle mußten die Männer die schweren Boote samt Gepäck kilometerweit herumschleppen. Im lehmigen Ufergelände versanken sie bis zur Hüfte. An den Gebirgsbächen treidelten sie barfuß, bis sie nicht mehr auf den wunden Füßen stehen konnten.

Der Ritt über die ungewohnt schlüpfrigen und steilen Indianerpfade im Gebirge war gefährlich für Reiter und Pferde. Am regnerischen Pazifik hatten die Expeditionsteilnehmer mehrere Tage und Nächte lang keinen trockenen Faden mehr am Leib. Die Feuchtigkeit ließ die Kleidung aus Elchhäuten am Körper faulen. Moskitos und Fliegen waren eine Tortur. Westlich der Gebirge mußten sie sich überwiegend von getrocknetem Fisch und Hunden ernähren, die ihnen die Indianer verkauften. In den östlichen Ebenen und im Gebirge waren sie ständig von Bären bedroht, die sie mit ihren Steinschloßflinten schon mehrfach treffen mußten, um sie zu erlegen. Außerdem war immer und überall vor Klapperschlangen Vorsicht geboten.

Lewis und Clark führten genauestens Tagebuch. Dadurch haben wir einen Einblick in den Alltag des Expeditionslebens der damaligen Zeit. Abgesehen von den wissenschaftlichen Aufgaben unterschied es sich nur unwesentlich vom Leben der Trapper in der Wildnis. In der Prärie konnte man sich fast ausschließlich von jagbarer Beute ernähren: Büffel, Elche, Antilopen, Ziegen, Rotwild, Biber, Bären und verschiedene Wasservögel standen auf dem Speiseplan. Wenn das Jagdglück ausblieb und auch das mitgebrachte Mehl verzehrt war, mußte man die eigenen Pferde schlachten. Auch Flußfische, Indianerbrote aus

Kartoffeln und Bohnenmehl und verschiedene Wurzeln und Zwiebeln waren Alternativen, wenn auf den kargen Hochebenen um den Columbia River kein Wild aufzutreiben war.

Ihre Kleidung nähten sich die Männer selbst aus gegerbten Elchhäuten. Sie trugen Mokassins wie die Indianer; diese Schuhe hielten im Bergland auch mit verstärkten Sohlen aus Büffelhaut nicht lange. Die Nacht verbrachten die Männer oft in den viereckigen Zelten der Indianerdörfer. Beim Übernachten im Freien bewährten sich Schutzhütten aus Präriegras oder Weidenzweigen. Decken führte man mit. Die Armeezelte oder Unterstände aus Häuten hielten bei starkem Regen nicht dicht oder wurden unterspült. Für das Winterquartier mußten rechtzeitig Blockhütten mit Schrägdach und gemauerter Kaminwand gebaut werden.

Amerikanische Historiker heben hervor, daß Lewis und Clark den Häuptlingen der Stämme, durch deren Wohngebiete sie zogen, mit Achtung begegneten – so wie es ihnen Jefferson befohlen hatte. Aber sie hätten auch gar keine andere Wahl gehabt. Die Expedition wäre schon mitten in den Rockies, erst recht aber auf der Rückreise gescheitert, wenn sie sich nicht auf die Indianer hätte stützen können. Das riesige Gebiet der Bitterroot Mountains und des gleichnamigen Tals zwischen Lemhi- und Lolo Pass ist äußerst unübersichtlich aus der Bodenperspektive mit seinen endlosen bewaldeten Hügeln und tief eingeschnittenen Flußniederungen. Die indianischen Führer waren daher unverzichtbar. Sie fanden die richtigen Trails auch dann noch, als diese bis in den Frühsommer völlig zugeschneit blieben. Die für die Rückreise markierten Bäume am Weg waren nicht mehr zu finden. Der meterhohe, festgefrorene Schnee hatte die auf dem Hinweg fast schneefreien Gebirgszüge völlig verändert. Doch die ortskundigen Indianer brachten sie schneller und sicherer zurück, als sie selbst mit ihren eigenen Kundschaftern über die Rockies hingefunden hatten.

Die Indianer lieferten auch die Pferde für die Landreise, Kanus und Nahrungsmittel, von denen sie selbst nur wenig hatten. Die Expedition wurde auf weiten Strecken von Indianern begleitet, die ihnen auch beim Lastentransport halfen. Ihre Erfahrungen mit ihnen waren allerdings unterschiedlich: Indianer, die schon mit weißen Händlern Berührung hatten, bestahlen mitunter die Expedition oder nahmen gelegentlich auch einmal drohende Haltung ein. Die Expeditionsteilnehmer mußten so oder so mit den Indianern zusammenleben, geduldig endlose Friedenspfeifen rauchen, Krankheiten behandeln und Besuche empfangen oder abstatten. Hier, im äußeren, unerschlossenen Nordwesten, waren sie von den Ureinwohnern völlig abhängig.

Den Reiseberichten zufolge hatte das auch seine vergnüglichen Seiten. Viele Abende, vor allem in den Winterquartieren, wurden mit Tanz und Gesang verbracht – Gäste wie Gastgeber beteiligten sich daran, jeder auf seine Weise. Die Soldaten und Trapper spielten mit der Fiedel auf. Die Indianer schätzten den Rhythmus des Tambourins. Fast ausnahmslos tanzten und sangen die Männer allein; die Frauen blieben im Hintergrund. Indianer und Weiße hockten an solchen Abenden rauchend, schmausend und erzählend zusammen – ein friedliches, später so rares Bild, bei dem die Weißen von den Indianern viel über das Land erfuhren.

Peinlich war den Leitern der Expedition die sexuelle

Freizügigkeit der befreundeten Indianer, die ihre hübschen jungen Frauen den Weißen geradezu aufdrängten, aber manchmal auch für deren Liebesdienste kleine Geschenke forderten. Der Mannschaft war zu Beginn der Reise der Umgang mit den Indianerinnen verboten worden, aber dann haben ihn die Captains wohl dulden müssen, schon um die Indianerhäuptlinge nicht zu verärgern.

Die Expeditionsleiter konnten zu den meisten Stämmen ein gutes Verhältnis schaffen. Ihre »friedliche Mission« ließ sich gut an, hatte aber keinen dauerhaften Erfolg. Die kleineren, bedrohten Stämme sehnten wohl den Frieden herbei, doch die großen und streitbaren Indianervölker wie die Sioux, Snakes und Blackfeet ließen das Kriegsbeil nicht lange ruhen, wenn es um die besseren Jagdgründe und das Hab und Gut wohlhabender Nachbarn ging.

Das halten auch die Tagebücher fest: Die manchmal nur wenige hundert Angehörige zählenden, manchmal aber auch in die Tausende gehenden Mitglieder der Stämme waren nicht durchweg die besseren Menschen, wie es verklärende Darstellungen »des guten Wilden« – beispielsweise durch Washington Irving – vorgeben. Viele dieser Menschen lebten dürftig, von ansteckenden Krankheiten befallen und angsterfüllt. Das machte sie tückisch. Aber nicht alle waren Unmenschen. Als Clark zweimal im Beisein von Häuptlingen an undisziplinierten Soldaten das abschreckende Kriegsrecht durch Stockhiebe und Auspeitschen vollziehen ließ, waren diese bestürzt und schrien laut, er solle einhalten.

Über die Sitten und Gebräuche der Indianer ausführlich zu berichten, war einer der Aufträge, die Jefferson erteilt hatte. Vor allem Lewis lieferte genaue und interessante

Schilderungen. Erstaunt stellte er fest, daß nicht zwei Stämme die gleiche Sprache sprachen; eine komplizierte Gestik mußte die allgemeine Verständigung bewältigen. Die Tagebücher von der Öffnung des Lewis/Clark-Trails lesen sich stellenweise wie ein spannender Wildwest-Roman. Farbige kleine Geschichten am Rande gibt es genug: Clark verhätschelte das Baby der Indianerin Sacagawea und nannte es »mein Sohn Pomp«. Lewis berichtet stolz, wie sein »Seemann« genannter Hund, ein Neufundländer, im Fluß einen Wolf ertränkte. Der schwarze Diener Clarks und die Luftbüchse von Lewis wurden mehr als alle anderen Personen und Gegenstände der Expedition von den Indianern bestaunt. An den Klippen des Missouri stürzte eine ganze Bisonherde in den Abgrund, nachdem ein junger Indianer, in ein Büffelfell verkleidet, den Leitbullen vorgetäuscht hatte. Einer der Männer schlug einem Grizzly den Kolben seines Gewehrs auf den Schädel, nachdem er sein Pulver verschossen hatte; der Bär schüttelte sich und nahm Reißaus.

Am Columbia River besaßen die Indianer ganze Herden von Rassepferden; gezüchtet wurden sie aus Tieren, die man den Spaniern an der mexikanischen Grenze gestohlen hatte. Die Shoshonin Sacagawea, die ein feindlicher Stamm als junges Mädchen gefangengenommen hatte, kehrte mit der Expedition in ihre Heimat zur Nation der Snake-Indianer, wie die Weißen die nordwestlichen Shoshonen auch nannten, zurück. Eine rührende Szene, als sie von ihrem Bruder und ihrer Schwester wiedererkannt wurde; Sacagawea, die Lewis nur »das Objekt, das überall zufrieden ist, wenn es genug zu essen und ein Paar Glitzerdinger hat« nannte, war endlich daheim. Sie hatte der Expedition unschätzbare Dienste geleistet, da ihre Anwesenheit unter den Weißen den mißtrauischen Indianern stets signalisiert hatte, daß die Begegnung friedlich verlaufen würde. Sie soll, erst 25jährig, im Fort Manuel, Missouri, am Sumpffieber gestorben sein.

Die geologischen Tatsachen waren für Washington wenig positiv. Daß die Quellen des Missouri und des Columbia River weit auseinander lagen, bedeutete, daß an einen nur kurz unterbrochenen, schiffbaren Wasserweg zum Pazifik nicht zu denken war. Um das herauszufinden, hatte die Expedition auf dem Heimweg einen Umweg von über anderthalb Monaten in Kauf genommen. Mit den schweren Kielbooten und Einbäumen war jenseits des Missouri weit weniger anzufangen als mit den leichteren und größeren Booten der Indianer, die mit Büffelhaut bespannt wurden. Abseits der größeren schiffbaren Flüsse setzte sich allerdings bei späteren Armee-Expeditionen der Landweg zu Pferd durch, und nach der Öffnung bequemerer Pässe und geebneter Trails kamen Frachtgespanne dazu.

Während Lewis und Clark in den Nordwesten vorstießen, kümmerten sich andere militärische Unternehmen um den Südwesten. Im Hintergrund dieser Terrainerkundungen schwelten außenpolitische und persönliche Auseinandersetzungen, die die Einheit und Zukunft der jungen Union zu gefährden drohten. Die USA hatten Louisiana 1803 von Napoleon rechtmäßig für 15 Millionen Dollar oder 13 $1/2$ Cents je Acre (1 Acre = 4046,87 m²) erworben; damit gehörte ihnen der größere Teil des ganzen Mittelwestens, ein Gebiet, doppelt so groß wie die bisherige Union. Aber die Spanier bezeichneten den Süden dieses Landes, das sie entdeckt und auf Betreiben Napoleons an die Franzosen abgetreten hatten, weiter als ihren Besitz. Weil keine der Parteien bis dahin so genau wußte, worum man eigentlich stritt, wollte sich Jefferson auch über die Grenzverläufe Klarheit verschaffen. Es galt, Washingtons Ansprüche zu untermauern. Er hatte bereits eine Vision der künftigen Vorherrschaft der USA über den Kontinent und die Bedeutung des Westens für die junge Nation.

Jeffersons südstaatlicher Rivale, Vizepräsident und General Aaron Burr aus New York, der den Schatzminister Alexander Hamilton in einem Degenduell getötet hatte und deshalb aus Washington hatte fliehen müssen, betrieb derweil insgeheim die Abspaltung des Südens. Er wollte sich, ungeachtet der Kriegsgefahr für die Amerikanische Union, damals noch auf Kosten Spaniens mit den heutigen US-Staaten Texas und New Mexico einen eigenen Staat im Südwesten aneignen, für den auch Louisiana vereinnahmt werden sollte. Im Sommer 1806 schickte der eben erst von Jefferson zum Gouverneur von Louisiana ernannte macht- und geldgierige Wilkinson – Burrs intriganter Mitverschwörer, wie sich später herausstellte – den jungen Lt. Zebulon Pike aus, die Zuflüsse des Red River zu erkunden. So der offizielle Auftrag. Doch vermutlich reiste er mit der geheimen Order, wirtschaftliche, politische, geographische und militärische Informationen mitzubringen; auf jeden Fall sollte er die Spanier in Santa Fe ausspionieren.

Was eigentlich gespielt wurde, dürfte dem später in eine Serie politischer Enthüllungen verwickelten Pike damals kaum bewußt gewesen sein. Aber er beobachtete viel, gern und genau; leider gingen seine schriftlichen Aufzeichnungen verloren. Am Arkansas River angekommen, wandte er sich gen Westen und erkundete zwei Monate lang die südlichen Rocky Mountains, bestieg zwei der höchsten Berge und skizzierte von dort aus Übersichten des ganzen südlichen Gebirges und seiner von den Berggipfeln aus erkennbaren Täler.

Am oberen Rio Grande wollte Pike, unzulänglich ausgerüstet, mit seiner demoralisierten Mannschaft den Winter verbringen. Da aber nahmen ihn die Spanier, die von seiner Anwesenheit Wind bekommen hatten, gefangen. Er wurde jedoch wie ein Gentleman behandelt und freundete sich mit einem spanischen Offizier an. Schließlich brachten ihn die Spanier nach Texas, wo sie ihn freiließen. Auf dem Weg dorthin lernte er fast ganz »Neu-Spanien« – ungefähr das heutige New Mexico – kennen. Seine wichtigsten Aufzeichnungen wurden allerdings konfisziert.

Pikes Tagebuch, seine aus dem Gedächtnis niedergeschriebenen »Spionageberichte« und seine Karten waren wichtige Dokumente, wenngleich er den Siedlungsnutzen der großen Ebenen vor den Rockies verkannte. Diesen Irrtum erhärtete später Major Stephen Long. Der Wissenschaftler kreuzte Pikes Spuren und kartierte sorgfältig die frontale Bergkette der Rockies nahe dem heutigen Denver. Sein Zeichner, Samuel Seymour, fertigte Skizzen an. Long irrte sich dann auf der Suche nach den Quellen des südwestamerikanischen Red River. Aus Versehen hatte er den Canadian River erwischt. Das schmälerte seinen Ruhm, während Pike noch zweimal befördert wurde; 1813 kam er bei der Explosion eines britischen Munitionsdepots um. Long brachte dennoch die genaueren Informationen aus der großen Prärie mit nach Hause, doch darauf kommen wir später noch zurück.

Leider weiß man wenig Einzelheiten über Pikes und Longs Expeditionsalltag. Gewiß hätten sie kaum weniger Aufregendes als Lewis und Clark erzählen können. Sicher ist nur, daß beide mit ihren Begleitern eine weniger glückliche Hand hatten und die Verluste an Menschen und Material – auch durch diebische und aggressive Prärie-Indianer – schmerzlich waren.

Der Oregon Trail wird entdeckt

Jakob Astor versucht, den Handel der American Fur Company auf den Spuren von Lewis und Clark nach Nordwesten auszudehnen. Aber er scheitert an den Konkurrenten im heutigen British Columbia. Das tragisch endende Unternehmen wirft mit der Entdeckung des Oregon Trail einen unvermuteten Gewinn für die spätere Landnahme der Amerikaner an der Pazifikküste ab. Ausgebaut hat den ursprünglich nur von Indianern und Trappern benutzten Pfad Mitte des 19. Jahrhunderts die »Oregon Lobby«.

Der deutschstämmige Jacob Astor war schon in jungen Jahren reich geworden – reich genug, um im Westen mitzuspielen. Er nahm sich vor, den Nordwesten des Kontinents zu erschließen. Angeregt durch die Canadian North Western Fur Company, gründete er 1810 die Pacific Fur Company. Tatsächlich war sie nur eine getarnte Tochtergesellschaft seiner mächtigen American Fur Company mit Sitz in New York, die den Handel der USA mit Fellen und Pelzen weitgehend beherrschte. Man wollte die Briten und Russen nicht reizen. Denn in Montreal, St. Louis und St. Petersburg hatte man sich gerade über die Landansprüche zwischen den beteiligten »Gebietskörperschaften« des Pelzhandels im Nordwesten in groben Zügen geeinigt. Das stellte Astor mit seinem Unternehmen in Frage: Mit der Anordnung, die kritischen Gebiete möglichst zu umgehen, setzte er zu Lande eine Expedition unter Leitung von Wilson Price Hunt über eine neue Route hoch im Norden der heutigen USA zum Pazifik in Bewegung.

Gleichzeitig umrundete das Handelsschiff »Tonquin« unter Captain Jonathan Thorn Kap Hoorn, um endlich an der Mündung des Columbia River mit der durch viele Schwierigkeiten aufgehaltenen und arg mitgenommenen Landtruppe zusammenzutreffen. Der Plan war, den Pelzhandel mit China zu eröffnen – wie sich herausstellte, ein zu ehrgeiziger Plan angesichts der zu geringen menschlichen und sachlichen Ressourcen, die Astor zur Verfügung standen. Jeffersons Nachfolger, Präsident Madison, unterstützte die imperialistische Ausdehnung der USA nach Westen nur halbherzig. Wie schon bei der fast vergessenen Lewis/Clark-Expedition, konnte der erhoffte Wasserweg im Nordwesten nicht gefunden werden, weil es ihn nicht gab. Auf die Eröffnung einer Landpassage war man technisch nicht vorbereitet. Noch war die Zeit dafür nicht reif.

Aber der Poker mit den Briten um den Pelzhandel im Nordwesten des Kontinents war eröffnet und führte von da ab zu andauernden Reibereien und einem halsabschneiderischen Konkurrenzgebaren zwischen den Trappern und ihren Auftraggebern – dies ist durchaus wörtlich zu nehmen. Dabei wechselten die Loyalitäten vieler dieser Männer häufig. Mal arbeiteten sie für diese, dann wieder für die andere Seite.

Hunt und seine Männer hatten sich am Missouri bereits mit einem Expeditionstrupp des spanisch-amerikani-

84

schen Astor-Konkurrenten Manuel Lisa angelegt, der sie verfolgte und aufzuhalten versuchte. Der Konkurrenzkampf untereinander zersplitterte die Kraft der Amerikaner, von denen sich viele nur halbherzig zu ihrer jungen Nation bekannten. Schließlich rotteten die Briten die Biber am Columbia River vorsätzlich aus, um den aus ihrer Sicht gierigen und selbstgerechten Amerikanern unterschiedlicher Herkunft das weitere Vordringen nach Kanadas späterer Provinz British Columbia endgültig zu verleiden.

Der Pelzhandel bot anfangs den Indianern eine verlockende Perspektive. Die Jagd auf die Pelztiere entsprach ihrer Lebensweise und ihrem Selbstverständnis. Die Handelsgesellschaften tauschten Jagdbeute gegen lebensnotwendigen Bedarf. Sie beließen den Indianern ihr Recht auf das Land. Doch dann lieferten sich die angelsächsischen Frühkapitalisten einen Konkurrenzkampf bis aufs Messer. Die Preise für Felle wurden überboten, Schnaps war kein Tabu mehr. Die Direktoren in ihren vornehmen Kontoren in New York und London sowie den Knotenpunkten des Handels St. Louis und New Orleans sahen weg, wenn das Fair Play aufhörte. Draußen im Feld schreckten die Leiter der Handelsposten vor Mord und Totschlag nicht zurück, um sich zu behaupten. Weil der Arm der Justiz nicht bis ins Indianerland reichte, schwangen sich die Händler und ihre Clerks zu Richtern und Bütteln auf, die ihre eigenen Gesetze gnadenlos exekutierten. Dabei verhielt sich Astors American Fur Company besonders rigoros – bis die Regierung in Washington mit dem Entzug der Lizenz drohte. Das geschah nach der Einführung der Prohibition 1832, denn das Unternehmen hatte sich mit der Einrichtung einer eigenen Destillerie am

Missouri dem Alkoholverbot widersetzt. Das war denn doch zu offensichtlich. Whisky, Rum und Wein flossen in Strömen und machten die Indianer immer gefügiger. Alkohol war das Geschäftsprinzip, um Konkurrenten auszustechen. Ohne das Feuerwasser lief schließlich nichts mehr im Indianerland. Die USA importierten Schnaps, weil die Eigenproduktion für den Tauschhandel mit den Indianern nicht ausreichte. Die Regierung und ihre Gouverneure waren ohnmächtig und mußten zusehen, wie die Gesellschaften die Rechtlosigkeit im Westen etablierten, die bis zur Wende zum zwanzigsten Jahrhundert bei Goldgräbern, Viehzüchtern und Geschäftemachern immer brutaler um sich greifen sollte.

Bald boten ganze Indianerstämme einen erschreckenden Anblick der physischen und moralischen Verkommenheit. Um ihre Alkoholsucht zu befriedigen, griffen sie zur Gewalt. Die Indianer, die sich nicht umnebeln ließen, verloren das Vertrauen in die Weißen. Sie verachteten den rücksichtslosen Erwerbstrieb dieser Frühkapitalisten und ihre Machenschaften, mit denen diese sich schließlich – bis auf die britisch-kanadische Hudson Bay Company – selbst ruinierten. Mit dem Respekt verloren sie alle Hemmungen, mit den Händlern, ihren Gehilfen und den Trappern nach Belieben umzuspringen, wo sie nur konnten. Das weiße Beispiel hatte sie nichts Besseres gelehrt.

Der Pelzhandel hat sich am Ende selbst um seinen Ruf und seine Geschäfte gebracht. Die großen Gesellschaften schluckten die kleineren. Astor zog sich zurück. Der Handel mit Pelzen, aber auch die Geschäfte mit den Indianern nahmen ab. Endlich hatte auch die Regierung Wettbewerbsgesetze erlassen und durchgesetzt. Aber für die Indianer kamen sie zu spät.

Die Männer, die nun für den Pelzhandel auf Erkundung gingen, waren keine erfahrenen Trapper; eine »vorwärts stolpernde Horde von Undisziplinierten« unter Hunt eröffnete auf dem Hinweg über die Badlands von South Dakota einen neuen Trail westwärts – im weiteren Verlauf teilweise identisch mit dem späteren Oregon Trail. Zu dieser Überlandexpedition hatten sich die namhaften Naturwissenschaftler Nuttall und Bradbury gesellt, außerdem drei erfahrene Waldläufer aus Kentucky. Auch der legendäre Daniel Boone soll mit Rat ausgeholfen haben. Die Reise wurde besser als bis dahin üblich dokumentiert. Die wesentlichen Etappen waren: Wind River Valley, über die kontinentale Wasserscheide am Union Pass, Jackson- und Pierres Hole, quer über die Wastelands im südlichen Idaho zum Snake- und von da zum Columbia River. Keine leichte Route. Sie verlief südlich des von Lewis und Clark gewählten Trails durch das Bergland über karges, wildarmes Land. Der obere Snake River ließ sich nicht, wie erhofft, mit Booten befahren. Demoralisiert und zermürbt, fiel die Expedition in drei Gruppen auseinander, die dennoch alle ankamen. Aber erst 1812 trafen die letzten Teilnehmer im Fort Astoria ein, das die Seeleute der »Tonquin« errichtet hatten. Kurz danach flog das Schiff vor Vancouver in die Luft: Herausgefordert durch seinen gewalttätigen Kapitän, hatten Savish-Indianer die Mannschaft bis auf den letzten Mann niedergemacht. Der tödlich verletzte Matrose Thomas Lewis konnte am 11. Juni 1811 noch die Lunte an die Pulverfässer legen. Damit sprengte er die Indianer, das Schiff und sich selbst in die Luft.

Es war der Anfang vom Ende des Fort Astoria. Von See aus fehlte die Deckung, als 1813 marodierende Banden der kanadischen North West Company, unterstützt durch britische Marines von der H. M. S. »Racoon«, die Übergabe forderten. Die Union befand sich seit kurzem im Krieg mit ihrem ehemaligen Mutterland England. Er dauerte drei Jahre, bis 1815, und führte zur gemeinsamen Nutzung Oregons. 1846 wurde Oregon US-amerikanisches Territorium, 1859 Bundesstaat – erst neun Jahre nach Kaliforniens Erhebung in diesen Status, obwohl die Amerikaner Oregon schon viel länger besiedelt hatten.

Doch zunächst versuchten die Briten, das Vordringen des amerikanischen Pelzhandels zu stoppen. Die Lewis/Clark-Expedition hatten sie noch geduldet, weil sie ihre strategische Bedeutung unterschätzten. Einige der Astor-Leute – wie Donald McKenzie, von dem noch zu berichten sein wird – liefen zu den britischen Kanadiern über, für die sie früher schon gearbeitet hatten. Andere folgten den Spuren eines Kuriers, auf den wir gleich zurückkommen werden. Astors Stützpunkt war verloren, obwohl er gut ausgerüstet gewesen war. Aber es fehlte die unerschrockene und loyale Führung. Mit dem Fall des Stützpunkts hatten auch die USA eine Schlappe erlitten. Und im Gegensatz zu Lisa hielt Astor die von ihm veranlaßten Entdeckungen so geheim wie möglich; die USA konnten also seine Landnahme nicht für die Nation reklamieren. Der deutschstämmige Astor kochte lieber sein eigenes Süppchen und hielt nicht allzuviel von seiner Regierung.

Das für die Beteiligten insgesamt tragische Unternehmen Astors hatte noch ein Nachspiel, das unvermuteten Glanz abwarf: Der erst 27 Jahre alte Schotte Robert Stuart, ein Angestellter Astors, der mit der »Tonquin« gekommen war, und sechs ihm ergebene Männer versuchten im Winter 1812, ostwärts über die Berge St. Louis zu erreichen.

Astor sollte wissen, wie es um sein Fort stand, nachdem das zweite von ihm ausgesandte Schiff, die »Beaver«, im Sturm vor Alaska beinahe gesunken wäre und deshalb havariert zuerst einmal die chinesische Küste angelaufen hatte. Obwohl die auf dem Hinweg von Hunt angelegten Vorratsverstecke zu zwei Dritteln geplündert waren, gelang Stuart der Rückweg. Alle Trapper und Händler im Indianerland legten solche »Caches« an, um möglichst wenig Fracht und Vorräte transportieren zu müssen. Sie wurden sorgfältig getarnt und von den Weißen untereinander respektiert. Aber natürlich wurden immer wieder Vorratslager von Indianern oder Wildtieren entdeckt und ausgeraubt.

Doch zurück zu Stuart. Erst scheiterten er und seine Gruppe fast an den Blue Mountains, dann an den undurchdringlichen Wäldern im Gebiet des Snake River, in denen sie sich verliefen. Sie mußten weit nach Norden zum Jackson Hole ausweichen, um feindliche Crow-Indianer zu umgehen. Die damit verbundenen Anstrengungen und Entbehrungen in der Eiseskälte kosteten sie fast das Leben. Einer der Männer wurde wahnsinnig; mancher Weiße soll während dieser Jahre im Indianerland vor Angst den Verstand verloren haben.

Die Crows stahlen Stuarts Pferde. Apachen zwangen sie, ihr Winterquartier aufzugeben. Sie mußten zu Fuß zurück zum Platte River. Wieder verloren sie die Orientierung. Ein Teilnehmer, so wird berichtet, erwog bereits, das Los darüber entscheiden zu lassen, wen man töten sollte, um nicht Hungers zu sterben. Ein in einer Falle gefangener Biber, der sofort verspeist wurde, rettete das Häuflein ermatteter Männer und das potentielle Opfer vor dem Hungertod.

Die ganze Kurierreise war ein einziger Schrecken. Allein die Klapperschlangen waren eine ständige Gefahr; einmal hoben sie ein Nest von 37 ausgewachsenen Exemplaren aus, nicht mitgerechnet diejenigen, die entkamen. Das »Wildlife« jener Tage war wenig erbaulich …

Jahre später sollten Hunderttausende diesen 3400 Kilometer langen Pfad – zu der Zeit schon eine gut mit Pferdefuhrwerken befahrbare Piste – westwärts nach Oregon ziehen: Stuarts Gruppe aber hatte noch vor Ashley – der ihn nur wiederentdeckte – den Oregon Trail ausgemacht. Er wurde für die Bevölkerung des Westens wichtiger als der Lewis/Clark-Trail mit seinen schwierigen Gebirgspässen. Stuart soll, beraten von einem indianischen Pfadfinder, eine nähere und einfachere Passage über die Randkette der Rockies, den berühmten South Pass, gewählt haben – das später oft benutzte »Ausfalltor« für die von Westen kommenden Reisenden über den Sweetwater River und den nördlichen Arm des Platte River in die große Prärie. Doch diese Pioniertat war lange umstritten.

1830 war der Oregon Trail bereits etabliert, wenngleich ihn fast nur Trapper und Händler benutzten. Die Forts Laramie, Hall und Boise sicherten ihn; Fort Bridger kam einige Jahre danach hinzu. Die Vorarbeit für die feste Einrichtung dieses Pfades nach Oregon, der Jahre später für Fuhrwerke ausgebaut wurde, leitete ein dynamischer Unternehmer aus Cambridge, Massachusetts. Er hatte einiges Geld gemacht, indem er Stangeneis aus den Tümpeln seiner frostigen Heimat für Kühlzwecke bis in die Karibik exportierte. Vom Tauschhandel mit den Indianern, Trappern und Siedlern versprach er sich offenbar noch mehr als vom Eisgeschäft.

Der praktisch veranlagte Nathaniel I. Wyeth und der überaus belesene College-Lehrer und Missionar Hall I. Kelley aus Boston betrieben gemeinsam, wenn auch aus unterschiedlichen Motiven, die Besiedlung Oregons. Beide richteten zahlreiche Petitionen an den Kongreß. Diese »Oregon-Lobby« brachte die amerikanische Sache im fernen Westen in Gang. Der Oregon Trail wurde eilig für die noch kleinen Siedlertrupps geöffnet, die bereits zwischen Mississippi und Rocky Mountains eingetroffen waren, um weiter westwärts zu ziehen.

Den Lehrer Kelley trieb der Wunsch an, neu-englische Kultur mit einer Arche Noah von amerikanischen Kolonisatoren an den Columbia River zu bringen. Und der 30jährige Wyeth schulterte die Flinte, um mit William Sublettes Gebirglern Jacob Astors Vorstellungen von einem pazifischen Stützpunkt für die Handelsnation USA zu verwirklichen. Dabei hatte er mehr Erfolg als sein Vorbild, obwohl die Partnerschaft mit dem erfahrenen Pelzhändler und Trapper Sublette ein Fehlschlag war und ihn am Columbia River die Kanadier daran hinderten, sich dort festzusetzen. Wyeth und Kelley wurde bald klar, daß sie die westwärts drängenden Siedler brauchten, um eine dauerhafte Basis für die amerikanischen Ansprüche zu schaffen. Deshalb experimentierte Wyeth beispielsweise mit schwimmfähigen Planwagen, um die auf dem Weg liegenden Flüsse leichter überqueren zu können. Er holte sich Rat bei dem schrulligen, aber erfahrenen Botaniker und Harvard-Professor Thomas Nuttall. Dieser und der Vogelkundler Townsend begleiteten ihn dann auch auf einer zweiten Expedition ins Willamette-Tal Oregons, bei der am Snake River Fort Hall errichtet wurde, das noch eine tragende Rolle in der Siedlungsgeschichte spielen sollte.

Die erste Expedition des umtriebigen Kaufmanns Wyeth im Jahre 1832 war durch Meuterei, Indianerkämpfe und die Havarie eines an den Columbia River entsandten Schiffes fehlgeschlagen. Astors Tragik schien sich zu wiederholen – oder doch nicht? Als Kaufmann konnte der vielseitig interessierte Wyeth sein Glück im Westen nicht machen, obwohl er ihn gründlich durchmaß. Aber er entwickelte ein Talent, Wissenschaftler, Techniker, Lehrer und protestantische Missionare auf das gemeinsame Ziel der Erschließung und Bevölkerung des Nordwestens anzusetzen. Er ließ fleißig kartieren, vermessen und sammeln. Er entdeckte zwar keine neuen Routen, aber stellte die wichtigste, dauerhafte und direkteste Verbindung zum Pazifik her: den Oregon Trail mit seinen zahlreichen Abkürzungen und Parallelen. Heute noch verlaufen stellenweise Eisenbahngleise und Asphaltstraßen über die alte Piste; organisierte Abenteurertrecks nutzen sie in ihrem noch erkennbaren Verlauf im Ödland als touristische Attraktion.

Präsident Andrew Jackson, der Exzentriker, der als Soldat und Politiker seiner Zeit den Stempel aufdrückte, beorderte 1836 Dragoner zur Sicherung der Zufahrtswege durch das Indianerland in der großen Prärie. Damit gab er das Startzeichen für die ersten Auswanderertrecks über den Oregon Trail in das fruchtbare Willamette Valley in Oregon, das bis dahin nur 51 amerikanische Farmer beheimatete.

Vom Fallensteller zum Pfadfinder

Man nennt sie »die Leute aus dem Gebirge« – die weißen Trapper. Den Indianern haben sie abgeschaut, wie man in der Wildnis überlebt. Diese Männer treibt das Jagdfieber und die Neugier um. In wochenlangen Fußmärschen mit Schneeschuhen im Winter oder im Kanu und zu Pferd im Sommer verschaffen sie sich einen Überblick über die Pelztierreviere – von Weißen noch unbetretenes Land.

Für die Herren der »besseren Gesellschaft« war der noch unbekannte Westen eher eine geistige Herausforderung. Sie waren von der Idee besessen, ein mythenumwobenes Geheimnis zu lüften. Auf was sie sich dabei einließen, konnten die meisten nur ahnen. Für viele dieser Männer aus den Zentren der Zivilisation blieb die Wildnis eine unwirtliche Welt, in der sie nicht heimisch werden konnten. Der Stil ihrer Expeditionen trug denn auch entschieden akademische oder touristische Züge.

Die Mentalität der echten Pioniere und der Geist der Kolonisation blieben den Eignern der großen Pelzhandelsgesellschaften fremd. Die imperialistischen Modelle der britischen und holländischen Handelsgesellschaften in Indien und Ostasien haben die Frankokanadier und US-Amerikaner nie nachvollzogen. Sie versprachen sich vom wildreichen Westen nur gute Geschäfte, manchmal auch die Mittel für eine politische Karriere.

Für die Pelzhändler waren die Aussichten auf hohe Spannen von mehreren hundert Prozent überschattet durch die Strapazen und Entbehrungen, die sie in der Wildnis erwarteten. Drastisch drückte das einer der Angestellten der Fur Companies in einem Brief an seine Mutter aus: »Ich lebe hier zwischen nackten und Sch… fressenden Wilden.« Der in der Hierarchie der Händler weit oben angesiedelte Kanadier Skene Ogden klagte: »Jeder Gepäckträger in London ist ein König, verglichen mit mir.« Wenn diese Unternehmer und ihre leitenden Angestellten wohlhabend geworden waren, verließen sie aufatmend die Wildnis und bezogen große Häuser in der Stadt.

Ganz anders als die Herren sahen dagegen die Jäger und Fallensteller den Westen. Sie waren mit seiner rauhen, wilden Einsamkeit verwurzelt. Die »Männer des Gebirges« verkörperten typisch amerikanische Eigenschaften in ihrer unsentimentalen Mischung aus Abenteuerlust und Unternehmertum. Schlichte Trapper, missionarische Frömmler und Männer, die der bürgerlichen Welt aus mancherlei Gründen den Rücken gekehrt hatten, wärmten sich an gemeinsamen Lagerfeuern. Lange Jahre »da draußen« mochten sie verschroben und egoistisch machen, doch schrieb ihnen ihr Ehrenkodex vor, selbstlos in der Gefahr füreinander einzustehen. Verbiegen ließen sich diese Gebirgler durch Einschüchterung kaum. Abhängig von den Pelzbaronen mußten sich nur die angestellten Trapper fühlen, die ihre Pelztiere unausgenommen an die Pfosten der Händler hängten. Deren Anweisungen hatten sie zu folgen. Doch die freien Trapper, die nur die edelsten Pelze lieferten, konnten sich ihre Abnehmer aussuchen.

Auf den Fährten des Bibers leisteten freie und angestellte Trapper die flächendeckende Erkundung, teils aus Freude am Umherstreifen und aus Neugier, teils im bezahlten Dienste all derjenigen, die es – ob europäische Edeltouristen oder US-Armee-Expeditionen – westwärts trieb. Sie hätten nicht gewußt, wie sie ohne die Trapper ans Ziel gelangen sollten. Die »Leute aus dem Gebirge« waren Voraussetzung der Exploration der Rocky Mountains und des fernen Westens; sie würzten das oft geld- und machtgierige Entdecken mit einer Prise rauher Unbekümmertheit.

Trapper wurde man nicht von ungefähr. Unter den ersten Fallenstellern befanden sich ehemalige Teilnehmer der Expedition von Lewis und Clark: John Colter und George Drouillard hatten schon den beiden Kapitänen als unerschrockene Einzelgänger gedient. Andere kamen aus den Südstaaten, aus Tennessee und Kentucky, wo sie meistens schon ihre Erfahrungen mit der Wildnis und den Indianern gemacht hatten. Doch dort waren ihnen die Jagdgründe zu unergiebig geworden.

Freie Trapper wählten ihre eigenen Anführer, wenn sie in Gruppen loszogen. Freie und angestellte Trapper auf Jagdzügen, die der Handel ausrüstete und finanzierte, bestanden zu zwei Dritteln aus höher bezahlten Jägern und zu einem Drittel aus Arbeitern, meistens Mestizen und Schwarzen, die das Lager betreuten und die Beute verwerteten. Die freien Trapper gaben sich ihre Regeln selbst und verkauften ihre Beute zum größten Teil meistbietend. Sie fingen die Biber in knapp unter der Wasseroberfläche aufgestellten Fallen, die mit einem Köder aus den Drüsenausscheidungen dieser Nager gespickt wurden. Das geschah vor oder nach Sonnenaufgang bzw. -untergang und möglichst in der kühleren Jahreszeit, wenn die Tiere ihr kostbares dichtes Winterkleid trugen.

Die Gebirgler lebten im Lager und unterwegs vom Fleisch der Büffel, Elche, Antilopen und Bergziegen. Gelegentlich mußten sie auch Koyoten braten und die eigenen Reittiere schlachten, wenn die endlose Sand- und Geröllwüste nichts hergab. Ihre Kleidung nähten sich die Trapper entweder selbst, oder ihre indianischen Frauen taten dies für sie. Gegen die Kälte halfen frisch gehäutete Büffelfelle, die sich getrocknet wie ein Panzer dem Körper anschmiegten. Krankheiten wurden mit einem Sud aus Büffelgalle bekämpft. Rheumatische Gelenke rieb man mit Erdöl ein, das in Lander, Wyoming, aus der Erde sprudelte. Bisse von Klapperschlangen wurden mit Schießpulver ausgebrannt.

In einem wasserdicht verschlossenen Horn am ledernen Schulterband bewahrte der Trapper ein Pfund Pulver für sein Hawker-Gewehr auf. Vom gleichen Waffenhersteller wurde auch ein bestimmter Typ Pistole bevorzugt. Unverzichtbar war ein feststehendes Messer, manchmal auch ein leichtes Beil oder ein Tomahawk nach Art der Indianer. Ein kleiner Sack am Gürtel enthielt zumeist Tabak, Kaffee, Zucker, Salz, zwei Kilogramm Blei, ein Besteck zum Kugelgießen sowie ein paar kleine Werkzeuge. Das weitere Gepäck bestand aus zwei Decken, mehreren Kilogramm Mehl und ein paar anderen Grundnahrungsmitteln. Trapper bewegten sich meist zu zweit oder in größeren »Banden« mit Pferd, Maultier, Einbäumen, Fell- und Rindenbooten fort. Die Flußfahrt verstanden jedoch die französisch-stämmigen »Voyageurs« weit besser. Diese Kreolen oder Mestizen, von den Frankokanadiern Mêtis genannt, waren eine umgänglichere Sorte von Westreisenden als der amerikanische Trapper, aber auch weniger ehrgeizig und nicht beutegierig.

Der in Leder und grobes Tuch gekleidete Trapper wurde mit den Jahren äußerlich den Indianern, die man damals im Osten der USA noch als »Wilde« bezeichnete, immer ähnlicher. Er entwickelte den gleichen Spürsinn für das richtige Verhalten in der freien Natur und die gleiche Witterung für Gefahren. Er löschte am Abend sein Feuer, das feindlichen Wilden und Tieren seine Anwesenheit verraten hätte, und kampierte erst einige Kilometer weiter. Entschlossen, es den Indianern nachzutun, versuchten Gebirgler, auch ihre Art, leicht auf den Fußspitzen zu gehen, anzunehmen. Wie die Indianer blieben sie wortkarg, bis der Alkohol und angenehme Gesellschaft die Zunge löste. Man muß sie sich vorstellen mit ihren ausholenden Gebärden, mit ihrer Kraftmeierei, wenn sie anderen imponieren wollten – und mit ihrer Verschlagenheit im Umgang mit Pelzhändlern und listigen Indianern.

Auf einen bestimmten Typus lassen sich Trapper nicht festlegen – nur daß man sie sich kaum in einem Salon vorstellen kann, wohl aber in einem der aufkommenden Saloons, in denen es hoch herging. Reich wurde ganz selten einer dieser Naturburschen. Die ungebundene Lebensweise wurde ihnen zum Selbstzweck. Die Zeltdörfer und Siedlungen der friedfertigen Indianer waren ein Teil ihrer Überlebensstrategie. Die Indianer fühlten sich bei aller Angleichung den Fallenstellern als Kämpfer von Mann zu Mann auch weiterhin überlegen; nur weißes Selbstbewußtsein und würdevolles Verhalten konnten sie beeindrucken. Oder ein guter Boxer. Einen Knockout bestaunten die Indianer bei Kämpfen maßlos.

Die große Freiheit mußten sich diese in die Wildnis verschlagenen Weißen durch große Unbequemlichkeiten erkaufen. Selten hatten sie ein festes Dach über dem Kopf. Sie biwakierten unter ihren schreiend bunten Decken, die sie am Tag über die Schulter warfen. Waren sie länger an einem Ort oder war das Wetter schlecht, krochen sie in niedrige Unterstände aus Reisig mit Fellen darüber. Im tristen Winter hockten sie in verrauchten und mit Ungeziefer verseuchten Blockhütten, deren Bau sie in den Wäldern Kentuckys erlernt hatten. Da zerrte die Einsamkeit an den Nerven und insgeheim auch die Furcht, das nächste Frühjahr nicht zu erleben. Manche Trapper leisteten sich den Luxus eines Zeltes für ihre ausgedehnten Reisen.

Ihre Pferde waren quasi ein Teil von ihnen. Sie behandelten sie mit großer Fürsorge, schmückten sie mit Federn in Schweif und Mähne. Die naive Freude, sich herauszuputzen, mag ihnen ein – vielleicht unbewußter – Ausgleich für die Kargheit des unzivilisierten Westens gewesen sein: Den karmesinroten Schaft des Gewehres zierten Messingbeschläge; Gewehrfutteral und Kleidung waren mit vielen Fransen, Perlen, Haarbüscheln, manchmal auch mit winzigen Falkenglöckchen versehen. Bestickte bunte Bänder, Broschen und Knöpfe zum Anstecken gehörten zum Outfit eines Trapper-Dandys, der auf sich hielt. Manche rieben sogar ihre Pferde mit Kreide weiß ein, wie das damals bei Koppel- und Lederzeug der militärischen Gala-Uniformen üblich war. Viele Jäger und Fallensteller blieben auch in dieser Hinsicht Pendler zwischen zwei Kulturen, von denen keine sie ganz akzeptierte. Man liebäugelte mit dem anderen, exotischen, und beide Teile waren froh, »nicht im selben Stall zu stehen«.

Das Gefühl, daß der Mann nicht für ein Leben allein geschaffen sei, pflegten sie nicht ohne ausgesprochen praktische Hintergedanken: Squaws waren daran gewöhnt, alle schweren Arbeiten zu verrichten. Die indianischen Frauen schlugen das Lager auf, kümmerten sich um die Pferde und bereiteten die Felle auf. Konnte man für Geschenke und gute Worte eine Squaw gewinnen, dann verband man so das Angenehme mit dem Nützlichen. Squaws gaben gute Geschäftspartner ab, indem sie die alltäglichen Arbeiten erledigten, die einem einsamen Jäger die Zeit stahlen. Die meisten Trapper hielten große Stücke auf ihre Squaws. Bei den Rendezvous traten diese von Kopf bis Fuß herausgeputzt und mit billigem Schmuck behängt auf. Auf dem Jahrmarkt der Eitelkeiten wollte jede am meisten gefallen.

Das war's dann auch schon an irdischen Freuden – nicht viel für ein hartes und gefährliches Dasein unter wilden Tieren, immer vom Ausbleiben des Wildes, von plötzlichen Wetterstürzen und von Indianern auf dem Kriegspfad bedroht. Entwicklungstheoretisch konnte man die Trapper als ideal angepaßt an ihre Umgebung betrachten. Der kleinste gemeinsame Nenner von Trappern, Pelzhändlern und Indianern war, wie es einmal ein Historiker ausgedrückt hat, das nackte Überleben in einer rücksichtslosen Natur. Denn einen Notausstieg hielt diese nicht bereit.

Die Trapper fühlten sich von den Indianern zugleich angezogen und abgestoßen. Sie beurteilten sie – meist ohne Sympathie – nach ihrem Nutzen für ihre Arbeit als Pelzjäger und nach ihrer Vertrauenswürdigkeit. Bei engem Aufeinander-angewiesen-Sein kam es fast immer zu Reibereien. Kameradschaft mochte aufkommen, Freundschaft äußerst selten. Instinktiv scheinen die Indianer den als Indianer getarnten Trappern mißtraut zu haben, die sich in ihre Gesellschaft einschlichen, um an ihren Jagdgründen zu partizipieren. Nie ließen sich die kulturellen Unterschiede ganz überbrücken. Beide Seiten haben nach den ersten Kontakten einander eher nüchtern und ohne Illusionen eingeschätzt. Jedoch wurden die Eigenschaften der einzelnen indianischen Völker und Stämme von den Weißen unterschiedlich bewertet. Zu manchen entwickelten sie gute nachbarschaftliche Beziehungen, andere sahen sie lieber gehen als kommen. Den kriegerischen Horden sind viele der umherstreifenden Fallensteller und Pelzjäger zum Opfer gefallen. Die Trapper vergriffen sich dagegen aus blinder Wut und Rache an unschuldigen Indianern. Die berüchtigte Lynchjustiz des Westens in späteren Jahren hatte also bereits Tradition. Washington Irving schätzte, drei von fünf Trappern seien von Indianern ermordet worden oder im Kampf mit ihnen gefallen. Doch das dürfte übertrieben sein.

Der Fallensteller und Jäger war, herausgelöst aus seiner sozialen Herkunft, das Sinnbild eines Individualisten, da er die meiste Zeit ganz auf sich selbst gestellt lebte. Dabei waren die wenigsten dieser Trapper überzeugte Außenseiter. Sie verstanden sich vielmehr als Teil einer kapitalistischen Gesellschaft, der seine Chancen wahrnahm und dabei Risiken einging. Manche betrachteten sich darüber hinaus als amerikanische Patrioten. Die so oft monatelang von jedem menschlichen Kontakt abgeschnittenen Männer verwirklichten als freie Trapper für sich und stellvertretend auch für die bürgerliche Gesellschaft den amerikanischen Traum von Unabhängigkeit.

Den Aufsehern der Pelzhandelsgesellschaften, die ihnen gelegentlich im Nacken saßen, stellten sie sich nur, wenn sie es wollten oder der Mangel an Munition und unverzichtbarer Ausrüstung sie dazu zwang. Ihre Knechte waren sie jedenfalls nicht, zumal es eine unerbittliche Konkurrenz unter den Fur Companies gab; sie warben sich gegenseitig die besten Jäger ab. Für gute Felle gab es einen freien Markt. Dem trug man bei den Gesellschaften Rechnung. Die von den Amerikanern »Bushway« – abgeleitet von dem frankokanadischen »Bourgeois« – genannten Vertrauensleute und ihre »Little Bushway« managten sowohl die angestellten wie die freien Trapper mit aller Zurückhaltung und Sorgfalt im Interesse der Firma. Das taten auch die Partner und Direktoren, die Jagdzüge im Auftrag der Gesellschaften anführten. Die Bushway leiteten aber sonst ganz autoritär die befestigten Handelsposten und trugen zuweilen Uniform. Ihre Clerks und Hilfsarbeiter hatten nichts zu lachen; sie wurden manchmal fast wie Sklaven gehalten, ohne die Freiheit zu gehen, wann und wohin sie wollten.

Den freien Gebirglern dürfte ihre besondere Situation nicht so deutlich bewußt geworden sein. Sonst hätten sie der mit den Siedlern vordringenden Zivilisation kaum den Weg geebnet. Und weil sie als Wegbereiter so erfolgreich waren, wurden sie nach der Mitte des 19. Jahrhunderts nicht mehr gebraucht. Sie wurden verdrängt von Farmern und Goldsuchern. Nachrückende Händler und die Eisenbahn entzogen den Fallenstellern und Jägern die Grundlage – wie den Indianern, deren Lebensweise sie sich angepaßt und die sie so lange geteilt hatten. Ein Jahrzehnt später wurde auch der Pfadfinder kaum noch gebraucht.

Die ersten »zuverlässigen« Reiseführer erschienen. Das Berufsbild des Trappers hatte sich deutlich gewandelt. Man stellte sich als Landeskundiger und Indianeragent der

Armee zur Verfügung, eröffnete Handelsposten in den In-
dianerrevieren, führte und versorgte die Wagenkolonnen
der Siedler, versuchte sich als Viehtreiber oder Prospekteur. Manche, wie Joseph R. Walker, wurden wohlhabend
– auch dies ein grundlegender Wandel. Jim Bridger und Kit
Carson, zwei der bekanntesten unter vielen berühmten
Trappern und Scouts, regten durch ihre Talente und Taten
knapp hundert Jahre später die Drehbuchautoren der
Filmstudios zum Genre des »Westerns« an. Aber ehe es
soweit mit ihnen kam, daß sie den Profis der Wildwest-
Legenden die Vorlagen für ihre Epen lieferten, trugen sich
diese Trapper aus den Rockies noch in die Annalen der
Entdeckungsgeschichte ein.

MANUEL LISA LÄSST NICHT LOCKER

Umtriebig und zwielichtig begründet der emporgekomme-
ne Manuel Lisa ein Pelzhandelsreich. Er nimmt verwegene
Männer wie Colter und Drouillard in seinen Dienst. Sie
skizzieren die Karte der Gebirgsregion. Wolfskill erkundet
die Flüsse und Gebirge des spanischen Südwestens. Um die
Erlebnisse von Vater Pattie und Sohn James in den Wü-
stengebieten ranken sich bald Legenden.

Der Schriftsteller Washington Irving hatte die Gebirgler
romantisch als »Robin Hoods der amerikanischen Wildnis« geschildert. Diese wohl furchtlosen und manchmal
auch rücksichtslosen Halbzivilisierten mit indianischer
Haartracht und weißem Geschäftssinn stellten vom hohen
Norden bis nach New Mexico in jedem geeigneten Gewässer dem Biber nach. Fast hätten sie ihn ausgerottet. Für den
späteren ökologischen Ausverkauf der freien Natur war
bereits damals ein warnendes Zeichen gesetzt. Aber sie
ebneten auch dem Handel den Weg, der zur wirtschaft-
lichen Erschließung eines bis dahin weithin unbewohn-
baren Westens führte und künftig Raum bot für Millionen
Europäer, die auf dem alten Kontinent keine Lebensgrundlage mehr hatten oder denen es – aus welchen Gründen
auch immer – zu eng geworden war.

Manuel Lisa, der mittellos aus New Orleans nach St. Louis kam, um mit seiner Missouri Fur Company, der ältesten amerikanischen Gründung, einer der Größten im Pelz- und Indianerhandel der Rocky Mountains zu werden, hatte erkannt, daß diese Leute für ihn überaus nützlich sein konnten. Der Spanier mit dem mexikanischen Teint hatte nicht die Absicht, seine Zeit am Rande der Rockies auf gesichertem Besitzstand zu vertrödeln, wie das die saturierten spanischen Aristokraten taten. Die Berichte von Lewis' und Clarks Entdeckungen hatten ihn elektrisiert. Er mochte insgeheim von seiner eigenen Macht als Graue Eminenz des herrenlosen Berglandes träumen, als er in seiner neuen Heimat Geldgeber und Unterstützung suchte und fand.

Jedenfalls schien ihm jedes Mittel recht gewesen zu sein, um das zu erreichen. Schlau umgarnte er selbst seine Rivalen und Feinde, damit sie Geld in seine Expeditionen investierten. Die meisten seiner Zeitgenossen hielten ihn für einen ausgemachten Schuft. Andere lobten ihn für seine geschickte Menschenführung und seinen persönlichen Mut. Er war zweimal mit weißen Frauen verheiratet, hielt sich aber wegen seiner guten Beziehungen zu den Indianern auch eine Squaw. Die amerikanischen Behörden in St. Louis hatten ihm verboten, von Louisiana aus auf eigene Faust den Entdecker zu spielen. Darüber setzte er sich kaltblütig hinweg. Und da er freimütig seine Erkenntnisse mit Washington teilte, ließ man ihn gewähren. Die USA konnten schließlich jenseits der Rockies Besitzansprüche stellen, weil dort Lisa und seine Männer deutliche Spuren hinterlassen hatten.

1807 gingen unter der Leitung von Drouillard und Colter im Auftrag Lisas 42 Mann den Missouri aufwärts auf

Entdeckungsfahrt. Später sollten noch viele andere Expeditionen des Pelzhändlers diesen Weg einschlagen. Die Indianer entlang des Flusses hatten den nun immer zahlreicher und ungefragt durch ihre Jagdgründe ziehenden Bleichgesichtern den Kampf angesagt. Mitten im Indianerland der Rocky Mountains, am Zusammenfluß von Bighorn- und Yellowstone River, errichtete die Privatarmee Lisas das Fort Manuel. Von hier aus ließ ihr selbsternannter Kriegsherr kleine Aufklärungstrupps in alle Himmelsrichtungen ausschwärmen.

Eine der bedeutendsten Leistungen der Explorationszeit vollbrachte Colter. Im Winter 1807 wanderte er, nur mit einer Pistole bewaffnet und mit etwa 12 kg Tauschartikeln für die Indianer, weiter westwärts nach dem heutigen Codi, Wyoming. Dort entdeckte er die sprudelnd heißen Teerteiche, seitdem »Colter's Hell« genannt. Dann überstieg er die Absaroka-Berge, sah das landschaftlich reizvolle Jackson Hole im Schnee liegen und erreichte, nachdem er die Grand Tetons am Rande überschritten hatte, Pierres Hole. Dort überwinterte er erst einmal, um im Frühjahr darauf den Rückweg zum Fort Manuel anzutreten. Dabei muß er an den Ufern des Yellowstone Lake vorbeigekommen sein.

Viel mehr weiß man über Colters Alleingang nicht. Er berichtete, was er gesehen und erlebt hatte; doch man hielt das meiste für Entdecker-Latein. Colters Weg läßt sich heute über weite Strecken annähernd mit dem Auto nachvollziehen. Das vermittelt einen Eindruck von den schier unglaublichen Leistungen eines einzelnen unter Bedingungen und Gefahren, die kaum einer der heutigen »Extremwanderer«, beispielsweise im Yellowstone Park, mehrere Tage lang ertragen könnte.

Colter begab sich im Auftrag Lisas noch viermal in das von Blackfeet bewohnte Gebiet an den Quellen des Missouri – jedesmal ein Himmelfahrtskommando. Einmal geriet er verwundet, unfähig zu gehen, in eine Schlacht zwischen Blackfeet und Flatheads. Der Präzision seines Gewehrs und seiner Schießkunst verdankte er, versteckt im Dickicht liegend, sein Leben. Die Flatheads trugen diesmal den Sieg davon, nicht zuletzt dank Colters Kampfkraft. Die Blackfeet rächten sich einige Jahre später, als sie Colter fingen. Barfüßig, nackt und unbewaffnet ließen sie ihn acht Kilometer über steinigen Boden um sein Leben rennen. Er entkam, indem er in das eiskalte Wasser des Madison River sprang und sich unter einem Biberdamm verbarg, bis die Indianer die Suche nach ihm aufgaben. 1810 kamen Colter und Drouillard mit 32 Trappern wieder an die Three Forks des Missouri, die Lewis und Clark bereits passiert hatten, um Biber zu fangen. Auch diesmal schlugen die Blackfeet sofort zu. Sie töteten viele der Bleichgesichter und nahmen deren Skalps. Colter entkam abermals, hatte nun aber endgültig genug von der Wildnis.

Der kaum weniger verwegene Drouillard hatte das gesamte Gebiet am Tongue- und Bighorn River aufgeklärt. Dabei versuchte er sich an einer rohen Kartenskizze und hielt Ausschau nach einem Gebirgspaß in Richtung der weiter südlich vermuteten spanischen Siedlungen. Aber er scheiterte an den winterlichen Verhältnissen der Owl Creek Range. Sonst hätte er vielleicht das Wind River Valley und an seinem Ende, weiter östlich, den South Pass wiederentdeckt. Drouillard wurde 1810 auf der letzten Expedition Lisas an den oberen Missouri von Indianern getötet. Das auf seiner Karte verzeichnete Biberland in den

Rocky Mountains war für Fallensteller und Tauschhändler damals noch von unschätzbarem Wert. Nur verfestigte seine Karte den Irrtum, daß der obere Rio Grande und der Yellowstone River kaum weit auseinander liegen könnten. Tatsächlich liegt dazwischen der heutige Staat Colorado mit 270 000 Quadratkilometern.

Lisa ließ nicht locker. Er wollte wissen, wo die vorgeschobenen spanischen Siedlungen am Green River lagen und wie man von da aus ins Innere des heutigen Colorado gelangen konnte. 1813 brachte ihm Ezekiel Williams, mehr tot als lebendig, die gewünschten Informationen. 1811 war besagter Williams mit einer Gruppe von Trappern aufgebrochen, die von den Apachen teils getötet, teils gefangengenommen wurden. Sie hatten das ganze Gebiet des Colorado vom Bighorn River aus südwärts durchmessen. Das hatte vor ihnen noch keiner geschafft. Williams konnte nach sieben Monaten aus der Gefangenschaft befreit werden. Weil er aber keine Karte mit nach Hause brachte, gingen seine Kenntnisse mit ihm verloren.

Lisa selbst starb 1820 bei Sulphur Springs nach einer plötzlichen Erkrankung auf seiner 12. oder 13. Reise ins Indianerland. Auch er nahm seine detaillierten Kenntnisse mit ins Grab. Immerhin wußte man nun, daß die herrenlosen Gebirgstäler ein riesiger Park waren: der heutige Staat Colorado. Damals hielten sich dort verschiedenste Arten von Wild auf – vor allem der Biber in heute kaum mehr vorstellbarer Vielzahl.

Während des darauf folgenden Jahrzehnts erreichten viele amerikanische Abenteurer Santa Fe auf einem Trail über die »Große Ebene«, den Jacques Clamorgan, der stille Teilhaber Lisas, eröffnet hatte. Dort wurden die meisten von ihnen von den darüber verdrossenen Spaniern festgesetzt, ausgewiesen oder gedemütigt. Das änderte sich erst, als Mexiko 1821 unabhängig von Spanien wurde, das in der Folge die Kontrolle über die nördlichen Provinzen verlor, weshalb diese den Handel mit den Amerikanern suchten. Dem Händler William Becknell blieb es deshalb vorbehalten, mit seinen in Taos und Santa Fe willkommenen Wagenkolonnen den sogenannten Santa Fe Trail vom Missouri bis zu den südlichen Rockies zu eröffnen. Später nahmen diese Route Tausende von Siedlern, Händlern und Abenteurern, die der Südwesten anzog. Manche kamen dann auch direkt von Oklahoma.

Die Gebirgler waren auch bei der weiteren Erforschung der südlichen Rockies dabei. 1822 erkundete William Wolfskill sowohl den unteren als auch den oberen Rio Grande. Im Jahr darauf ging er vom Rio Grande aus über die Wasserscheide zum San Juan River. Dabei machte er sich mit dem Nordwesten von New Mexico und dem südlichen Colorado vertraut. Als sich herumsprach, daß er ein Vermögen mit Fellen aus diesen Gebieten verdient hatte, folgten ab 1824 mehrere Gruppen von Trappern seinen Spuren.

Doch auf diese Entdeckungen konnten sich die Amerikaner wenig einbilden. Denn schon vor ihnen hatte der spanische Pater Silvestre Valez de Escalante am San Juan River ein Weiterkommen zu seinen kalifornischen Missionen versucht. Immerhin wurde jetzt die Route entweder von Taos aus durch das San Luis Valley über das westliche Colorado zum Green River und den Uinta Mountains oder am San Juan- und Dolores River entlang zum Green River häufiger begangen, hauptsächlich wegen der dort zahlreichen Biberburgen. Neuland betrat offenbar nur Etienne Provost mit seinen Kameraden, als er um die Uinta

Mountains herum in den Weber River Canyon einbog, auf diese Weise die Wasatch-Kette bezwang und 1825 beim Salt Lake herauskam. Dort war offenbar noch nie zuvor ein Spanier gewesen.

1824 stellten Silvester Pattie und sein ältester Sohn James am Gila River ihre Fallen auf. Die beiden waren fast schon zu einem Mythos geworden. Vater Pattie war aus Kummer über den Tod seiner Frau in den Westen geflohen, wie er selbst sagte. Sein Sohn hatte später unter Einsatz seines Lebens die schöne Tochter eines spanischen Gouverneurs a. D. aus der Gefangenschaft der Komantschen befreit und durfte fortan mit seinem Vater auf mexikanischem Gebiet jagen. 1826 schlossen sich die Patties dem Trapperführer Ewing Young an. Gemeinsam folgten sie dem Gila River westwärts und kamen schließlich am Nordrand des Grand Canyon an. Doch der hat offenbar keinen großen Eindruck auf die an Naturschönheiten wenig interessierten Jäger gemacht. Dabei waren diese Männer die ersten Amerikaner, die in diesen heute weltbekannten Canyon hineinschauten. Sie zogen weiter zum Großen Colorado River und seinen Quellen. Ob sie nach Norden bis zum Yellowstone kamen, ist nicht verbürgt. Wahrscheinlich kehrten sie schon am Wind River Valley nach Santa Fe zurück. Die Patties und Young leisteten immerhin Großes, indem sie den Südwesten erstmals diagonal durchquerten und dabei eine der für uns heute sehenswertesten amerikanischen Landschaften entdeckten.

Die Patties lokalisierten 1827 auch die Mündung des Colorado in den Golf von Kalifornien. Geführt von Yuma-Indianern wandten sie sich von da aus nach Norden. Über die Wüste stießen sie bis zur Santa Catalina Mission in Baja California vor. Das endete schlecht: Die Spanier warfen die beiden halbverhungerten und -verdursteten Amerikaner ins Gefängnis. Vater Pattie starb 1828 in Gefangenschaft; James Pattie mußte später zu seiner Enttäuschung erfahren, daß ihm und seinem Vater auf dem »Old Spanish Trail« schon zwei andere amerikanische Gebirgler um ein Jahr zuvorgekommen waren.

1829 ritt der mexikanische Mauleselhändler Antonio Armigo direkt von Santa Fe nach Los Angeles. Dabei kam auch er am Nordrand des Grand Canyon vorbei. Er durchstreifte die Gegend um das heutige Las Vegas und wagte sich von da aus über die Mojave-Wüste und den Cajun Pass. 1832 sollen mindestens drei verschiedene Pfade vom spanischen Norden Amerikas nach Kalifornien geführt haben. Keiner von ihnen läßt sich heute dem Durchschnittstouristen empfehlen, angesichts der Wüstenstriche, die zu überwinden sind.

Für die Amerikaner waren Anfang 1800 das südliche Texas, Arizona, New Mexico, Utah, Nevada und Colorado sowie das Gebiet westlich von Mississippi und Missouri noch weitgehend terra incognita gewesen. Auch die dort verstreut in größeren Ansiedlungen und Kleinstädten ansässigen Spanier hatten nur unklare Vorstellungen über das, was sie als ureigenes Territorium zu besitzen glaubten. Drei Jahrhunderte spanischer Vorstöße in das Innere des Südwestens waren völlig in Vergessenheit geraten. Der Händler Lisa und die Gebirgler setzten erste Eintragungen an die Stelle der weißen Flecken auf der Landkarte dieser Gebiete.

In Nordamerika stieß das untergehende Weltreich Spanien mit seinem Stolz, seiner Habgier und seiner Transzendenz an seine Grenzen. Eine noch unverbrauchte Nation mit frischem Unternehmungsgeist und wirklichkeitsnäheren Antrieben trat seine Nachfolge an: Was die Amerikaner wiederentdeckten, behielten sie im Griff, um darauf eine neue Zivilisation und ihre spätere Weltgeltung zu gründen. Als junger Redakteur schrieb der amerikanische Dichter Walt Whitman in Brooklyn ahnungsvoll: »Es ist ein Interesse der Menschheit, daß Macht und Gebiet der Vereinigten Staaten sich ausdehnen – je weiter, um so besser.« Damit unterstrich er das Sendungsbewußtsein der Amerikaner. Die tragenden Pfeiler waren die imperiale Politik Washingtons und der Mut und die Neugier der Abenteurer, der Jäger, Händler und Siedler.

Unternehmende Männer gesucht

Die von Kanadiern gegründete North West Company und ihre rauhen Männer treiben die Erkundungen im Nordwesten mit großem Elan voran. Die amerikanische Rocky Mountains Fur Company hält mit ihren berühmt gewordenen Entdeckern und Wegbereitern dagegen. Jedediah Smith, Thomas Fitzpatrick und William Sublette beweisen, daß die Gebirge und Wüsten bezwingbar sind. Auch die US-Armee schickt nun ihre Geographen. Mit ihnen teilen Jäger, Fallensteller und Händler ihr Wissen.

Im äußersten Nordwesten begaben sich kanadische Pelzhändler an die Erforschung des inneren Landes. Einer von ihnen war Donald McKenzie. Der couragierte Entdecker mit der Figur eines beleibten Biedermanns und den exzentrischen Gewohnheiten eines Gentleman sollte einer der ganz Großen in diesem Geschäft des Entdeckens und Erkundens werden. Von Jacob Astor geächtet und von der North West Company, der er sich darauf zur Verfügung stellte, zuerst kaum ernst genommen, machte er nach 1818 schnell Karriere. 1832 war er als einer der Mitinhaber wieder an der Spitze der American Fur Company, die Astor gegründet hatte. Sein Lebensweg war beispielhaft für das Auf und Ab im Pelzgeschäft. Seinen Erfolg verdankte McKenzie vor allem seinen auf Feuerwasser gegründeten indianischen Freundschaften. Die »süchtigen Eingeborenen« ließen ihn in ihren Jagdgründen gewähren.

Angetan hatten es McKenzie vor allem die am Snake River vermuteten großen Bibervorkommen. Am Zusammenfluß von Snake- und Columbia River errichtete er einen Handelsposten; zuvor schon hatte er einen Posten im Nordwesten wiederbelebt. Dann zog er über die Blue Mountains nach West-Idaho. Sich nach Osten wendend, fing er Biber an den Zuflüssen des Snake River, bis er in das Gebiet zwischen Snake- und Green River kam. 1819 versuchte er, seine Außenposten und Expeditionstrupps über den Wasserweg mit Nachschub zu versorgen. Dabei überschritt er als erster den Hell's Canyon, durch den der Snake River fließt. Mit 2000 Metern ist dies der tiefste Canyon der USA. Am Bear Lake schlug er mit seinen Männern die Zelte auf. So verfehlte er den Salt Lake weiter abwärts am Austritt des Bear River aus dem Gebirge.

1821 schied McKenzie aus der North West Company aus, als diese sich mit der Hudson Bay Company vereinigte. Sein erfolgreichster Nachfolger wurde der Kanadier Peter Skene Ogden – eine gewalttätige Natur, aber auch ein Mann von hoher Intelligenz. Ogden verlangte von seinen Kameraden, daß sie sich ihm völlig unterwarfen. Er prägte die Redewendung »in den Staub beißen« für sterbende Indianer. Er ließ bedenkenlos Widersacher über die Klinge springen. Nachdem er einen Manager der Hudson Bay Company getötet und eine Meuterei angestiftet hatte, trennte sich das Unternehmen endlich von ihm.

Fortan wurde er der »Höllenhund und Ränkeschmied« der kanadischen Konkurrenz. 1824 führte er eine Expedition über den Bear Lake hinaus zum Salt Lake, ohne die spätere Bedeutung dieser Region zu erkennen. Im Frühjahr 1825 liefen Ogdens Kanadier zu einer Gruppe amerikanischer Gebirgler über. Ogden schaffte es mit wenigen Getreuen gerade noch nach Fort Nez Percés im Norden zurück. Zwischen 1825 und 1830 war er fünfmal im Westen unterwegs.

Über das Willamette Valley in Oregon erreichte er das südliche Kalifornien und erschloß so eine neue Route nach New Mexico vom Norden her. Ein Jahrzehnt später folgten Hunderttausende von Emigranten der von Ogden gefundenen Route durch Nord-Nevada zum Humboldt River. Ogden reiste von der sumpfigen Humboldt-Senke in Nevada zum Colorado bei Needles und von da aus weiter zum kalifornischen Golf. Er querte von Nord nach Süd das Great Basin zwischen Salt Lake und Sierra Nevada und kannte sich um 1830 wie kaum ein zweiter an den östlichen Grenzen Kaliforniens und in den anstoßenden Nachbarstaaten aus.

Die Kenntnisse dieses Kanadiers fanden Eingang in die französischen und britischen Kartierungen, die von den Amerikanern bei ihrem Zug gen Westen benutzt wurden. Sie trugen somit ihren Teil zur Verdrängung der Briten im heutigen amerikanischen Nordwesten bei. Der »Dissident« Skene Ogden lieferte dem US State Department alle Informationen, die es von der zugeknöpften britischen Hudson Bay Company offiziell nicht erhalten konnte. Man spielte sich bewußt oder unbewußt gegenseitig die Bälle zu. Die Amerikaner nutzten in ihrem Expansionsdrang die sich ihnen bietenden Chancen zunächst besser als die kanadischen Briten und die Spanier. Die Franzosen waren schon zuvor als Kolonialmacht in Nordamerika ausgeschieden. Die Russen blieben in Kalifornien und Alaska kaum mehr als zeitweise Gäste.

Nach den gescheiterten Unternehmen Astors zwischen Missouri und Columbia River und Lisas noch ausgreifenderen Explorationen und Stützpunktgründungen im Westen trat die Rocky Mountains Fur Company auf den Plan. Ihre Männer übernahmen von da an die Aufklärung des Westens mit neuem und noch größerem Elan. Dagegen kamen die Kanadier nicht mehr an, die mit Entdeckern und Pelzhändlern wie La Salle, Radisson und Iberville als erste das Mississippi-Gebiet erkundet hatten.

Die folgende Geschichte ist oft berichtet, aber in ihrer Tragweite für die heutigen USA im Ausland selten ganz begriffen worden: Die junge Demokratie appellierte an die patriotischen Gefühle ihrer Bürger, den Westen nicht nur zu erforschen, sondern auch zu erschließen und in Besitz zu nehmen. Dabei waren einzelne Bürger besonders aktiv. Im Februar 1822 annoncierte General William Ashley in der »St. Louis Gazette and Public Advertizer« wie folgt: »Unternehmende junge Männer gesucht, die bereit sind, sich den Missouri River aufwärts bis zu seinen Quellen zu begeben, um dort für zwei oder drei Jahre eine Beschäftigung anzunehmen.« Beschäftigung, das hieß, Jagdausrüstung gegen die Hälfte aller Biberfelle, die von den Bewerbern erbeutet wurden, also ein freies Verhältnis. Es meldeten sich Hunderte.

Unter ihnen Jedediah Smith, Thomas Fitzpatrick, »Gebrochene Hand« genannt, David Jackson, William Sublette, James Clayman, Edward Rose, Hugh Glass, Jim Bridger. Von diesen Namen sollten noch spätere Generationen sprechen, weil sie den größten Beitrag zur genaueren Erkundung der Rocky Mountains leisteten. Der aus einer alten Familie Virginias stammende General Ashley war selbst ein Abenteurer, ehrgeizig, phantasiebegabt und mitreißend. Er wollte schnell viel Geld für seine politische Karriere verdienen. Das konnte nur durch einen großen Wurf gelingen.

Mit seinem Inserat traf er ins Schwarze. Doch am Anfang ging alles schief. Ein großes Kielboot, das fast alle Handelsware barg, kenterte auf dem Missouri. Eine zweite Expedition wurde von den wütenden Arikara-Indianern auf einer Sandbank gegenüber ihren Niederlassungen am Flußufer aufgerieben. Elf der Angeworbenen starben. Flußaufwärts ging gegen die aufgebrachten Stämme nun nichts mehr. Ashley, fast pleite, ordnete an, den Landweg zu nehmen. Eine gute Entscheidung. Andrew Henry führte eine Gruppe zum Yellowstone River und errichtete einen Stützpunkt am Zusammenfluß mit dem Powder River. Von hier aus schickte er John H. Weber und Jim Bridger mit mehreren Leuten hinüber in das Wind River Valley, wo sie bei friedfertigen Crow-Indianern überwinterten. Eine zweite Gruppe wurde von einem Mann angeführt, der einer der verwegensten und berühmtesten Entdecker des Westens werden sollte: Jedediah Strong Smith, damals erst 24 Jahre alt. Smith und seine Männer erreichten die Badlands in Dakota, nachdem sie entlang der Laramie Mountains in die Rockies vorgedrungen waren.

Der religiöse und leidlich gebildete Smith bewies eine fast unglaubliche Härte gegen sich selbst: Ein Grizzly-Bär fiel über ihn her und riß ihm mit den Zähnen Teile seiner Kopfhaut und ein Ohr ab. Seine Begleiter konnten den Bären zwar erlegen, hatten aber wenig Hoffnung, ihren unter dem Bären fast erdrückten Anführer zu retten. Aber unter Smith' ruhiger Anleitung nähten sie ihm den Skalp und das wiedergefundene Ohr an. Darauf ritt der Schwerverwundete noch zum Lager. Nach zehn Tagen konnte die Gruppe zusammen mit Smith weiterziehen. Seitdem bot der unerschrockene Smith mit seinem vernarbten Schädel zweifellos einen wenig erfreulichen Anblick für seine Umgebung; der Respekt vor soviel Kaltblütigkeit schuf aber sicher auch Autorität.

Wie besessen von den Weiten hinter den Rockies und angeregt durch die Berichte von den Expeditionen Lewis' und Clarks, stürzte sich Smith noch in viele Abenteuer, um vermeintlich oder tatsächlich unerforschtes Land kennenzulernen. Auf der ersten Reise kamen er und seine Leute zum Powder River zurück, sie gingen über den Granite Pass zu den Bighorn Mountains und stiegen von da aus in die gleichnamige Hochebene ab. Schließlich vereinigten sie sich wieder mit Webers Gruppe bei den Crows am Wind River. Sie halfen den Indianern, über tausend Büffel zu erlegen, die sich in die winterlichen Berge zurückgezogen hatten. Damals schon begannen die Schlächtereien an den Bisons, zu denen die Indianer mit Pfeil und Bogen nie fähig gewesen wären – bis die völlige Vernichtung dieses für das Überleben der Ureinwohner unverzichtbaren Wilds zu deren eigener Dezimierung führte und zur Preisgabe der Prärie an die weißen Farmer und Viehzüchter.

Im Februar 1824 mußte Smith wegen der Schneemassen den Plan aufgeben, den Union Pass am Ende des Wind River Valley zu überschreiten. Aber die Crows wußten, wie die Weißen am südwestlichen Talende das Freie gewinnen konnten. Dabei verfielen sie auf eine einprägsame Methode: Auf einem Hirschfell bildeten sie mit Erdhäufchen die Bergketten und Pässe nach, die sie gut kannten. Der Rat war gut, aber bevor sich die weißen Kundschafter über den South Pass aus dem Gebirge herausarbeiten konnten, wären sie beinahe in den tobenden Schneestürmen umgekommen. Die erstarrte Natur gab weder jagbares Wild preis, noch war es an manchen Abenden möglich, ein Lagerfeuer zu entzünden. Der vorsichtige Weber brach erst später auf und folgte Smith' Spuren. Da stand Smith aber schon am Green River, wo man den Bibern zu Leibe rückte. Smith wandte sich dann südwärts zu den Uinta Mountains und stieß dort auf Mitarbeiter der North West Company.

1825 fand das erste der von Ashley angeregten »Rendezvous« am Green River statt. Bis dahin hatten seine Männer schon weite Teile der Rocky Mountains durchmessen. Im gleichen Jahr ließ sich Jim Bridger im Kanu den Bear River abwärts treiben. Die Trapper hatten gewettet, er werde nicht weit kommen. Doch er sollte den »Großen Salzsee« finden, dessen Entdeckung ihm seitdem offiziell zugeschrieben wird. Wegen des salzigen Wassers hielt man den Salt Lake anfangs für eine Bucht des Pazifik.

1826 ernannte der Trapper, Händler, General und Politiker Ashley den im Osten aufgewachsenen Jedediah Smith zu seinem obersten Expeditionsleiter; bald darauf wurde er sein Partner. Damit bewies Ashley gute Menschenkenntnis, denn Smith revanchierte sich mit immer neuen Erkenntnissen über den äußersten Westen und die Gebiete nahe dem Pazifik. Vom Great Salt Lake aus quälten er und seine Mannen sich nach Kalifornien. Stationen auf diesem Ritt waren der Utah Lake und der Sevier River, der heutige Zion National Park und der Colorado River weit unterhalb des Grand Canyon. Den Mohave-Indianern entlockte er die Wegbeschreibung des alten spanischen und indianischen Handelstrails durch die Mojave-Wüste. Schließlich kam er dann nahe beim heutigen Los Angeles, damals noch mexikanisches Hoheitsgebiet, an den Pazifik. Die Amerikaner staunten: So fruchtbar und grün hatten sie sich den Süden Kaliforniens nicht vorgestellt.

Die spanischen Behörden zwangen Ashleys Expedition, eine zweimonatige Ruhepause einzulegen. Einige der Teilnehmer konnten entkommen. Für Smith war dies der Anstoß, sich nicht länger festhalten zu lassen. Er erreichte, daß man ihn zum American River ziehen ließ. Die verschneite Sierra Nevada konnte er ostwärts nicht bezwingen. Dennoch gab Smith seine Absicht nicht auf, das Gebiet zwischen Kalifornien und dem Salt Lake näher kennenzulernen. Denn wie fast alle seine Zeitgenossen, hoffte er dort den sagenhaften Rio Buenaventura zu entdecken. Mit nur zwei Freiwilligen ließ er sich auf das Wagnis ein, die Sierra entlang dem Stanislaus River und dann über den Abbett Pass zu überqueren. Sie schafften es unter unvorstellbaren Strapazen in acht Tagen. Aber nun erwartete die kleine Gruppe noch Schlimmeres: die staubtrockene und salzverkrustete Wüste im Great Basin, das in vorsintflutlichen Zeiten ein Binnensee gewesen sein muß. Von der Sierra zum Salt Lake halfen Smith keine landeskundigen Indianer. Orientierungspunkte gab es nicht. Wild war äußerst selten, weil es sich von dem spärlichen Bewuchs dieser Wüste kaum ernähren konnte. Die Männer mußten brackiges Wasser trinken. In diese ausgedehnte Einöde wagten sich auch die Indianer nur selten.

Der heutige Highway 6 durch Nevada in nordöstlicher Richtung bis Tonopah und Ham Springs verläuft in etwa parallel zu der Route, die Smith wählte, bis er nach Norden abbog. Einer seiner Begleiter gab völlig erschöpft auf. Man mußte ihn zurücklassen. Selbst fast am Ende, fanden Smith und sein zweiter Begleiter dann nur eine Stunde entfernt an einem Berg etwas Wasser. Smith eilte zu seinem schon halb verdursteten Kameraden zurück, der im spärlichen Schatten einer vereinzelten Zeder lag.

Zwei Tage später, am 27. Juni 1827, sichteten die drei, total entkräftet, den Salt Lake. Die dort im Lager zurückgebliebenen Männer im Dienste Ashleys hatten ihren Expeditionsleiter längst aufgegeben. Schließlich war es zuvor noch keinem Weißen – vermutlich auch noch keinem Indianer – gelungen, erst die bis in den Sommer verschneite Sierra Nevada und dann die Große Salzwüste in ihrer ganzen westöstlichen Breite zu überwinden. Man schoß Salut.

Smith schuf und zerstörte eine Legende: Er bewies der Nachwelt durch seine Unbeugsamkeit in verzweifelten Lagen, daß extreme Verhältnisse in der Natur für willensstarke Menschen mit einer robusten Gesundheit kein unüberwindliches Hindernis sind. Und er erhärtete, daß Kalifornien durch einen mittleren Korridor zwischen den kanadischen und spanischen Gebietsansprüchen erreichbar war. Für mutige amerikanische Siedler war das ein wichtiger Wink. Doch einen Binnenwasserweg in Richtung Pazifik mußte man sich ab jetzt aus dem Kopf schlagen; den Buenaventura gab es nicht, wie Smith endgültig bestätigte.

Als Smith auf dem schon bekannten und leichteren südwestlichen Weg vom Salt Lake nach Kalifornien zu seinen dort verbliebenen Männern zurück wollte, verfolgte ihn das Unheil. Andere Trapper hatten inzwischen mit den

Mohave blutigen Streit ausgetragen. Die rächten sich jetzt an Smith' Gruppe und massakrierten zehn seiner Männer. Der Rest mußte in die Wüste fliehen und erreichte Kalifornien nur unter größten Entbehrungen. Um sich gegen den Widerstand des spanischen Militärs mit den zurückgebliebenen Amerikanern wieder an der Pazifikküste vereinigen zu können, segelte Smith zur San Francisco Bay. Dort hielten die Spanier seine Männer fest. Er löste sie mit dem Versprechen aus, das spanische Territorium zu verlassen. Ohne Eile und mit ständig wachsender Biberbeute zogen die Trapper nordwärts nach Oregon mit seinen verzweigten Fluß- und Seenlandschaften. Dazu Smith lakonisch: »Wir waren in die Wälder, zum Fluß, in die Prärie, ins Lager und zum Wild zurückgekehrt.«

Doch am Umpqua River, kurz vor dem Ziel, schlugen wieder die Indianer zu. Sie richteten dort das schlimmste Blutbad in der Geschichte der Biberjagd an. Fünfzehn Männer wurden massakriert. Sieben hatte Smith schon bei den Mohave verloren. Das ganze Lager wurde aufgerieben. Nur Smith und drei seiner Fallensteller entkamen nach Norden in das Fort Vancouver der Hudson Bay Company am Columbia River, weil sie zum Zeitpunkt des Überfalls die Umgebung erkundet hatten und nicht im Lager gewesen waren.

Smith hielt sich dann als Gast der Briten noch in weiteren Stützpunkten der Hudson Bay Company am Columbia River auf. So bekam er einen Eindruck von den Qualitäten des hohen Nordwestens für amerikanische Jäger und Farmer. Darüber berichteten er und seine Partner nach Washington. Als der Brief in den 30er Jahren veröffentlicht wurde, nahmen ihn die siedlungswilligen Amerikaner im Osten beifällig auf. Er war ein weiterer Anstoß für die Trecks nach Oregon und in das Willamette Valley über die bereits erkundeten Trails.

Smith trieb die unersättliche Neugier des geborenen Kundschafters weiter im Westen umher. Zunächst bewegte er sich entlang der kanadischen Grenze. Dabei muß er die eisigen Berge und gewaltigen Gletscher des heutigen Nationalparks gesehen haben, der dort angrenzt. Vom Flathead Lake südlich des Bitterroot Valley wanderte er zum sommerlichen Rendezvous in Pierres Hole. In der darauf folgenden Fangsaison standen Yellowstone Park und Bighorn Basin auf dem Programm. Von dort aus ging es ins Wind River Valley und zum Powder River. 1830 tat sich Smith am Oberlauf des Missouri um, den man immer noch nicht so ganz genau kannte.

Dann allerdings schien er des Umherziehens müde geworden zu sein. Man sprach davon, er wolle sich zurückziehen. Tatsächlich verkaufte er seine Geschäftsanteile in Ashleys Fur Company und führte in St. Louis ein Jahr lang ein großes Haus mit zwei Dienern. Aber der gerade erst Dreißigjährige war kein Stadtmensch. Noch hatte er den Santa Fe Trail nicht beschritten. Als er das 1831 nachzuholen versuchte, fand er dort ein Ende, das viele seiner früheren Scouts und Trapper ereilt hatte: Am Cimarron River töteten ihn die Komantschen beim Wasserschöpfen.

Noch nie zuvor hatte ein Trapper, Pfadfinder, Pelzkaufmann und Expeditionsleiter wie Jedediah Smith soviel vom westlichen Teil Nordamerikas, von den großen Ebenen hinter dem Mississippi über die Rockies bis zu den Wüsten Nevadas und Kaliforniens, von der kanadischen Grenze im Norden bis zum spanischen Grenzland im Süden unter die Hufe seiner Reittiere oder seine eigenen

Füße genommen. Über seine wichtigsten Erkundungen führte er für Washington getreulich Tagebuch – gewiß eine Art amerikanischen Heldenlebens, wenn man bedenkt, was dieser Mann dabei persönlich erlitt und was er für die Regierung in Washington an Gebietsforderungen glaubhaft machen konnte.

Mit der schriftlichen Hinterlassenschaft Smith' wurden noch fünfzehn Jahre nach seinem Tod Kartenskizzen der amerikanischen Armee verfeinert. So entstand die Frémont-Gibbs-Smith-Karte. Die American Antiquarian Society veröffentlichte 1836 eine Standortkarte der indianischen Stämme, die Smith' Angaben mit verwertete.

Joseph Reddeford Walker aus Tennessee machte sich ab 1832 mit den einsetzenden Siedlerströmen gen Westen als Wegbereiter verdient. Er war unter den vielen Gebirglern dieser Zeit einer der wenigen, die es an Landeskenntnis mit Smith und Ogden aufnehmen konnten. Seine große Zeit setzte ein, als er 1831 in Oklahoma auf Captain Benjamin Louis Eulalie de Bonneville traf. Den hatte die Armee für eine Handelsexpedition in die Rocky Mountains beurlaubt. Das jedenfalls war die offizielle Version. In der Erkundungs- und Erschließungsgeschichte des mittleren und äußeren Westens der USA ist oft schwer zu entscheiden, ob die Flagge dem Handel vorausging oder ob sie ihm, wie bei den Kolonialmächten, folgte.

Der Name Bonneville regt die Kommentatoren der Westbewegung bis heute zu unterschiedlichen Beurteilungen an. 1991 löste das angesehene Smithsonian Institute bei amerikanischen Patrioten einen Sturm der Entrüstung aus, als es in einer Ausstellung die frühen, vom Kongreß unterstützten Expeditionen von Lewis/Clark, Astor, Lisa,

Ashley und Bonneville – neben vielen anderen – als von den Kapitalisten im Osten der USA angestiftete Überrumpelung der Ureinwohner darstellte: Der angebliche Westwärtsdrang unter den Kundschaftern und den »Pilgern« sei eine gut erfundene Geschichte, um die wahren Hintergründe zu bemänteln. Es sei um nichts anderes als um Landraub gegangen.

Aber das Institut hat die Denkmäler nicht gestürzt; die für die Demontage genannten Gründe waren nicht überzeugend – schon gar nicht für Leute, die sich ihren Traum nicht nehmen lassen wollen. Ideale und klingende Münze sind jedenfalls oft kaum zu unterscheidende Antriebe für Landnahmen und Eroberungen gewesen. Zwar gilt es als sicher, daß auch Bonneville nicht nur in die Wildnis geschickt wurde – oder aus privatem Interesse ging –, um Biber zu fangen und ihre Felle zu verhökern. Doch ein Knecht des Kapitals war er sicher nicht. Er hatte wohl den staatlichen Auftrag, eine mit Pferdefuhrwerken befahrbare Route nach Kalifornien auszumachen und die politischen Grenzen der USA in den Rockies festzulegen. Das grenzte zweifellos an Spionage, nachdem dieser Offizier in die Kleidung der Trapper geschlüpft war. Ohne Walker wäre Bonneville weder die Tarnung als Fellhändler noch die Öffnung einer neuen Route westwärts so leicht gelungen. Dafür unterliefen ihm schon zu viele Fehler bei seinem angeblichen Handwerk, dem Biberfangen – wenn es denn überhaupt dazu kam. Bonneville schrieb lieber fleißig Entdeckungen auf. Washington sollte das dem saloppen Offizier französischer Abstammung und Westpointer allerdings nicht lohnen. Er wurde nie mehr befördert, weil man ihm gewisse Eigenmächtigkeiten während seines langen »Urlaubs« nachsagte.

Im Frühjahr 1832 brachen Bonneville und sein »Feldleutnant« Walker von Fort Osage in Richtung Rocky Mountains auf: den Platte aufwärts, dann entlang dem Sweetwater River über den South Pass zum Green River – das war bereits Routine. Der zunächst am Green River gegründete Handelsposten mußte später wegen der Feindschaft der Indianer nordwärts zum Salmon River verlegt werden. Er war zwar von Bonneville strategisch ideal ausgesucht, versank aber im Winter im Schnee. Beim Rendezvous 1833 am Green River warb Bonneville Männer für eine Expedition unter Führung Walkers an, die am Nordende des Salt Lake vorbei zum Pazifik vorstoßen sollte. Für die Durchquerung des spanischen Gebietes hatte man sich die Geschichte mit dem Pelzhandel zurechtgelegt.

Aber erst einmal forderten die weiten Wüsten ihren Tribut. Vom Hunger getrieben, kam man zum Humboldt River, dem man südwestwärts bis in seine sumpfigen Niederungen folgte. Dort stellten sich der Gruppe Indianer in den Weg. Der völligen Verzweiflung nahe, folgte man einem Nebenfluß des Humboldt, der heute nach Walker benannt ist, in die kalifornische Sierra. Hier wurden die flüchtenden und dadurch von ihrer geplanten Route abgekommenen Amerikaner schließlich durch die Entdeckung der atemberaubenden Wasserfälle und der tiefen Schluchten des Yosemite Parks belohnt. Staunend standen sie auch vor den »großen Bäumen«, den Sequoias, am Fuße des Gebirges. Von diesen gigantischen Wäldern hatte man bisher noch nichts gehört.

Auf dem Rückweg bereiste Walker Südkalifornien. Indianer zeigten ihm einen Übergang über die Sierra am südlichen Ende, den Pferdegespanne bewältigen konnten.

Dieser Walker Pass wurde schon bald von den Einwanderern nach Kalifornien stark frequentiert. Später machte
Walker oft selbst den Führer für die Kolonnen. Washington Irving publizierte in seinen Werken Karten, die auf
Walkers Angaben beruhten. Inzwischen waren die Gebirgler mehr noch als auf den Biber auf die Festlegung von
Treck-Routen für die Siedler aus. Die Union hatte ihre
künftige Bestimmung im Westen erkannt: Dieses Land,
das die Spanier »nur« erobern und die Briten ausbeuten
wollten, wurde zum amerikanischen Lebensraum. Die
Trapper, die sich dort schon zu Hause fühlten, hatten den
zündenden Funken auf die Landsuchenden überspringen
lassen.

Walker wurde 78 Jahre alt. Im Laufe seines Lebens
machte er viele Male den Weg von Ost nach West und
zurück – meistens als Begleiter der nun immer größeren
Trecks der Siedler und Goldsucher oder als Pferdetreiber
auf dem alten spanischen Trail von Mexiko nach Kalifornien. Zweimal diente er Frémont, von dem noch zu berichten ist, auf dessen militärischen Zügen als Pfadfinder.
Angetan hatte es Walker der Green River. Dessen Verlauf
von den Uinta Mountains durch die Canyons im Hoch-
land von Utah zu erforschen, war sein persönlicher Traum.
Aber den Grand Canyon konnte erst 25 Jahre später Major John Wesley Powell bezwingen. Dafür fand Walker bei
Prescott, der heutigen Hauptstadt Arizonas, Gold, das ihn
vermögend machte. Das abenteuerliche Leben Walkers
umfaßte alle Stadien vom Trapper über den Goldsucher bis
zum Prospekteur und ließ keine der möglichen Betätigun-
gen in der Wildnis aus.

William H. Goetzmann hat in seinem 1967 erschienenen
Buch »Exploration and Empire« die Geschichte des We-

stens der USA aus vielen Einzelinformationen in den Archiven zusammengetragen. Für diese Arbeit, auf deren Fakten wir uns u. a. stützen, erhielt er den begehrten Pulitzer-Preis. Er beklagt, daß die Gebirgler und Pelzhändler wenig genaue Informationen und nur fragmentarische Berichte über ihre Erkundungen hinterließen, weil sie sich über die zweifelhafte Legalität ihrer Arbeit auf spanischem oder britischem Territorium im klaren waren. Aber dafür könnte es auch noch naheliegendere Gründe gegeben haben. Warum sollten sie ihren Konkurrenten Informationen liefern? Vielen fehlte auch die solide schulische Erziehung eines Jedediah Smith. Schreiben war nicht ihre Sache. Als Scouts konnten sie ihr Wissen in der Regel an die Ingenieure und Geographen der Armee weitergeben. Für die Wiederentdeckung und Erkundung des amerikanischen Westens haben diese Männer jedenfalls Unvergessenes geleistet – ganz abgesehen davon, wie sie unter extremen Bedingungen überlebten. Jäger, Fallensteller und Händler haben die erste Handelsstraße von den großen Ebenen bis Santa Fe eröffnet. Sie fanden die Routen von New Mexico und Arizona über Gebirge und durch Wüsten nach Kalifornien. Sie wußten, wie es inmitten der Rocky Mountains aussah, halfen den Great Salt Lake wiederzuentdecken und schlugen sich über das Great Basin Nevadas zu den Küsten Kaliforniens und Oregons im Nordwesten durch.

Diese Kundschafter haben die Bedeutung des sanft mit einer langgezogenen Rampe aus Vorgebirgen von Ost nach West ansteigenden South Pass für die Besiedlung der Pazifikstaaten vorausgesehen. Sie berichteten, daß es den Grand Canyon tatsächlich gab, und verfolgten den Colorado bis zu seiner Mündung in den Golf von Kalifornien. Vor allem aber wußten sie fast alles über die vielen unterschiedlichen Indianerstämme, von den stolzen Pueblo mit ihren dreistöckigen Adobe-Häusern in den Felsenkliffs im Süden bis zu den westlichen Wüstenbewohnern, die sich von ausgegrabenen Würmern und Käfern ernähren mußten. Diese Entdecker hatten im Kopf, wo Freund und Feind standen, wenngleich viele von ihnen Pfeil und Tomahawk zum Opfer fielen.

Viele Trapper und ihre Taten gerieten leider in Vergessenheit. Was hätte beispielsweise »Holzbein« Peg Leg Smith alles über seine Reisen erzählen können! Bekannt ist nur sein für viele dieser Männer bezeichnender Überlebenswille. Am Green River hatte er selbst mit einem Fleischermesser seinen unheilbar verletzten Unterschenkel amputiert.

Jedenfalls war Anfang der 40er Jahre des 19. Jahrhunderts bereits ein grober Überblick über ein riesiges westliches Gebiet gegeben. Das war größer als die damaligen Vereinigten Staaten. Bis dahin war dieses Territorium nur als weißer Fleck auf den Karten Nordamerikas erschienen.

Am Rand dieses Felsentischs in Arizona zerstörten die Spanier
das aufständische Pueblo Hawikuh.

Als europäische Entdecker aufbrachen, um den Westen zu erkunden,
trafen sie in der Prärie noch riesige Büffelherden an.

Die Anasazi-Stadt Cliff Palace in der Mesa Verde (Arizona)

Ansichten wie diese Sinterterrassen am Rand des Yellowstoneparks begründeten den mythischen Zauber des Wunderlandes.

Ungefähr von hier ab konnten Lewis und Clark den Salmon River nicht mehr befahren. Die Expedition mußte mit Packpferden die Reise über den Lehmi Pass fortsetzen.

Am Ende des Oregon Trails erwartete die Trecks ein mit Felstrümmern und Treibholz übersäter Pazifikstrand.

Herden von Robben sonnen sich am Pazifikstrand, wo der Oregon Trail endete.

*Der Snake River mit seinem ausschwingenden Verlauf prägt
die Landschaften nördlich und südlich der Salzwüste von Nevada;
die Biberjäger zog er magisch an.*

*Die Senken des nördlich der Salzwüste von Nevada weit
ausschwingenden Snake River waren die Oasen der Indianer,
Trapper und Entdecker.*

Der Canyon des Rio Grande zwischen Taos und Santa Fe

Die Brutofenhitze der salzverkrusteten Mondlandschaft des Death Valley zwischen Sierra Nevada und Las Vegas umgingen die Reisenden nach Kalifornien.

Dampftraktoren und Erzwaggons ersetzten die Maultiergespanne und wurden sogar im Death Valley eingesetzt.

Hier hievten die Siedler ihre Wagen über die letzte Felsbarriere des Donner-Passes. Hier und da kann man noch eingekerbte Wagenspuren finden.

*Farmhaus der Familie Cunningham im Flachland vor den
Great Tetons/Wyoming aus der Zeit der Erstbesiedlung*

Die Rampe der Siedlerstraße zum Südpaß und die Paßhöhe, wie sie die letzten Siedlertrecks erlebten

Heiße Quellen und sprühende Geysire im Yellowstone-Park – auch „Colters Hölle" genannt

Geologische Naturwunder im Navajo Arches Park und im
Monument Valley

*Historische Anasazi-Stadt im Canyon de Chelly, wo die Indianer seit jeher
Zuflucht vor ihren Verfolgern suchten*

Die exotischen Badlands in der Nähe des Schlachtfeldes von Wounded Knee

NORTH

45 273

LEWIS AND CLARK
TRAIL

Die Armee zeigt Flagge

In den 40er Jahren des 19. Jahrhunderts übernimmt die US-Armee die systematische Aufklärung und Kartierung des westlichen Hinterlandes jenseits von Mississippi und Missouri. Die US-Marine erhält von Washington den Auftrag, die Pazifikküsten zu erforschen. Abenteuernde Offiziere vom Schlage Frémonts dehnen auf eigene Faust den beherrschenden Einfluß der USA bis nach Kalifornien aus. Die Bear Flag Revolution vertreibt die Spanier aus ihren Stützpunkten an der Westküste.

Unter Präsident Monroe und seinem Kriegsminister Calhoun überkam die noch im Aufbau begriffenen USA eine Ahnung ihrer künftigen Macht. Monroe war nach Jefferson und Madison der dritte republikanische Präsident des berühmten Triumvirats aus Virginia, das so entscheidend zum Aufbau einer von Europa unabhängigen amerikanischen Union eigener nationaler Ausprägung beitrug. Washington beeilte sich nun, seine Einflußsphären in Nordamerika abzustecken. Alle explorativen Anstrengungen westlich der Linie Mississippi/Missouri sollten zu einem planvollen Ganzen zusammengefaßt werden. Die Regierung wollte nun endlich eine klare Zusammenstellung aller Erkundungen erhalten, die sich in diversen Kartenskizzen niedergeschlagen hatten. Außerdem sollten die möglichen Eisenbahntrassen und vermuteten, doch noch unbekannten Ressourcen ermittelt werden. Die nördliche und südliche Begrenzung des sogenannten Louisiana Purchase waren bereits grob von Lewis/Clark und Zebulon Pike skizziert worden. Von Long stammte eine Karte der Hauptkette der Rocky Mountains.

In den nun folgenden zwanzig Jahren führte die Armee zahlreiche Expeditionen durch. Dabei wurden die noch fehlenden Angaben für die erste umfassende Karte des amerikanischen Westens gesammelt, die K. Warren 1857 vorlegen konnte. Die wichtigsten dieser Expeditionen wurden von Frémont, Emory, Whipple, Simpson, Stanbury und Gunnison geleitet. Die Warren-Karte war immerhin schon so vollständig, daß nun »nur noch« Detailarbeit notwendig war. Die wurde im wesentlichen nach dem Sezessionskrieg und in den 70er Jahren des vergangenen Jahrhunderts geleistet.

Bezeichnend für die früheren Expeditionstagebücher der Militärs ist eine gewisse Sprachlosigkeit angesichts der extremen Geologie des Westens. Nicht einmal der im Ausdruck gewandte Frémont konnte das Erlebnis der Landschaften in angemessene sprachliche Bilder kleiden, sich von der Begrifflichkeit einer europäischen Ästhetik lösen. Er und seine Zeitgenossen hielten sich hilflos an die Bezeichnungen »sublim und pittoresk«. Da die Worte für das Überwältigende fehlten, hielt man sich an das praktisch Machbare in der Topographie.

Im Südwesten, den man sich immer noch zum Nordwesten aufgerückt dachte, hatten die spanischen Mexikaner anfangs des 19. Jahrhunderts einen Eisernen Vorhang aus Militärposten errichtet, der die westlichen Quellflüsse des Mississippi abriegelte. Das bestärkte Washington, die Muskeln spielen zu lassen, um endlich reinen Tisch mit dem umstrittenen Kauf Louisianas zu machen. So kam es zu einer der ersten Machtdemonstrationen der Union.

Bereits im Frühjahr 1819 dampften sechs prächtige Schiffe mit 1000 Soldaten und einem technisch-wissenschaftlichen Hilfskorps an Bord den Missouri stromaufwärts. Am Oberlauf sollte diese Armada ein Fort errichten, die Indianerstämme unter Kontrolle bringen und wissenschaftliche Forschungsarbeit leisten. General Henry W. Atkinson war der Befehlshaber dieses spektakulären Aufgebots. Major Stephen H. Long war das Hilfskorps anvertraut. Zum ersten Male sahen die erstaunten Trapper, Händler und Indianer Mississippi-Dampfer auf dem Missouri.

Neu war auch die Entsendung einer nur aus Armeeangehörigen bestehenden Spezialeinheit in den Westen. Das Aufgebot für die Expedition Lewis/Clark war dagegen geradezu bescheiden gewesen. Nun zogen die Amerikaner selbstbewußt aus, um zu erschließen und Besitz zu ergreifen. Man schien alles gut bedacht zu haben: die Demonstration von Macht, Technik und Wissenschaft. Aber das Unternehmen scheiterte kläglich, was bewies, daß man den Westen besser mit den bewährten kleinen Kommandos erschloß als mit großen Aufmärschen.

Die für ganz andere Fließgewässer konstruierten Dampfer – Kreationen des fortschrittsgläubigen Westpointers Long – scheiterten schon an den ersten Stromschnellen. An den Council Bluffs war Endstation, der Yellowstone River lag noch in weiter Ferne. Tausend schlecht versorgte Soldaten und Offiziere lagen, größtenteils krank und fiebernd, in einem Zeltlager fest, das sich um den kleinen

Handelsposten an den Bluffs gruppierte. Nur wenige dieser Männer waren ausreichend vorbereitet und für den Einsatz in der Wildnis trainiert worden. Long und seine Hochschulabsolventen mit Karriere-Allüren wurden darauf nicht mehr nach Nordwesten, sondern nach Südwesten in Richtung Rocky Mountains zum Platte- und Red River beordert, wo Zebulon Pike erst unlängst gewesen war. Sie erreichten die Gegend des heutigen Denver, bestiegen den Pike's Peak, teilten sich in mehrere Gruppen, verblieben aber größtenteils in den Ebenen von Arkansas und Oklahoma. Dort trafen sie fast nur auf feindliche Indianer, die Cheyenne, Apachen, Kiowa und andere. Als die Verpflegung ausging, mußten sie ihre eigenen Pferde schlachten. Die wissenschaftliche Ausbeute war – wie bei der Expedition Pikes – gering. Zu allem Unglück verschwanden mit Deserteuren fast alle wichtigen Aufzeichnungen und Karten Longs.

In seiner Niedergeschlagenheit über den Mißerfolg erklärte Stephen Long, wie auch Zebulon Pike, die großen Ebenen als unbewohnbar für weiße Farmer. Ein epochaler Irrtum, wie sich herausstellen sollte. Aber ein verständlicher! Diese fremde neue Welt wirkte zunächst wie ein Schock auf die Amerikaner, ehe sie ihnen zur Herausforderung wurde. Denn noch war nicht bekannt, daß man mit Windkraft Grundwasser aus größerer Tiefe zur Bewässerung trockener Böden pumpen konnte. Auch war noch nicht der Stacheldraht zur Einzäunung großer Herden erfunden. Die Indianer verteidigten ihre Jagdgründe mit den riesigen Büffelherden verzweifelt gegen die Eindringlinge. Holz zum Bauen und als Brennstoff mußte später Hunderte von Kilometern über die baumlose Prärie transportiert werden. Die Winter waren eisig kalt, die Sandböden unfruchtbar. Wie hätte man ahnen sollen, daß dies eines Tages kein unüberwindliches Problem mehr sein würde? Immerhin wußte Washington schon viel über die Beschaffenheit der großen Ebenen, ihre Ureinwohner, die Bisons als ihrer Lebensgrundlage, die Welt der Pflanzen und des Kleingetiers, die Siedlungsoasen und das weiträumige Flußsystem im Südwesten und Nordwesten.

Vor allem aber hatte man für die Organisation einer Kartierung und Vermessung durch das Ingenieurkorps der Armee dazugelernt. Herzog Paul Wilhelm von Württemberg, ein ausgewiesener Militärexperte, bezeichnete dieses Korps als vortrefflich, während Infanterie und Reiterei nach seinem Urteil zu wünschen übrig ließen, vor allem, was ihre Ausrüstung betraf. Die Kartographen sollten bald mit verbesserter Systematik und Gerätetechnik den Spuren der ersten Pfadfinder, Jäger und Kundschafter folgen, um die noch fehlerhaften oder unvollständigen Kartenskizzen zu verbessern. Von da an nahm der »Wilde Westen« für Händler, Viehtreiber, Siedler, Prospekteure und Reisende aus Neugier auch auf dem Papier Gestalt an. Eine Nation begann, ihr Staatsgebiet neu zu definieren und die Infrastruktur festzulegen. Für die in großen Scharen gegen Westen aufbrechenden Amerikaner aus dem Osten, Süden und Mittelwesten mußten Wasserstellen und Weideplätze für Zugtiere und Zuchtvieh markiert werden. Der Verlauf der mit Fuhrwerken befahrbaren Trails mußte klar vorgezeichnet werden. Man begann, in Entfernungen und Reiseabschnitten zu denken, während man sich bisher auf Instinkt und Erfahrung gestützt hatte.

1838 wurde das US Corps of Topographical Engineers gebildet. Es trat an, um bisher nur vage oder durch mündliche Überlieferung Bekanntes in geographische Wirklichkeit umzusetzen. Für diese Spezialeinheit zur Kartographierung des Geländes in allen seinen Ausformungen mit genauen Maßangaben konnten sich nur die besten Geographen und technischen Zeichner qualifizieren, meistens Absolventen der Eliteschule für Offiziere in Westpoint. Diese Männer hatten Erfahrungen bei der Geländeaufnahme an amerikanischen Küsten, Seen und Wasserläufen gesammelt, ehe sie sich mit großem persönlichem Einsatz und Ehrgeiz dem noch unvermessenen Westen zuwandten.

Der von seinen Zeitgenossen als waghalsig und romantisch charakterisierte John C. Frémont gelangte mehr durch gute Beziehungen in das topographische US-Korps als durch bereits bewiesene wissenschaftliche Verdienste. Sein Schwiegervater war Senator Thomas Hart Benton von Missouri, einer der glühendsten Expansionisten der Union. Obwohl Frémont mit dessen Tochter durchgebrannt war, um sie gegen den Willen des Vaters zu heiraten, nahm er den Senator schon bald für sich ein. Der zwiespältig beurteilte junge Leutnant verstand es, sich durch eindrucksvolle Selbstdarstellung Freunde und Einfluß zu verschaffen. Dadurch konnte er sich Freiheiten bei der Auslegung seiner Orders erlauben, die für andere die Entlassung aus der Armee bedeutet hätten.

So nutzte er in den 40er und 50er Jahren die Gelegenheit weidlich aus, zwischen Rocky Mountains und Kalifornien zu pendeln, während ein Teil seiner Leute die wissenschaftliche Kleinarbeit in der Gebirgsregion und im östlichen Vorland erledigten. 1843 begleitete ihn auf seiner ersten Expedition der Unternehmer und Schriftsteller Charles Gilpin, der wie kaum ein anderer den Amerikanern das Wunderland des Westens schmackhaft zu machen wußte. Der bald schon zum Captain beförderte Frémont spielte nicht nur den jugendlichen Entdeckerhelden, der einen der höchsten Berge in den Rockies bestieg, um auf dem Gipfel als guter Patriot die Stars and Stripes zu entrollen – er wurde auch ein guter Topograph. Mit seinen Karten und genauen Aufzeichnungen leistete er einen wichtigen Beitrag zur Besiedlung Oregons und Kaliforniens; seine Landsleute verschlangen seine spannenden Reiseberichte geradezu.

Während Frémont den Landweg nach Oregon kartierte und markierte, hatte der Weltumsegler Captain Charles Wilkes mit sechs Schiffen bereits auf dem Seeweg um Kap Hoorn die künftigen US-Staaten Kalifornien und Oregon erreicht und sorgfältig bis ins Inland hinein erkundet. Er beschrieb die Talebenen von San Francisco Bay bis Willamette Valley – als Seemann immer mit Blick auf günstige Naturhäfen an der Küste. Aber im Kongreß und im Weißen Haus schien man den eigenwilligen Wilkes nicht zu mögen. Was er aufgeschrieben hatte, blieb deshalb weitgehend unter Verschluß und somit zunächst fast ohne Nutzen für die Siedlungswilligen im Osten. Wilkes wurde wegen angeblicher Vergehen gegen seine Seeleute auf der von ihm geleiteten großen »United States Exploring Expedition 1838/41« von Feuerland zum westlichen Pazifik vor Gericht gestellt. Seine auf dieser Weltreise erworbenen Verdienste als Navigator und Forscher, die sich auch auf die amerikanische Westküste von Mexiko bis zum kanadischen Puget Sound und das heutige Vancouver Island erstreckten, wurden wegen des Disziplinarverfahrens zu seinen Lebzeiten nicht gewürdigt.

Seine Aufzeichnungen belegen, daß Kapitän und Mannschaft die amerikanischen Küstenstriche nicht weniger exotisch und als Siedlungsland erstrebenswert fanden als den Südpazifik mit seiner paradiesischen Inselwelt. Die Völkerkundler, die Wilkes begleitet hatten, schilderten in ihren Tagebüchern die Begegnungen mit nordamerikanischen Indianern, die ihre Kanus weit auf die See hinausruderten. Sie beschrieben auch deren Folklore. Aber Wilkes hatte nicht nur unter den Offizieren und Wissenschaftlern einflußreiche Gegner; er konnte sich auch bei den Präsidenten John Tyler und James Polk kaum noch Gehör verschaffen. Bis auf Senator Benton blieb ihm keiner seiner früheren Förderer zugetan. Obendrein hatte Wilkes auch Pech: Captain William L. Hudson, der die andere Hälfte seiner Flotte befehligte, verlor sein Flaggschiff »Peacock«, weil er die Strömungen zwischen den Sandbänken in der Mündung des Columbia River falsch eingeschätzt hatte. Wilkes bezeichnete die Einfahrt als ungeeigneten Ankergrund, doch seine Vorschläge, weiter nördlich durch diplomatische Bemühungen amerikanische Häfen anzustreben, blieben fruchtlos.

Wilkes' und Frémonts Aufträge sind im größeren politischen Zusammenhang mit der Ausdehnung der USA zu sehen. Sie haben sich ergänzt. Vermutlich waren sie noch nicht exakt genug geplant worden. Aber sowohl Wilkes als auch Frémont waren Wissenschaftler und Diplomaten im Waffenrock. Mit ihnen trat im Westen ein ganz neuer Schlag von imperialen Kundschaftern auf. Daß dabei Frémont die größere Beachtung fand, hängt wohl auch damit zusammen, daß seine rund 35 000 in der Wildnis zurückgelegten Kilometer die Phantasie der westwärts strebenden Rancher, Farmer und Glücksritter mehr beschäftigten als das Kommando des Weltumseglers Wilkes. Dabei betrat Frémont kein Neuland, nur bereits bekannte Pfade.

Doch an ihm wurden die Ausdauer und die Gelassenheit bei Gefahren bewundert, er war den Leuten die Verkörperung des Fortschritts schlechthin.

Politische Ränke und Provokationen im Dienste der Armee bereiteten ihm keine Skrupel. So »organisierte« er aus den Arsenalen der Armee eine Haubitze, die er ziemlich unnötig mit sich herumschleppte, bis sie in der Sierra Nevada im Schnee steckenblieb. Sie sollte ihm Achtung auf fremdem Gebiet verschaffen. Als Pfadfinder der Expansionisten verpflichtete er die besten dieser Spezies aus der großen Zeit der Trapper: Tom »Broken Hand« Fitzpatrick, Kit Carson und Alexis Godey. Mit ihnen versuchte er ungeachtet aller Schwierigkeiten, noch direktere Trails an die Westküste zu finden. Er setzte sich selbst zeitweise an die Spitze eines der frühen Siedlertrecks nach Oregon, nachdem ihm bereits Joseph B. Chiles und Elijah Whites mit zwei Gruppen vorausgeeilt waren.

Man sagte Frémont nach, daß er mit seinen schwärmerischen Beschreibungen von der »einsamen Größe und den bukolischen Ufern« des Großen Salzsees Brigham Young beeinflußt habe. Der geniale Führer der Mormonen entschloß sich, seine in Nauvoo, Illinois, von der Nachbarschaft bedrohten Glaubensbrüder und -schwestern in die Wüste Utahs am Fuße der Wasatch Mountains zu führen, wo sie Salt Lake City gründeten. Dies geschah nicht spontan, sondern äußerst sorgfältig vorbereitet. Aufbrechen durften nur die jungen Familien, die genügend Lebensmittel auf ihren mit kräftigen Tieren bespannten Wagen mitführten und sich rigorosen Sicherheitsvorkehrungen unterwarfen.

So entstand, nicht allein auf Gottvertrauen, sondern auch auf solide Selbsthilfe bauend, der Mormonenstaat

Utah mit seinen verzweigten Siedlungen in den Wüstenge-
bieten des fernen Westens. Als Brigham Young nach der
langen Reise am Ufer des Salzsees erklärte: »Genug – hier
ist es!« und die Frauen wegen der trostlosen Umgebung
verzweifelt in Tränen ausbrachen, zeigte sich die große innere Kraft und Disziplin des Mormonentums. Schon zwei
Stunden später zog der erste Pflug Furchen in die staubtrockene, aber überaus fruchtbare Erde. Nach neun Monaten brachten die Farmer die erste Getreideernte ein.
Wassergräben durchzogen die Felder. Holzhäuser in Reih
und Glied mit Gärten an breiten Straßen ließen den Plan
für eine moderne Stadt erkennen. An den begrasten Berg-
hängen weideten Rinder- und Schafherden. Nach fünf Jahren grünte trotz Heuschreckenplage und langer Trocken-
periode die Wüste. Kaum einer, außer dem visionären
Young und seinem engsten Mitarbeiter, dem vielseitig begabten Erfinder Pratt, hätte das für möglich gehalten. Das
»kooperativ-kapitalistische« System rauher Individualisten – von den Israelis mit ihren Kibbuzim in der Negev-
Wüste nachvollzogen – hatte sich bewährt.

Während der Ersterschließung erhielten die geschickten
Farmer und Handwerker der Mormonen nur einen Lohn;
das Eigentum behielt die Kirche, bis es nach einigen Jahren, als die Infrastrukturen gemeinschaftlich erarbeitet
worden waren, privatisiert wurde. Jeder Familie wurde der
ihr nach Kopfzahl angemessene Anteil des Gemeineigen-
tums zugewiesen. Das Modell wurde von deutschen Siedlern in Südkalifornien und in Colorado, aber auch andernorts, mehrfach nachvollzogen. Nicht immer mit gleichem
Erfolg, denn die Mormonen waren damals durch fähige
Führer richtig angeleitet und organisiert und durch ihre
Religion hochmotiviert.

Auch Frémont war nach wie vor von dem Gedanken besessen, den Rio Buenaventura zu entdecken. Damals sprachen sich einmal gewonnene Erkenntnisse eben nur langsam herum. Nachdem er eine Abordnung zur Mündung des Columbia River geschickt hatte, um den Kontakt mit Wilkes' Flotte herzustellen, folgte er selbst mit dem Gros seiner Leute dem Lauf des Chute River. Dem Gebiet zwischen Salt Lake und Sierra gab er seinen eigenen Namen, doch bekannt ist es heute als »Great Basin«. Oberhalb vom Lake Tahoe überschritt er mit Mühe und Not die winterliche Sierra. Ehe er und seine Leute in jämmerlichem Zustand zu Johann Sutters damals schon berühmter Ranch in Kalifornien kamen, berührte er am American River buchstäblich goldenen Boden, ohne es jedoch zu merken. Sechs Jahre später fanden dort Tausende von Goldgräbern ihr Dorado und ruinierten dadurch die Existenz des in der Schweiz steckbrieflich wegen Unterschlagung gesuchten Emigranten Sutter. Dabei hatte der freundliche Großrancher viele kranke und halbverhungerte Siedler und Goldsucher gesundgepflegt.

Frémont rühmte später die paradiesische Landschaft, in der Sutters Farm lag. Die Wirtschaftsgebäude und Werkstätten auf den vielen tausend teilweise bewässerten Hektar Acker- und Weidefläche und die kleine Flotte von zwei Segelschiffen und einem großen Ruderboot in der Bay von San Francisco für den Nahtransport waren zweifellos beeindruckend. Frémonts Schilderung vergrößerte noch das Renommee dieses gewinnenden, weitblickenden, aber auch eitlen Viehranchers und Großgrundbesitzers in Phantasieuniform. Frémont wollte den Siedlern ein Leben in Kalifornien schmackhaft machen. Bald sollten täglich rund 300 Leute aus dem Osten einen der besser bekannten

Pässe über die Sierra bewältigen, die dem Ruf Frémonts und anderer Expansionisten folgten.

Bei seiner Rückkehr ostwärts verschaffte sich Frémont einen eigenen Eindruck von der Nutzbarkeit des Bodens in den heutigen Flächenstaaten Nevada und Colorado. Neues gab es dabei kaum mehr zu entdecken, aber damals wurde der Grundstein für die Erschließung eines der wildesten und wüstesten Gebiete des äußeren Westens gelegt. Auf dieser Expedition von 1843/44 hatte sich Frémont praktisch mit dem gesamten Westen vertraut gemacht. Charles Preuss, sein launischer deutscher Kartenzeichner, der die Wildnis haßte und die stille Studierstube vorgezogen hätte, schuf eine hinreichend verläßliche Übersichtskarte des Westens mit korrekten Entfernungsangaben und genau lokalisierten Orientierungspunkten. Preuss hatte in Potsdam gelernt, virtuos mit dem Sextanten umzugehen. Seine Gesamtkarte ergänzte er dann noch durch ein Kartenwerk aus sieben detaillierten Abschnittskarten für die Siedler. Darauf waren alle bis dahin bekannten Trails westwärts nach Oregon und Kalifornien mit Angabe der empfohlenen Pässe, Abkürzungen, Furten, Lager- und Rastplätze sowie der ansässigen Indianerstämme auf dem Weg dahin eingetragen. Auch gab er schon Hinweise auf die typischen Witterungsverhältnisse. Ein Standardwerk, das mit Frémonts Aufzeichnungen und Baron F. W. von Egloffsteins Abbildungen den Kongreß wachrüttelte und allgemein als Sensation empfunden wurde. Den Siedlern machte es den Traum vom Westen zur realen Möglichkeit.

Dabei hatte Frémont eine für ihn ungewöhnliche Bescheidenheit bewiesen, indem er diejenigen Gebiete in der Karte nicht näher beschrieb, die er nicht selbst bereist hatte. So produzierte er auch keine Irrtümer. Dieser stürmische und charismatische Offizier mit glänzenden Verbindungen bis in die höchsten Kreise der Politik schaffte den historischen Durchbruch der »West-Begeisterung« bei der Regierung in Washington. Vielen seiner verdienstvollen Vorgängern im Westen war die Unterstützung versagt worden, weil sie offenbar nie den imperialistischen Nerv der Abgeordneten hatten treffen können.

Frémont war entscheidend an der »Bear Flag Revolution« beteiligt, die zum Beutekrieg der Amerikaner gegen die Mexikaner 1846/48 führte. Er überfiel mit Soldaten und Trappern den spanischen Stützpunkt Sonoma. Dabei bot er angesichts klarer Befehle und Zuständigkeiten sowohl den mexikanischen als auch den eigenen Behörden die Stirn, als er Kalifornien zum US-Territorium erklärte und sich selbst zum ersten Statthalter ernennen ließ. Das sollte für ihn vor dem Militärgericht ein böses Nachspiel haben. Diesmal kostete ihn seine Selbstherrlichkeit die Uniform.

1848 richtete der von privaten Schicksalsschlägen verfolgte und von der Regierung enttäuschte Frémont auf eigene Rechnung eine letzte Expedition aus. Obwohl vor einem herannahenden harten Winter gewarnt worden war, trieb ihn der Ehrgeiz, die kürzeste Eisenbahnverbindung parallel zum 38. Breitengrad über die Große Wasserscheide zu erkunden. Das Unternehmen war für die Teilnehmer eine Katastrophe. Fast alle kamen um. Nur Frémont und einige seiner kräftigsten Männer überlebten. Noch war man weit davon entfernt, die Wildnis gebändigt zu haben. Über die angeblich von Frémont herausgefundene kurze Verbindung durch die Rockies führt bis heute weder eine Eisenbahn noch ein Highway.

Doch die Schleusen für westwärts vorrückende US-Truppen und den geballten Einsatz des topographischen Armee-Korps unter dem Kommando eines ehemaligen Assistenten Frémonts waren geöffnet. Alle diese Vermessungsoffiziere sahen in Frémont ihr großes Vorbild, wenngleich er am Ende seiner Karriere an den Bergen Colorados gescheitert war.

Die Armee-Korps der Pioniere und der Topographen konnten den späteren Eisenbahnbau nur mäßig fördern. Aber ihre zwischen 1840 und 1850 durchgeführten West-Expeditionen leiteten die schon lange fällige »große Erkundung« dieses Territoriums ein. Sie brachte eine zuverlässige Dokumentation aller dabei erworbenen Eindrücke und Kenntnisse ein; zuvor waren immer nur sporadisch Aufzeichnungen vorgenommen worden. Nun konnte man die vorhandenen Kartenfragmente ergänzen und zu einem vollständigen Überblick zusammenfügen.

Lt. Kemble Warren unterzog sich der Mühe, alle Reports der Expeditionen auszuwerten. Ihm gelang eine so genaue und umfassende Karte des Westens, daß es lange keine bessere gab. Und wieder leistete ein preußischer Topograph, F. W. von Egloffstein, einen entscheidenden Beitrag zu dieser ersten Reliefkarte des Westens; Egloffstein und andere deutsche Landvermesser hatten sich im Geodätischen Institut Potsdam ihre Sporen verdient. Im amerikanischen Westen zeigten sie, daß sie auch fest im Sattel sitzen konnten.

Doch es gab noch viel zu entdecken und zu erkunden. 1849 führte Lt. James Harvey Simpson die erste Expedition seit den Tagen der Spanier in den Canyon de Chelly, die Bastion der Navajo. Ganz oben in den Klippen des Canyons entdeckten die Amerikaner die antiken Wohnungen der Anasazi unter Felsdächern. Man hatte gewußt, daß es sie geben mußte, hatte aber kaum mehr gehofft, sie dort noch zu finden.

1851 suchte Capt. Lorenzo Sitgreaves am südlichen Ende des Grand Canyon nach einer für Fuhrwerke geeigneten Route. Sechs Jahre später tuckerte Lt. Joseph Christmas Eves mit einem Dampfer den Colorado aufwärts. Als es nicht mehr weiterging, setzte er die Reise zu Land fort und stieg am Diamond Creek in den dort heute mit Staudämmen verbauten Grand Canyon. Damit dürften zum erstenmal weiße Amerikaner am Boden dieser gewaltigen Erosionsschlucht gestanden haben. Mit dabei war der Geologe John Strong Newberry. Ihn regte der offen liegende Aufbau der unterschiedlichen Gesteinsschichten zur ersten schichtspezifischen Darstellung eines solchen Phänomens an. Durch ihn wurde die Stratographie zur geologischen Routine. Eves' Bericht wurde durch Stil und Inhalt zum Vorbild für die folgenden Landerkundungen.

Kurz darauf entdeckte Capt. John M. Macomb den noch unbekannten Zusammenfluß von Green- und Grand River im Westen Colorados. Am San Juan River fand man viele weitere Hinterlassenschaften der untergegangenen Anasazi-Zivilisation – noch nicht allerdings Mesa Verde, die größte der Ruinenstädte.

Die Offiziere des Topographical and Engineering Corps und die sie begleitenden Naturwissenschaftler fuhren reiche Ausbeute ein. Das meiste verstaubte später ohne systematische Klassifizierung in Museen und Instituten. Der Kongreß veröffentlichte die reich illustrierten Expeditionsberichte. Sie fanden in der breiten Öffentlichkeit unterschiedliche Anerkennung. Was damals viel mehr interessierte, waren Informationen über geeignete Siedlungsplätze, Klima und Verbindungswege; Hinweise auf das Verhalten der jeweiligen Indianerstämme waren lebenswichtig. Geradezu verschlungen wurden Angaben über Edelmetallfunde. 1848/49 erreichte der Goldrush seinen ersten Höhepunkt. Fast 50 Prozent der Westreisenden hofften auf den großen Fund. In Kalifornien, dann in Nevada und schließlich in Colorado wurden Milliarden an Gold und Silber gehoben – von Goldschürfern, nur mit einer Pfanne und Hacke ausgerüstet, bis zu technisch vorzeigbaren Untertagebetrieben, vom Kapital der Ostküste finanziert.

Ein Geldsegen ergoß sich über die im Schlamm versinkenden Bretterhütten der Schürfer wie über die aus dem Boden gestampften Paläste des neuen Geldadels in San Francisco, Virginia City, Nevada, Denver und Colorado.

Für Naturschönheiten und »Wildlife« war man im allgemeinen wenig aufgeschlossen. Tourismus kannte man vor 1860 nur in den ganz gehobenen Schichten. Alle anderen Menschen hatten genug damit zu tun, eine auskömmliche Existenz zu sichern. Nur zum Vergnügen reiste praktisch niemand.

Noch während der Zeit der Armee-Aufklärungen wechselte das Interesse von Pelzhandel und Ackerbau deutlich zur Edelmetallausbeutung, zur Städtegründung, zum Straßen- und zum Eisenbahnbau. Das Katasterwesen und der Verwaltungsaufbau waren noch ein Chaos, sofern sie überhaupt existierten. Doch zwischen 1861 und 1865 hatten die USA ganz andere Sorgen. Die vom Norden geforderte Abschaffung der Sklaverei im Süden und unterschiedliche soziokulturelle Auffassungen lösten den Bürgerkrieg aus. Da mußte auch im unbeteiligten Westen zunächst manches liegenbleiben. Immerhin war im Zuge der großen »Frontaufklärung« im Indianerland in großen Umrissen klargeworden, was der Westen der Union einbrachte und was er ihr bedeuten mußte. Der weiße Fleck auf der Landkarte war schon sehr deutlichen Strukturen gewichen. Wenige Jahre später konnte man an die Feinarbeit gehen.

VON DER PISTE ZUR SCHIENE

Die Siedlungsfront rückt vor. Erste Trecks folgen den Scouts auf noch ungebahnten Wegen ins ferne »Gelobte Land«. Am Donner-Paß in der kalifornischen Sierra ereignet sich bei einem frühen Wintereinbruch ein schauriges Drama. Im Zuge der nun nicht mehr aufzuhaltenden Westorientierung wird mit einer gewaltigen Anstrengung die transkontinentale Eisenbahn gebaut.

Vor dem Krieg mit Mexiko um Landgewinn im Südwesten waren die USA nur eine nordamerikanische Regionalmacht gewesen. Sie sahen ihre Basis im Osten und Süden des Landes. Die Auseinandersetzung mit den Mexikanern über Kalifornien weitete die Perspektive in die Zukunft. Der Westen war plötzlich als wichtiger Einflußbereich erkannt. Von ihm aus konnte man das Tor zum indischen Subkontinent und zu allen pazifischen Anrainerstaaten öffnen. Das versprach mehr internationalen Freihandel, als ihn das alte Europa, vor allem aber die britische Seemacht mit ihren Vorbehalten gegen die junge Nation boten.

Bei diesen handelspolitischen Überlegungen spielte die vorrückende Siedlungsfront eine tragende psychologische Rolle. Sie mußte unausweichlich den Konsens in beiden parlamentarischen Kammern herbeiführen. Bezeichnend für die Stimmung war der zeitgenössische Kommentar eines Yankees an der San Francisco Bay: »Unsere Regierung sollte wachsam sein. Sie sollte ihren Anspruch möglichst schnell untermauern, indem sie das ganze Territorium (gemeint waren Kalifornien und Oregon) in Besitz nimmt – wir haben guten Grund zu der Annahme, daß der Westen jenseits der Berge eines Tages für die Nation ebenso wichtig sein wird wie der Osten.«

Im Jahre 1841 war die erste große Gruppe von Einwanderern nach Kalifornien aufgebrochen. Organisiert hatte sie der kurz zuvor von Banditen des Mississippi-Gebiets völlig ausgeraubte John Bidwell, ein Lehrer und Farmer des mittelwestlichen Grenzlandes. Er spielte später als Verwalter Sutters eine wichtige Rolle in der Geschichte Kaliforniens. Bis Soda Springs am Bear River war »Broken Hand« Fitzpatrick mit von der Partie. Er brachte den ersten Siedlern alles bei, was sie für die Durchquerung der vor ihnen liegenden Ebenen und Gebirge wissen mußten. Dann entließ er sie mit einer unbestimmten Handbewegung in Richtung Great Basin und kalifornische Sierra.

Die meisten Teilnehmer des Trecks, darunter fünf Frauen und zehn Kinder, befanden sich zum erstenmal in der Einsamkeit eines völlig unerschlossenen Gebiets. Aber einige Jäger aus Kentucky, ein paar Veteranen von der alten Siedlungsgrenze und Schlachtenbummler aus dem Westen waren erfahren genug, um sich mit ihnen über einen brauchbaren Pfad nach Kalifornien durchzuschlagen. Hunger und Durst setzten den Teilnehmern des Trecks vor allem auf der letzten Strecke zu. Die Wagen mußten zurückgelassen und das wichtigste an Vorräten und Gerät mußte auf Maulesel umgeladen werden. Den angegebenen

Weg hatte der Treck um einiges verfehlt. Er gelangte auf den Sonora Pass; dieser gefährliche Weg über die Sierra eignete sich nur für Packtiere und Fußwanderer. Bidwells Treck kam schließlich heil in dem Territorium an, das den Teilnehmern so verheißungsvoll beschrieben worden war, und tatsächlich blieb die Realität nicht weit hinter den Berichten zurück. Einer der Teilnehmer des Trecks, J. B. Chile, ritt im Jahr darauf nach Osten zurück, um eine schon wartende weitere Einwanderergruppe abzuholen. Er führte sie über den leichteren Walker Pass an der Südflanke der kalifornischen Sierra.

1843 war Chile mit einem zweiten Treck unterwegs. Aber diesmal versuchte er sein Glück auf einem nördlich der Salzwüste Nevadas gelegenen Trail von Fort Boise in West-Idaho zum Malheur River in Oregon und von da nach Nord-Kalifornien. Wieder mußten die Wagen an der nördlichen Sierra zurückgelassen werden, und erneut hatten sich die Siedler schlimmsten Strapazen und Entbehrungen zu unterziehen. Zeitweise verirrten sie sich hoffnungslos in den weglosen Wäldern am Mount Shasta. Aber sie erreichten schließlich alle das ersehnte Sacramento Valley.

Mit einem dritten Treck gelangte der mit dem Westen besonders gut vertraute Joseph Walker an sein Ziel; er ging entlang dem Humboldt River und durch das Owens Valley über den von ihm entdeckten Walker-Paß. Die Teilnehmer dieses Trecks kamen schneller und weniger mitgenommen an als die Siedler der Trecks zuvor. Aber die Wagen waren auch diesmal jenseits der Sierra geblieben. Noch schien es keine zuverlässige Wagenstraße über die Wüstenstrecken und das hohe pazifische Randgebirge zu geben.

Erst 1844 fuhr die Stevens/Murphy-Party aus 23 Männern, 8 Frauen und 15 Kindern mit ihren Planwagen in Kalifornien ein. Sie hatten die danach wichtigste der frühen Immigranten-Routen genommen. Das verdankten sie drei altgedienten Gebirglern, die seit über zwei Jahrzehnten in den Rocky Mountains Biber gejagt hatten. Nachdem der South Pass überquert war, folgten sie dem Little Sandy River eine Weile abwärts. Dann wagten sie sich in die mit stachligem Sagebrush bewachsene Wüste in West-Wyoming. Sie mußten sich beeilen, damit Wasser und Futter für die Zugtiere reichten. Als sie dann am Bear River auf den alten Oregon Trail zurückfanden, hatten sie eine zwar mühsame, aber für Wagen geeignetere Variante erschlossen, den sogenannten »Sublette's Cut-off«. Diese Abkürzung war auch nicht ganz neu, wie der Name ihres Entdeckers verrät. Ungezählte Fallensteller am Green River hatten sie bereits benutzt. Doch für Siedler mit Wagen war das eine Premiere.

Immer wieder mußte bis zur Mitte des vergangenen Jahrhunderts der Westen von neuem entdeckt und erkundet werden, bis endlich die großen Siedlungsstraßen und Eisenbahntrassen zum Pazifik festlagen und in Karten für jedermann nachvollziehbar aufgezeichnet waren. Bis dahin war die ganz persönliche Kenntnis des Gebiets für eine einigermaßen erfolgreiche Querung des Westens mit Fuhrwerken ausschlaggebend. Das sollte sich auch zeigen, als man Walkers Treckroute durch die nun gut bekannte Humboldt-Senke folgte und die Umrisse der östlichen Flanke der Sierra auftauchen sah. Da konnten auch die Trapper Stevens und Murphy nicht mehr helfen. Aber diesmal griff das Schicksal im Guten ein. Dem Treck lief Häuptling Truckee über den Weg. Der kannte einen den

Weißen noch unbekannten Paß rund 80 Kilometer vom heutigen Reno entfernt: Es war der später Donner Pass genannte Übergang am gleichnamigen See unterhalb der westlichsten Wasserscheide Nordamerikas – ein zuletzt steiler, aber nicht sehr langer Aufstieg mit einer Granitrampe, bei der man die ganz schweren Planwagen zurücklassen mußte; aber immerhin war es machbar, mit Ziehen, Schieben und Hochliften einen Teil des fahrbaren Gutes über die Sierra zu hieven.

Viele Amerikaner auf dem Weg nach Kalifornien sollten diesen Paß kennen- und fürchten lernen – Bauern, Banditen, Goldgräber und Glückssucher. Noch heute kann man abseits der alten Autostraße die tief ins Gestein eingeschnittenen Wagenspuren kurz vor der Paßhöhe besichtigen.

1846 kamen fast die Hälfte der Teilnehmer eines Trecks in Schneestürmen um. Anfangs geführt und dann, als es ihm zu langsam vorwärts ging, im Stich gelassen hatte ihn der bekannte Verfasser des »Emigrants Guide to Oregon and California«, Lansford W. Hastings, ein Grundstücksspekulant, Abenteurer und Blender. Er hatte kurz vor Wintereinbruch eine Abkürzung von 650 Kilometern durch die Wasatch Mountains empfohlen, die kaum als Reitpfad geeignet war und nur unter größten Mühen befahrbar gemacht werden konnte.

Die 73 – nach anderen Berichten 87 – Frauen, Kinder und Männer, die den wohlhabenden, aber im Gelände unerfahrenen Farmern und Kaufleuten Donner und Reed anvertraut waren, erreichten untereinander zerstritten und erschöpft das letzte Stück des Aufstiegs in der kalifornischen Sierra um einen Tag zu spät. Sie hatten gegen den Rat erfahrener Scouts und durch den Leichtsinn ihrer unerfahrenen Familienoberhäupter viel Zeit vertrödelt. Heftige Schneefälle und arktische Temperaturen nagelten das Gros des Trecks kurz vor der Paßhöhe fest. Die Qualen der hungernden und erfrierenden Menschen angesichts des nahen Ziels gleichen einer griechischen Tragödie. Halb wahnsinnig fielen die Leute über die Toten der anderen Familien her, um sie Stück für Stück zu verschlingen. Als Hilfe von Sutters Farm eintraf, war es für die meisten Männer und Kinder zu spät. Die Frauen hielten besser durch. Die Überlebenden kämpften sich Schritt für Schritt über den Scheitel der Sierra. Sie erschienen Sutter wie Gespenster aus einer anderen Welt.

Mit dieser direkten Verbindung über den Donner Pass stand nun neben dem Oregon Trail der California Trail fest. Eine berittene Gruppe des so tragisch verlaufenen Donner-Trecks fand allerdings am Lake Tahoe mit dem Ebbet Pass einen leichteren Auf- und Abstieg nach Kalifornien, der lange Zeit kaum benutzt worden war. Ab 1848 stand mit dem Carson River Trail durch die Sierra bei Placerville in Kalifornien eine noch bessere Route zur Verfügung. Diese neue Standardroute hatten Mormonen auf dem Rückweg von einer Kalifornien-Expedition zu ihrem Salzsee-Staat eröffnet. Sie wurde später das Schlußstück des berühmten Mormonen-Korridors mit seinen vielen Versorgungsstationen auf der Strecke zwischen Utah und Kalifornien.

Ganz anders als beispielsweise Donner und Reed überließen die Mormonen auf ihren Reisen in die Wildnis nichts dem Zufall. Militärisch straff organisiert und durch religiöse Überzeugung motiviert, bewiesen sie, daß man 1550 Glaubensbrüder und -schwestern mit 556 Wagen und 3617 Tieren über 1700 Kilometer unversehrt an ihren Bestimmungsort bringen konnte. Ihr ebenso genialer wie autoritärer Führer Brigham Young schärfte ihnen den Gemeinschaftssinn als oberstes Gebot ein, hielt aber auch viel von wissenschaftlich genauer Vorbereitung und sorgfältiger Planung der Route mit Hilfe der besten Karten für die 50 Kilometer lange Karawane. Keiner durfte tagsüber die ihm zugewiesene Position im Zug verlassen. Die abends zur Wagenburg zusammengefügten Fahrzeuge an den vorher bestimmten Rastplätzen wurden unangreifbar gesichert. Kaum hatte der Haupttrupp die Burgen erreicht, packten die Handwerker ihr Werkzeug aus, um notwendige Reparaturen auszuführen. In Erdöfen wurde die von den Frauen schon während der Fahrt vorbereitete Abendmahlzeit innerhalb einer halben Stunde hergerichtet. Nach der Abendandacht hatten sich alle sofort in ihre Nachtlager zu begeben. Am Samstagabend war offiziell genehmigte Festtagsstimmung angesagt mit Volkstanz und »Kulturprogramm«. Der Sonntag gehörte Gott mit Gebet, Predigt und Meditation. Streit und Führungsrivalitäten unter den Sektenmitgliedern wurden im Keim erstickt.

In den 40er Jahren wurden viele neue und kürzere Überlandpisten für die Planwagen der Siedler und die nachfolgenden Postkutschen und Frachttransporter der privaten Unternehmer abgesteckt. Einige davon waren unrentabel und wurden bald wieder aufgegeben. Fast jede kleinere Stadt oder Ansiedlung an der Westküste suchte und verbesserte für den Wagenverkehr ihre eigene schnelle Verbindung zum Osten über Pässe und durch Schluchten der Sierra. Mehr als ein Dutzend Namen werden in diesem Zusammenhang in der Literatur als »Trail Blazer« – erfahrene Pfadfinder – genannt. Die meisten dieser Trails sind

heute ausgebaute Straßen. Schon vor der Jahrhundertwende zeichnete sich ein heftiger infrastruktureller Wettbewerb zwischen den Knotenpunkten im Osten und
Westen der Vereinigten Staaten ab.

Jetzt waren die Topographen der Armee am Zuge. Die
Gebirgler waren nur noch als Führer auf bereits gebahnten
Pfaden und als Vermittler zwischen der Armee und den
Indianerstämmen gefragt. Nach Frémont kam Leutnant
William H. Amory zu Ruhm. Er hatte General Kearneys
Streitmacht gegen die Mexikaner nach San Diego begleitet;
damals war Los Angeles noch ein Nest. Amory veröffentlichte nach dem Feldzug die erste akkurate Karte des Südwestens. Vor allem aber trug er dazu bei, daß mit den Südstaatlern keine Sklaven in Kalifornien einwanderten. Die
südstaatlichen agrarischen Sklavenkulturen könnten sich
im wasserarmen Südwesten nicht gewinnbringend behaupten, schrieb Amory in seiner Begründung. Siedeln
könne man dort überhaupt nur dann, wenn man die Her-
beischaffung und Verteilung des Wassers kooperativ löse –
also keine isolierten Farmen wie in den Südstaaten betrei-
be. Amorys Expertisen waren von da ab in geowissenschaftlichen und ethnologischen Streitfragen sowie bei der
Grenzziehung zwischen den USA und Mexiko gefragt.
Außerdem sollte er zeitgleich mit Frémont, aber im offiziellen Auftrag, der erste Militäringenieur sein, der die un-
gefähre Trassenführung für eine transkontinentale Eisenbahn ausfindig machte. Denn die Zeit war über den
Planwagen-Trail schon hinweggeschritten – man dachte
jetzt über einen oder zwei Eisenbahn-Trails nach. Sie allein
konnten die mächtig gewachsene Union zusammenhalten.
Das war inzwischen auch den konservativen Drahtziehern
klar.

1853 gab Kriegsminister Jefferson Davis der Armee die Anweisung, sich mit der Suche zu beeilen. Amerika war nun auch offiziell ganz westorientiert. Für eine erste, mehr allgemeine Studie gab der Kongreß nur zehn Monate Zeit. Was allerdings dann geschah, war ein Possen- und Ränkespiel, bei dem die transkontinentale Eisenbahn auf das Abstellgleis geschoben wurde. Schließlich lagen Washington und den potentiellen Financiers Berge von Entwürfen und Karten vor. Aber es geschah nichts. Die Lobbies der Industrie, des Handels, der Städte und Gemeinden stritten mit den verantwortlichen Politikern über die möglichen Ausgangspunkte der Bahn und ihre Streckenführung in den großen Ebenen jenseits des Mississippi. Alle Wirtschaftsinteressenvertreter im Einzugsgebiet wollten die Bahn vor der Haustür haben.

Die Armee-Expeditionen gaben gründliche Berichte über Land und Leute ab. Künstlerisch begabte Vermessungsspezialisten wie Egloffstein und Stanley steuerten faszinierende Ansichten bei. Aber im Dienste von Dampf und Schiene fehlten der Armee ingenieurwissenschaftliche Kenntnisse: Welche Steigungen ließen sich bewältigen? Welche Spannweiten konnte man überbrücken? Wieviel Schnee blockierte die Strecke? Fragen, die der Lösung durch erfahrene Eisenbahntechniker harrten.

Ungeachtet dieser sich erst später herausstellenden Einwände machten sich mehrere Expeditionen an die Arbeit. Plötzlich ging es lebhaft in der bis dahin so menschenleeren Wildnis zu. Überall tauchten Kundschafter der Regierung im Dienste der Eisenbahnen auf. Isaac J. Stevens und Capt. George B. McClellan empfahlen eine nördliche Trasse zwischen dem 47. und 49. Breitengrad. Sie wollten die großen Seen im Norden mit dem Pazifik im Westen verbinden. Lt. John W. Gunnison machte sich für eine Linienführung entlang dem 38. Breitengrad stark, die unterhalb der Uinta Mountains und hinauf zum Salt Lake verlief. Dem 35. Breitengrad wollte Lt. Amiel Weeks Whipple westlich von Santa Fe folgen. Die Leutnants John G. Parke und John B. Pope bewegten sich mit ihren Projektierungen am 32. Breitengrad aufeinander zu. Die beiden suchten außerdem entlang dem Pazifik nach Verbindungsstrecken zwischen den großen Häfen und einer wo auch immer endenden transkontinentalen Bahn.

Auf all diesen ausgedehnten Explorationen gab es überraschend wenig Zwischenfälle mit den Stämmen der Indianer. Einer war allerdings besonders grausam: Gunnisons Gruppe wurde bis auf wenige Überlebende am Sevier River in Utah von den Ute-Indianern massakriert. Auch Capt. Warner von Kearneys Armee starb in einem Pfeilhagel der Pit-River-Indianer, als er ausritt, um für die Eisenbahn am Goose Lake im nordöstlichen Kalifornien eine geeignete Trasse zu finden. Alle genannten Männer und noch manche andere schienen fest davon überzeugt zu sein, die einzig mögliche und wirtschaftliche Linienführung gefunden zu haben. Aber die wirklichen Fachleute saßen in Washington und hatten immer neue Bedenken und – meist berechtigte – Einwände. Immerhin führten die vorgelegten Berichte zur Auswahl der endgültigen Routen für die heutigen transkontinentalen Eisenbahnen der USA.

Doch 1860 stob noch immer kein Dampfroß über die westliche Prärie durch die Rocky Mountains zum Pazifik. Vielmehr fand fünf Jahre lang ein verbissener und verlustreicher Krieg zwischen Yankees und Südstaatlern statt. Die Eisenbahn mußte warten. Aber dann war die Zeit reif. Das pazifische Amerika mit seiner halben Million Bürger verlangte eine schnelle und sichere Verbindung. Nur eine Bahnlinie konnte Ost und West zusammenhalten. Wie hätten Planwagen und Postkutschen das länger leisten können? Die Eisenbahn mußte her.

Theodore D. Judah und James T. Evans waren endlich die richtigen Fachleute für den Job – die Militärs hatten sich an der transkontinentalen Eisenbahn die Zähne ausgebissen. Inzwischen wußte man allerdings auch schon viel mehr über die neue Technik und ihre topographischen Voraussetzungen. Schließlich waren in der Schweiz inzwischen Schienen in den Alpen verlegt worden. Judah und Evans waren Spezialisten; sie wußten, wie man Eisenbahnen durch schwieriges Gelände führt, damit man sie wirtschaftlich betreiben kann. Die von der Armee erkundeten Linienführungen mußten sie nach diesen Kriterien weitgehend verwerfen. Doch wo lag die Alternative? Das Gelände kannten die beiden natürlich nur aus dem Kartenmaterial. Ein Drogist half weiter. »Doc« Strong aus Dutch Flat, Kalifornien, schrieb 1860 Judah einen Brief. Darin gab er seine Meinung kund, wie der Rail Trail über die Sierra Nevada geführt werden müsse: Er habe eine massive, nicht zu steile Rampe entdeckt, die, wenn man sie für eine einspurige Bahn erweitere, von Kalifornien aus in die Sierra hinein und über den Donner Pass hinweg in das Tal des Truckee-Flusses verlaufe. Evans stimmte ihm zu. 1861 wurde die Central Pacific Railroad Company offiziell in das Handelsregister eingetragen.

1866 entdeckte Evans den Lone Tree Pass über die Rocky Mountains bei Denver, der sich für die Weiterführung der Strecke nach Omaha, Missouri, als die einzige mögliche Linienführung anbot. Den Bau dieses Streckenteils übernahm die bereits bestehende Union Pacific Rail-

road Company. Am 10. Mai 1869 wurden die beiden
Enden der über 3000 Kilometer verlegten Gleise der transkontinentalen Bahn bei Promontory, einem Vorgebirge
der Rockies am Salt Lake, Utah, feierlich mit einem sym-
bolischen goldenen Nagel zusammengefügt. Die Bau-
trupps beider Seiten, die sich in den Wochen zuvor recht
handgreiflich beim schnellen Vordringen behindert hatten,
um die von der Regierung für die Gesellschaften ausgesetzten Kilometerprämien zu kassieren, fielen sich in die
Arme. Die Bahn war das technische Wunder des Jahrhunderts. Sie mußte zwei mächtige und mehrere kleine Bergketten überwinden. Das gelang in nur vier Jahren reiner
Bauzeit. Das Projekt konnte sich durchaus mit dem Bahn-
bau in den Schweizer Alpen messen. Die Bahn war aber
auch ein Sieg der technischen Wissenschaften über das
Handwerk des Armee-Pioniers.

1850 hatte der Ausschuß für Kanal- und Straßenbau des
US-Repräsentantenhauses den Bau einer Eisenbahn zum
Pazifik mit einem Haupt- und zwei Nebenargumenten
begründet: Ausschlaggebend war natürlich der Fernost-
handel der USA, den die Bahn in Schwung bringen sollte;
die lange Schiffsreise um Kap Hoorn oder der Transport
über den Isthmus von Panama verwehre, so argumentierte
man, dem jungen Bundesstaat die Teilnahme an diesem
lukrativen Handel. Aber zudem müsse die Bahn auch dazu dienen, den fernen Westen an den Osten zu binden; die
Unterwerfung der Indianer werde dadurch beschleunigt.
In der Realität verschob sich dann die Gewichtigkeit der
Argumente: Seinen Hauptzweck verfehlte das Unternehmen, nachdem 1869 der Suez-Kanal und der Panama-Ka-
nal eröffnet wurden; dagegen löste es ungeahnte Impulse
für die binnenwirtschaftliche Entwicklung aus.

Als der Kongreß per Gesetz mehrfach die öffentliche Finanzierung nachgebessert hatte, fanden sich auch die Unternehmer, die den riskanten Bau nach anfänglichen Schwierigkeiten rücksichtslos vorantrieben – und dabei innerhalb von sechs Jahren 200 Prozent Gewinn einstrichen: Leland Stanford, Colin P. Huntington, Mark Hopkins und Charles Crocker, der rastlose Organisator und Überwacher der praktischen Durchführung, waren schlichte Händler gewesen, ehe sie die Central Pacific gründeten.

An der Union Pacific waren dagegen mehr Geldleute und Technokraten aus den Neuenglandstaaten beteiligt. Während sich der Streckenbau aufeinander zubewegte, lernten beide Gesellschaften voneinander – vor allem auch die wirtschaftliche Seite des Unternehmens für sich auszuschöpfen: Sie zogen ein Projekt bisher unbekannten Ausmaßes mit den modernen Methoden einer Industriegesellschaft durch. Sie schufen verschachtelte Finanzierungs- und Durchführungsgesellschaften, die dem Staat jeden Einblick verwehrten und die Gewinne nach Belieben hin und her schaukelten. Das Vermessungs- und Ingenieurwesen vollzog Spitzenleistungen. Die Eisenbahnen beschäftigten ganze Armeen bestens gedrillter und motivierter Arbeiter – die Central Pacific bis zu 13 000 genügsame Chinesen, die Union Pacific bis zu 7000 trink- und rauflustige Iren. Mit den einspurigen Schienensträngen rückten ihre ausgedehnten Zelt- und Budenstädte vor, die durch eine komplizierte Logistik versorgt werden mußten. Bei Unfällen, Sprengungen und Lawinenabgängen starben Hunderte. Doch »Menschenmaterial« hatte man damals genug und billig. Moralische Bedenken blieben außen vor.

In der Prärie hatten die Mitarbeiter der Union Pacific noch unter häufigen Indianerattacken zu leiden – doch im Gebirge mußten die Ureinwohner des Westens einmal mehr der wachsenden Übermacht der Weißen weichen.

Die Central Pacific leistete in der schneereichen Sierra Nevada gleich zu Anfang schwierigste Ingenieurarbeiten. Über eine Steilwand abgeseilte Chinesen meißelten von Hand ein schmales Band für die Mineure aus, die dann das Schienenbett aussprengten. Ganze Waggonladungen an Schwarzpulver und Nitroglyzerin wurden in die Bohrlöcher gefüllt und gezündet. Durch Granitgestein, das jede Spitzhacke abprallen ließ, trieben die Kulis mit Sprengstoff 15 Tunnels vor, Zimmerleute bauten 50 Kilometer Schneedächer und Lawinenverbauungen; Tausende von Tonnen Sand und Geröll füllten Schluchten auf, falls sie nicht besser durch luftige Holzkonstruktionen überbrückt wurden. Im Winter mußten in der Sierra Schneetunnels bis zu den Trassen gegraben werden, die anders nicht mehr erreichbar waren. Spitzhacken, Schaufeln, Tragkörbe, Schubkarren, Schlitten und Fuhrwerke bahnten der vorrückenden Eisenbahn den Weg. In flachem Gelände wurden die Schienen wie am Fließband im Takt verlegt – fünf bis sechseinhalb Kilometer am Tage. Die Spitzenleistung betrug 17 Kilometer.

Dynamisches Unternehmertum im Wettbewerb veränderte das Land in nur wenigen Jahren. Das kapitalistische System setzte gewaltige Kräfte für den Aufbau frei. Die Wirtschaft wurde vom Eisenbahnfieber ergriffen. In Pittsburgh arbeiteten die Walzwerke auf Hochtouren. Hunderte von Schiffen beförderten Schienen und Zubehör um Kap Hoorn oder über die panamesische Landenge an die Westküste. Hunderte von Spediteuren verkehrten auf den nun ausgefahrenen Trails mit ihren Gespannen, um Material und Nachschub heranzubringen. Dienstleistungen und Handwerk blühten. Die Industrie schuf neue Kapazitäten. An den fertigen Streckenabschnitten wurden Siedlungen und Farmen aus dem Boden gestampft. Aber das Frachtaufkommen der Bahnen blieb hinter den Erwartungen zurück. Doch das konnte den Bahnboom vor der Jahrhundertwende nicht dämpfen – er hielt sich im Grunde, bis der flächendeckende Individualverkehr auf der Straße den Westen erschloß. Mit der Eisenbahn kam aber der gehobene Tourismus in Gang, der immer mehr Amerikanern einen Blick auf diesen so exotischen und, trotz der weitgediehenen Vereinnahmung durch die Weißen, noch immer so abweisenden Westen ermöglichte.

DER WESTEN WAR IHNEN BESTIMMT

Amerikaner und europäische Immigranten brechen nun zu Tausenden auf, um die jungen Weststaaten der USA in Besitz zu nehmen. Farmland und Bodenschätze locken. Aber für viele Reisende werden die über dreitausend Kilometer Piste zu einem Leidensweg. Nur die Betuchten können sich Kutschen mieten. So mancher kehrt, enttäuscht von Kalifornien und Oregon, dem Westen den Rücken.

Angesichts der lockenden Weite ihrer Landschaften muß den Amerikanern das Umherschweifen im Blut liegen. Die landschaftliche und wirtschaftliche Vielseitigkeit ihres Flächenstaates machten sie sich vor allen anderen Industrienationen durch ein großräumiges Straßen- und Eisenbahnnetz mit privaten und öffentlichen Verkehrsmitteln im doppelten Sinne »erfahrbar«. Ergänzt und beschleunigt wurde dies seit Anfang der 60er Jahre unseres Jahrhunderts durch einen dichten regionalen Flugverkehr. Bezeichnenderweise werden die neuen »Electronic Highways« in den USA als integraler Bestandteil des nationalen Kommunikations- und Verkehrskonzepts betrachtet. Darauf basiert die »mobile Gesellschaft« der USA; keine andere moderne Zivilisation ist so beweglich, die Europäische Union nicht ausgenommen.

Das geräumige Wohnmobil mit dem an einer speziellen Deichsel angekuppelten Auto oder die mit Tiefladern verfrachteten leichten Mobilhomes sind für den Autoreisenden in den USA ein gewohntes Bild. Campingplätze, Straßenränder oder die oft riesigen Wohnparks im baum- und strauchlosen Niemandsland der westlichen Steppen und Halbwüsten sind Ziele eines millionenfachen Tourismus – für manche Amerikaner ein Zustand auf Lebenszeit. Noch immer träumen viele von dem Privileg ihrer Vorfahren, die ihre Siedlungsgrenzen ständig weiter vorschieben und die bürgerliche Welt mit all ihren Zwängen und Ungerechtigkeiten hinter sich lassen konnten, um unter den Bedingungen natürlicher Gleichheit neu anzufangen. Manche wollen sich auch nur »gehenlassen« oder dem stressigen Arbeitsalltag entfliehen.

Das unstete Leben dieser »Wanderarbeiter«, Arbeitslosen, Aussteiger und Rentner aller Hautfarben und Gesellschaftsschichten hat Tradition. Es knüpft an die anfangs noch gefahrvolle Besiedlung des mittleren und äußeren Westens nach 1840 an. Die »Emigration innerhalb des Staates« erreichte 1849/50 mit dem Goldrausch ihren ersten Höhepunkt. Sie war, sieht man von zwei- bis dreitausend Schwarzen ab, auf den weißen Amerikaner beschränkt, weil nur dieser Land erwerben konnte. Nach 1880, als die ersten Straßen und Eisenbahnen erbaut waren, hatte der Weg nach Westen für breite Bevölkerungsschichten seinen Schrecken verloren. Um diese Zeit waren bereits über 100 000 Chinesen nach Kalifornien eingewandert – schließlich hatten auch Chinesen einen Großteil der Eisenbahnschienen verlegt.

Historiker und Soziologen gaben sich Mühe zu erklären, wie es zu dieser Massenbewegung kam: Da wird auf die Farmerfamilie verwiesen, die zwanzig Jahre lang westwärts unterwegs war und immer wieder Haus und Acker aufgab, weil sie noch besseres Land zu finden hoffte. Tatsächlich haben Tausende amerikanischer Siedler ihre auskömmlichen Farmen im Osten verlassen, um mehrfach ganz von neuem anzufangen: erst in der Prärie, dann in den Gebirgstälern der Rocky Mountains und schließlich im pazifischen Küstenland. Wer in seiner Umgebung nicht zurechtkam, zog einfach weiter. Dies war nur in einem grenzenlosen Land wie dem damaligen nordamerikanischen Kontinent möglich, dessen westliche Weiten unerschöpflichen Raum zu bieten schienen.

Fast jeder zehnte Farmer oder Viehzüchter hat enttäuscht und mittellos später wieder den Rückweg zum Osten angetreten, vorbei an den Wagenkolonnen, die westwärts zu ihrem Garten Eden strebten, überzeugt, es besser anzutreffen. Wie auch immer – der Weg dorthin war für die meisten der europäischen Einwanderer und amerikanischen Siedlerfamilien mit ihren Kindern, Alten und Kranken, ihren Zugtieren und ihrem Vieh um die Mitte des vergangenen Jahrhunderts gewiß ein Leidensweg. Schätzungsweise zehntausend, sprich vier bis fünf Prozent, haben ihn nicht überlebt. Materielle Anreize allein können wohl kaum erklären, warum man sich auf eine so beschwerliche, oft lebensgefährliche Reise quer durch die Wildnis einließ. Es muß dafür sowohl Verlockungen als auch Zwänge gegeben haben. Zu den materiellen Verlockungen gehörte zweifellos das Versprechen der Regierung, den Siedlern große Ländereien kostenlos und urkundlich zu übereignen, wenn sie diese fünf Jahre lang selbst bewohnt und bewirtschaftet hatten. Nach sechs Monaten konnten sie das Land auch für 1,25 Dollar je Acre erwerben und weiterveräußern. Im Osten und im mittleren Westen hatte der »Homestead Act« jedem Siedler nur 160 Acres im Karree (ca. 65 ha) übereignet; auf trockenem und unwegsamem Gelände in Oregon wurden dem Neusiedler 640 Acres (ca. 265 ha) angeboten. In Trockengebieten sollte der Acre nur 25 Cents kosten, wenn der Erwerber für Bewässerung sorgte und das Land später weiterverkaufen wollte, doch das erforderte viel zu hohe Investitionen für den normalen Siedler. Begehrt waren die kleineren Flächen, die später die Eisenbahngesellschaften verteilten. Dieses Land entlang ihrer Schienenstränge, in der Größenordnung mit europäischen Staaten vergleichbar, hatte die Regierung den Kapitalgesellschaften als Gegenleistung für ihre Investitionen in die Erschließung des Westens überschrieben. Die Regierung hatte wenig Geld und bezahlte großzügig mit Land, das ihr eigentlich nicht gehörte, wo immer dieses gefragt war.

Bald sollten die großen Rinderzüchter ein Vielfaches an Weideland für ihre Ranches erhalten als die Ackerbau betreibenden Farmer. Anmaßende Viehzüchter und Minenmillionäre traktierten die ärmeren Einwanderer aus Europa und die amerikanischen Farmer in späteren Jahren bis zur Aufgabe ihres Landes. Viele Siedler mußten auch feststellen, daß Spekulanten die Inspektoren der Behörden bestochen und sich längst die besten bewässerten Grundstücke unweit der eben erst verlegten Schienen gesichert hatten.

In der ganzen zweiten Hälfte des 19. Jahrhunderts war es ein leichtes für die oft steinreichen Viehbarone und Grundstücksmakler, die Regierung zu übervorteilen; zuwenig den neuen Bedingungen angepaßt waren die Grundstücks- und Siedlungsgesetze. Sie brachten immense Flächen in ihren Besitz und vertrieben die ärmeren Schafzüchter. Als Monopolisten bestimmten sie auch die lokale Politik. Das gute Land mit hohen Ertragschancen kostete dadurch um 1850 in der westlichen Prärie bis zu 35 Dollar je Acre. Da mußten die meisten Neusiedler passen, die oft nicht einmal die rund 2000 Dollar für den Bau von landwirtschaftlichen Gebäuden sowie für Geräte und Saatgut aufbringen konnten.

Aber das war nur Wasser auf die Mühlen der Ausrüster und Politiker in den aufstrebenden, kleinen Städten am Missouri, von denen aus die Siedler und Goldsucher den Absprung zum fernen Westen wagten. Das Land am Pazifik sei ihre Bestimmung und der sichere Wohlstand, versuchten sie ihren Mitbürgern einzuschärfen. Sie erinnerten an die »Squatter«, die sich noch unvermessenes Land einfach aneigneten. Die Legalisten hielten das für Diebstahl, die Mehrheit für Pioniergeist, den man zu legalisieren hatte – wie es meist auch geschah. Zu diesen ganz unbekümmerten Verführern gesellten sich Missionare und Großgrundbesitzer wie John Marsh und John A. Sutter in Kalifornien, die – wenn auch aus anderer Einstellung – ihre Gemeinden und Ländereien mit amerikanischen Arbeitskräften und Verbrauchern aus dem Osten bevölkern mußten, damit sie florieren konnten.

Alle diese Interessenten schilderten auf den Anzeigen- und Redaktionsseiten der Zeitungen das Paradies im Westen in den glühendsten Farben, auch wenn sie dabei das Blaue vom Himmel lügen mußten: Da wurden Reichtum und Gesundheit angepriesen und ein hohes Maß an persönlicher Freiheit – zwischen den Zeilen stand verständlich für jeden, der danach suchte, daß es in Kalifornien und Oregon niemand so genau nähme mit den Siedlungsgeset-

zen, der bürokratischen Aufsicht und der Verfolgung von
Straftätern. Der Westen, das sollte nun wirklich das Land
der unbegrenzten Möglichkeiten und Freiheiten sein, das
sich viele Einwanderer vergebens vom Osten der USA erhofft hatten.

Soweit zum lockenden Westen – dazu kamen dann die
Zwänge in der alten Heimat: Oft mußten große Familien
ernährt werden. Drückende Schulden konnte man nicht
loswerden. So mancher floh vor dem Zugriff der Polizei
oder der Intoleranz der Mitbürger. Auch der neue Kontinent stellte in den amerikanischen Gründerstaaten keinen
Freibrief für Kriminelle aus. Religiöse Freizügigkeit jenseits der strengen protestantisch-calvinistischen Moral
ließ man in den USA nicht durchgehen. So konnten sich
die Mormonen wegen ihrer Polygamie im Osten der USA
nicht halten. (Schließlich sollten sie 1896 – offiziell – auch
im Westen darauf verzichten.) Da kam die Verheißung
eines ungezwungenen und wohlhabenden Lebens mit
gleichgesinnten Nachbarn in der noch frei zu verteilenden
Wildnis gerade recht – auch wenn man zwei Jahre arbeiten
mußte, um erstmals zu ernten.

So müssen viele der über 250 000 amerikanischen und
europäischen Siedler gedacht haben, die sich bereits vor
dem Bürgerkrieg in Richtung Pazifik aufgemacht hatten.
Die meisten waren schlecht informiert und ahnten kaum,
was sie wirklich erwartete. Keiner der mit flüchtiger Feder
geschriebenen Reiseführer war um 1840 zuverlässig, die
meisten völlig falsch, wenn nicht bewußt gefälscht. Fast
alles, was man erfahren konnte, beruhte auf Hörensagen
und fadenscheinigen Gerüchten. Das sollte sich erst nach
dem Ende des Bürgerkrieges in der 2. Hälfte des 19. Jahrhunderts gründlich ändern.

Die Presse beurteilte die Mühen und Gefahren der Überlandwanderung unterschiedlich. Doch auch hier stützte man sich nicht auf Wissen und persönliche Erfahrung – wer von den Journalisten hatte die schon? In den 40er Jahren schwankte die Beurteilung zwischen »offensichtlichem Selbstmord« und dem »Läuten himmlischer Glocken« – je nachdem, wer gerade den Gazetten seine eigenen Erlebnisse mitgeteilt oder einen Bären aufgebunden hatte.

Da war es schon besser, daß die Journalisten das Interesse verloren, als 1846 Oregon durch Vertrag mit den Briten endgültig an die USA fiel und 1848 auch New Mexico und Kalifornien durch 2000 amerikanische Soldaten besetzt worden waren. Allmählich fiel die Berichterstattung objektiver aus; gute wie schlechte Nachrichten wurden weniger aufgebauscht. Die Medien hatten eine realistische Vorstellung davon gewonnen, wie diese Siedlungszüge durch Indianerland tatsächlich verliefen.

Bereits Ende der 40er Jahre gab es auf den Trails in Notfällen Erste-Hilfe-Leistungen, teils durch die ununterbrochene Karawane der Siedler selbst, aber auch durch die Armee und ihre Außenposten und nahe der Sierra durch Amerikaner, die schon in den Pazifikstaaten seßhaft geworden waren. Das weniger Beruhigende konnte man aus erster Hand erfahren, indem man aus dem Westen Zurückkehrende – beispielsweise Scouts und Postkutscher – befragte. Wer lesen konnte und wollte, wußte nun, was ihm blühte.

Aber auch Tatsachen scheinen die wenigsten von ihrem Wunschglauben an ein Dasein ohne den »abscheulichen Makel der Armut« abgebracht zu haben. Man verdrängte die Realität und setzte weiterhin die eigene Existenz und die der nächsten Angehörigen aufs Spiel. Nichts mehr konnte die Vorwärtseilenden stoppen, wenn sie erst einmal am eigentlichen Ausgangspunkt nahe der Mündung des Platte River und in Reichweite einer Fähre über den Missouri am Anfang des Kalifornien- und Oregon-Trails angekommen waren. Der erste verlief südlich, der andere nördlich des Platte. Hinter dem South Pass zweigte der Kalifornien- oder Mormonen-Trail nach Salt Lake City ab. Den Ausgangspunkt wählte man nach den Anzeigen der lokalen Ausrüstungsfirmen oder Empfehlungen von Bekannten und Verwandten.

Den Oregon- und Kalifornien-Trail über den South Pass erreichte man ohne Umweg von Council Bluffs bei Omaha oder von Atchison und vor allem von St. Joseph aus, den schon seit Jahrzehnten bekannten Santa-Fe-Trail von Independence oder Westport Landing – alles Orte, die unweit von Kansas City lagen. Die Handwerker und Händler dieser damals noch winzigen Orte versorgten die Farmer und Goldsucher mit allem Notwendigen. Den Siedlerfamilien dienten sich die alleinreisenden Goldsucher oft als Kutscher oder Viehtreiber an, solange man gemeinsam reiste.

Die Farmer aus dem Osten kamen meistens mit ihren eigenen Wagen und Zugtieren. Andere erwarben sie hier am Missouri: für den Santa-Fe-Trail den schweren, von Vierergespannen gezogenen Canestoga-Typ des Planwagens, wie ihn schon seit Jahren die Händler benutzten, für die Gebirgsroute über den South Pass nach Fort Hall eine leichtere, auch für Zweiergespanne geeignete Version. Dazu Acker- oder Schürfgerät, Waffen, Munition, Kleidung, Zelte, Decken und alles, was man während der Reise oder am Bestimmungsort zu brauchen glaubte. Das war mal zuviel und mal zuwenig und kostete fast immer das Ersparte. Arme Leute mußten darauf verzichten, falls ihnen nicht die Auswanderer-Fonds, die von den Expansionisten dotiert wurden, Geld vorstreckten. Als die erfolgreichsten »Goldgräber« in den Taschen ihrer wanderfreudigen Mitbürger haben sich am Ende jedenfalls die Ausrüstungsfirmen und -handwerker in den »Absprungplätzen« erwiesen. Eine Generation lang währte ihr risikoloser Boom. 1843 erreichte er einen ersten Höhepunkt. Als 1848 Präsident Polk die kalifornischen Goldfunde dem Kongreß bestätigte, schwappten die chaotischen Verhältnisse an den Ausgangspunkten der einsetzenden Völkerwanderung geradezu über.

Die Vorbereitungen auf die große Reise über Steppe, Gebirge und Wüste dauerten durchschnittlich zwei Wochen. Die wollten die meisten auch für die körperliche und geistige Entspannung nutzen, und dazu konnte etwas Abwechslung vor soviel Entbehrungen nicht schaden. Die Urform des Kinos mit bewegten panoramischen Bildern feierte ihre vielbestaunte Premiere. Der pfiffige Künstler James Wilkins war zum South Pass marschiert und hatte in großen Zügen die Umgebung des Trails bis dahin skizziert. Nun bemalte er Hunderte von Metern Leinwand, die er dann stundenlang in Vorführungen entrollte, mit Spiegeln vergrößerte und von Klaviermusik begleiten ließ. Mit einem Zeigestock wies er vor dem »höchst interessierten« Publikum auf Besonderheiten der Wegstrecke hin.

Geschäfte mit der Angst machten eingedenk ansteckender Krankheiten auch Quacksalber und Seelenfänger, außerdem alle, die etwas anzubieten hatten, was den Reisenden mehr Sicherheit versprach: Das konnten beispielsweise die Dienste eines erfahrenen Führers, Jägers,

Beschützers und Wegbegleiters für größere Familien mit mehreren Wagen oder ganze Reisegemeinschaften sein. Dazu gehörte auch eine Dienstleistung, von der anfangs sicher beide – Anbieter und Nachfrager – überzeugt waren: Angeboten wurden sogenannte Passagierzüge für gutsituierte Schürfer und sonstige zahlende Interessenten, die es mit der Wildnis aufnehmen wollten, ohne dabei ganz auf Komfort zu verzichten. Diese Reiseveranstalter – wie man sie heute wohl nennen würde – warben Hunderte von Passagieren mit großem Gepäck an. Sie versprachen, daß sie ihre Kunden für die damals atemberaubende Summe von 150 bis 300 Dollar expreß ans Ziel befördern würden – möglichst innerhalb von 55 Tagen. Eingesetzt wurden gefederte Wagen, von Maultieren gezogen.

Einige Male soll dieser Service mit nur wenigen Tagen Verspätung und geringfügigen Zwischenfällen tatsächlich gelungen sein. Andere Reisegesellschaften kamen, wenn überhaupt, zu Fuß an, untereinander zerstritten, von Indianern beraubt und meist ohne ihren Veranstalter, den sie zum Teufel gejagt hatten. Die Passagiere mußten froh sein, wenn sie erschöpft, aber gesund mit dem größeren Teil ihres Gepäcks ans Ziel gelangten. Bewährt haben sich diese »Komfort«-Züge ganz offenbar nicht. Da erging es vielen Alleinreisenden immer noch besser, die sich den in Kolonnen reisenden Farmern als Gehilfen angeschlossen hatten und kaum besser behandelt wurden als Knechte.

Gar nicht erst abgehoben haben die erhofften Passagiere von Rufus Porters »Luft-Lokomotive«, die nach 4000 Kilometern Flug innerhalb von drei Tagen an der Pazifikküste landen sollte. Sie blieb eine »Luftblase« und wurde nie gebaut. Das Ticket hatte Porter für 50 Dollar verkaufen wollen – Wein für unterwegs inbegriffen.

Auch der vierrädrige Segelwagen blieb ein Traum, der nur seinen Erfinder während der Planungsphase erfreut haben dürfte. Was sich diese Trecker nicht alles einfallen ließen! Beispielsweise den zweirädrigen Karren, an dessen Deichsel seine vier bis fünf Eigner gingen – bis sie nicht mehr konnten, weil sie und ihr Gefährt im Morast steckenblieben oder der steile Anstieg über ihre Kräfte ging. Doch 3000 armen Mormonen half diese Erfindung in der Tat, das »Gelobte Land« am Salzsee zu erreichen – für nur 25 Dollar Aufwand pro Person. Zweihundert jedoch starben buchstäblich in den Sielen an Erschöpfung.

Nicht weniger häufig zu sehen waren kleinere Schubkarren, mit denen es Mormonen und viele Überlandreisende versuchten, die sich mangels Erspartem für wenig Gepäck entschieden hatten. Überliefert ist, daß vier Goldsucher damit mehrere Maultiergespanne überholt und Kalifornien in Rekordzeit erreicht haben sollen. Einer dieser Männer war ein Deutscher; 1852 schoben fünf Iren ihren Karren auf den Santa-Fe-Trail; sie erreichten den Sonnenstaat am Pazifik schon nach vier Monaten. Offenbar haben sich immer wieder starke Männer einzeln oder in Gruppen so zu den Goldfeldern durchgeschlagen; von dreißig mit Schubkarren losgezogenen Mormonen hörte man allerdings nie wieder etwas.

Ab 1850 verkehrten die ersten Postkutschen, zunächst von St. Joseph bis Salt Lake City mit mehreren Zwischenstationen. Die tägliche Strecke von knapp 80 Kilometern war rekordverdächtig, wurde aber schon wenige Jahre später mit ununterbrochenen Tag- und Nachtfahrten und einer Leistung von 200 Kilometern innerhalb von

24 Stunden weit unterboten. Doch die Post ging nur für ganz wenige ab, die es sich leisten konnten. Das Geholpere über steinige Fahrstrecken muß fast unerträglich gewesen sein. Achsbrüche an den nur kniehoch abgehackten Baumstümpfen auf den notdürftig hergerichteten Pisten waren alltäglich. Zudem war der Platz hinter dem Postillon ein lebensgefährlicher Schleudersitz im Visier der roten und weißen Pistoleros. Die haben die Filmemacher Hollywoods nicht erfunden.

Die Siedler reisten mit ihren eigenen Gespannen. Einen Mietservice hätten sie nie in Anspruch genommen, schon weil sie Zugtiere und Wagen auch später für die Farmarbeit verwenden wollten. Umzugsgut und Vorräte hatten beim Aufbruch etwa eine Tonne Gewicht. Das Gepäck wurde auf den robusten, ungefederten Kastenwagen verstaut. Überspannt wurden sie von einer bauschigen, leinenen Plane mit innen aufgenähten Taschen für kleinere Werkzeuge. Schwere Regengüsse hielt das mit Leinöl getränkte Tuch nicht ab, aber Indianerpfeile konnten es kaum durchbohren.

Die Frage der Zugtiere wurde damals breit diskutiert. Anfangs überwogen bei weitem Pferde und Maultiere, weil sie etwas schneller waren als Ochsen und auch als Packtiere verwendet werden konnten, wenn die Wagen in schwierigem Gelände aufgegeben werden mußten. Doch Pferde und Maultiere stellten höhere Ansprüche an Futter und Tränke und waren nachts schwer zusammenzuhalten. Entfernten sie sich trotz ihrer Beinfesseln vom Lager, konnten sie leicht von Indianern weggeführt werden, wie oft geschehen. Vier bis sechs Ochsen im Gespann schafften in flachem Gelände wenig mehr als 30 Kilometer täglich, waren aber, gemächlich trottend, bei unterschiedlichen Anforderungen ausdauernder und anspruchsloser. Vor allem kosteten sie weniger. Waren sie erschöpft oder ging der mitgeführte Proviant zu Ende, schlachtete man sie. Für Ochsen interessierten sich die Indianer auch weit weniger als für Maultiere und Pferde. So nahm die Zahl der Zugochsen auf den Trails im Verlauf der Jahre zu. Aber letztlich blieb die Wahl der Zugtiere eine Frage der persönlichen Einstellung und der Gewohnheit.

Kampiert wurde meist in Zelten. Kranke oder schwangere Frauen und Kinder schliefen nachts zwischen Hausrat, Ackergerät und Vorräten in den Wagen. Kleine Kinder, Alte und Kranke hatten dort auch einen winzigen Sitz- oder Liegeplatz. Die Siedlerfrauen standen ihren Männern meist in nichts nach; sie schritten zäh und klaglos neben den Wagen her. Wie ein entsetzter Prediger von einer Begegnung mit einem Treck berichtet, sollen sie auch ebenso gotteslästerlich geflucht haben wie die Männer, wenn die Tiere ausbrachen oder sich in den Zugseilen verfingen. Für zartbesaitete Betschwestern wäre ein Zug durch die Wildnis gewiß nicht das Richtige gewesen. Doch Farmerfrauen aus Kentucky, Tennessee und Ohio verstanden es, wie ein Mann zuzupacken. Gleichberechtigung zwischen Mann und Frau war bei vielen Siedlern kein Thema, sondern eine Tatsache. Das waren keine scheuen Weibchen am heimischen Herd, die den Mund hielten, wenn ihnen etwas gegen den Strich ging! Viele dieser Frauen müssen eiserne Willensstärke besessen und ihren Familien in verzweifelter Lage Mut zugesprochen haben. Sie sollen aber auch gegenüber den Gestrauchelten am Wege mehr tätiges Mitleid gezeigt haben als das »starke« Geschlecht. Fielen die Männer durch Tod, Krankheit oder Verwundung aus, mußten Frauen die Zügel ergreifen. Viele sollen mit der Flinte wie ein Mann umgegangen sein. Wichtiger noch waren sie für die Gemeinschaft, wenn sie Schlangenbisse kurieren, Wunden verbinden oder das Fieber senken konnten. Frauen portionierten die zur Neige gehenden Vorräte, sammelten Brennholz am Wege, lasen die im Schlaf vom Wagen gefallenen Kinder auf, versorgten Kranke und Schwache. Sie verstanden es, auch dann noch eine warme Mahlzeit aufzutischen, wenn als Brennstoff nur der getrocknete Dung der Büffelherden und des eigenen Viehs zur Verfügung stand.

Schwierigkeit und Länge des Trecks durch den Westen hingen vor allem vom Wetter ab. Regnete es viel, schwollen Flüsse und Bäche zu reißenden Gewässern an, die nur schwer zu überqueren waren. Bei großer Trockenheit blieb das Weidegras in den Steppen aus. Jedes Jahr waren die Verhältnisse anders. Im Laufe der Jahre verbesserte sich die Versorgungslage; bereits Mitte der 50er Jahre kamen die Trecks über Hunderte von Kilometern an Farmen und Siedlungen vorbei, an die ein Jahrzehnt zuvor noch nicht zu denken gewesen wäre.

Die Siedler, die schwere Arbeit gewöhnt waren, ertrugen die Entbehrungen natürlich viel leichter als verwöhnte Städter, die dazu oft schlecht vorbereitet und gesundheitlich anfälliger waren. Manche Trecks funktionierten gut, andere waren sich selbst eine Last, weil sie undiszipliniert und ohne die notwendigen Ruhepausen davonstürmten, bis die Menschen erschöpft waren. Allzu unbefangen machten sich leichtsinnige, meist junge Goldsucher in lächerlichen Verkleidungen auf den Weg. Diesen Abenteurern wird aber auch nachgesagt, daß sie angesichts erschreckender Schwierigkeiten bemerkenswerten Galgenhumor bewiesen und selten streitsüchtig waren. Alle diese unterschiedlichen »West-Stürmer« trafen sich entlang der lebenspendenden Gewässer; nur ausnahmsweise wählte man kürzere Wüstenstrecken, um kein Risiko einzugehen.

Als nach 1840 die ersten Siedler mit ihren Fuhrwerken und Herden die inzwischen bewährten Trails und ihre Abkürzungen zu den jeweiligen Zielgebieten am Pazifik benutzt hatten, waren sie für die Nachfolgenden kaum mehr zu verfehlen. Rund 45 Schritt breit waren Fuß-, Huf- und Wagenspuren zu erkennen. Hier und da waren auch schon Wegzeichen markiert. Mitteilungen und Briefe wurden in die Einkerbungen auffällig plazierter Stecken geschoben. Als Briefkästen dienten auch die gebleichten Schädel der zahlreichen Kadaver. Wer kein Papier hatte, ritzte seine Informationen in Bäume und Felsen oder schrieb sie mit Tinte auf die weißen Knochen am Wege.

Mitzuteilen gab es viel: Hinweise auf verdorbene oder abseitige Wasserstellen, bis dahin unbekannte Abkürzungen, unwegsame Strecken, gute Führer, abhanden gekommenes Vieh, räuberische Indianer und vieles mehr. Gelegentlich enthielt der »Bone Express« auch bewußte Fehlinformationen, um Trecker in die Irre führen und ausrauben zu können. Verwandte und Bekannte in vorauseilenden Kolonnen schrieben Persönliches auf. Das konnten tröstliche und lebenswichtige Informationen für die Nachfolgenden sein. Viele Mitteilungen waren bloße Gerüchte, beispielsweise über Epidemien, die sich sehr oft als falsch erwiesen, die Nachkommenden aber zu unnötigen Umwegen veranlaßten.

Kaum waren Tausende von Siedlern durch die Prärie gezogen, blieben die Büffelherden ganz aus. Auch das scheue Wild im Gebirge mied die Trails. Konnten sich noch die Expeditionen und die Trapper fast immer durch die Jagd ernähren, so mußten nun die Siedler von ihren mitgebrachten Vorräten leben. Erst in den späten 50er Jahren sicherten Handelsposten im Schutze der Armee-Forts die Versorgung unterwegs.

Die Weideflächen in den Trockengebieten blieben weit hinter dem Bedarf zurück. Den schmalen Bewuchs an den Ufern der fließenden Gewässer hatten bereits unzählige Lagerfeuer aufgebraucht. An Weide- und Buschlandschaften legten die Indianer manchmal in der Trockenzeit Feuer, um die Bleichgesichter aus ihren Jagdgründen fernzuhalten. Von der einst zu Recht besungenen Idylle auf dem Weg zum Pazifik fand sich über weite Strecken nicht mehr die Spur.

Dafür behielten die dichten Wälder, die schwindelnd steilen Bergpfade und engen Canyons ihren Schrecken für die Lenker der Fuhrwerke und die Führer der Packtiere, beispielsweise wenn man in der engen Truckee-Schlucht vor dem Donner Pass viele Male über den reißenden Fluß von einem zum anderen Ufer übersetzen mußte. So groß sollen manchmal die Strapazen gewesen sein, daß Männer in den Armen ihrer Frauen vor Erschöpfung einfach einschliefen und nicht mehr erwachten.

Die von der Natur für die Siedler und Goldsucher bereitgehaltenen Leiden lesen sich wie die Aufzählung der biblischen Plagen. In der warmen Jahreszeit quälten Moskitoschwärme Mensch und Tier während fast der Hälfte des drei- bis viertausend Kilometer langen Weges. Fieber und Magenverstimmungen traten häufig auf.

In den Rocky Mountains wechselte das Wetter manchmal täglich und ganz unvorhersehbar. Auf sengende Hitze folgten Regengüsse; Stürme fegten durch die Täler mit Blitz, Donner und Hagel. Kaum war der Hochsommer vorbei, brachen Blizzards aus heiterem Himmel mit Schnee und beißender Kälte über die Trecks herein. Die Salzwüsten und Trockengebiete waren (und sind) äußerst wasserarm und bis zu 50 Grad heiß.

Trecks, die den Staub der vorausgehenden Gespanne nicht mehr ertragen oder schneller vorankommen wollten, veranstalteten Rennen, bis die Zugtiere versagten. Oft balgten sich die Männer um die vorderen Plätze im Zug. Die stachligen Bodenbedecker – Sagebrush und Kaktusarten – brachten allem, was ungeschützt auf zwei oder vier Beinen ging, eitrige Wunden an den Fußgelenken bei. Dazu kamen immer wieder Knochenbrüche, Quetschungen und Blutergüsse.

Die schlimmsten Verletzungen fügten sich die Menschen mit ihren stets geladenen Waffen durch Unachtsamkeit selbst zu. Auf dem »Schütteltransport« lösten sich Schüsse oft von selbst. Diese alltäglichen Unfälle müssen die Trecks manchmal mehr dezimiert haben als die Indianerüberfälle, wenngleich letztere die Kolonnen stärker demoralisiert haben. Zahlreiche Todesopfer waren auch durch Ertrinken bei Flußüberquerungen zu beklagen, denn schwimmen konnten damals nur die wenigsten.

Auf den Trails spielten sich menschliche Tragödien ab. Kranke, den Weiterzug behindernde Familienangehörige wurden nicht selten einfach zurückgelassen, sie waren auf die Barmherzigkeit Vorbeikommender angewiesen.

Den oft schlecht ausgerüsteten Goldsuchern und Greenhorns gingen Nahrung und Wasser aus. Die versuchten sie sich von denen zu erbetteln oder zu erschleichen, die zwar besser vorgesorgt hatten, aber nichts erübrigen konnten. Unsummen wurden manchmal für etwas hartes, altes Brot und einen Schluck Wasser geboten.

Tote wurden am Rande des Weges verscharrt, weil es kein Holz für Särge und keine Zimmerleute gab, die sich damit aufgehalten hätten, sie herzustellen. Geschwächte Herden- oder Zugtiere mußten zurückgelassen werden. Zeit, um auf Mensch oder Tier zu warten, hatte man nicht. Besonders gegen Ende der Trails und in den Trockengebieten säumten Kadaver mit ihrem Pesthauch die Pisten. In der Anfangszeit der großen Trecks wurde oft zuviel Gerät und Inventar mitgeschleppt, das man nun wieder loswerden mußte. Aufgegebene Wagen wurden zu Brennholz zerlegt. Nachkommende nutzten den »Sperrmüll« als Ersatzteillager und zur Ergänzung oder Verbesserung der eigenen Vorräte und des eigenen Materials.

Als die Mormonen am Salt Lake seßhaft geworden waren, durchstreiften sie die Umgebung systematisch nach solchen Hinterlassenschaften, um die Sachen an Durchziehende zu verkaufen. Auf bis zu einer Million Dollar damaligen Werts sind die plötzlich herrenlosen Gegenstände geschätzt worden, die um 1850 überall herumlagen, meistens aber nahe den wenigen Armee-Forts. Auch Plünderer und Indianer bedienten sich.

Doch die materiellen Verluste waren nichts gegen die Schreckgespenster Pocken und Cholera, die angesichts monatelanger ungenügender sanitärer Verhältnisse unter den verwahrlosten Menschen wüteten. Die Cholera löschte 1850 eine ganze Siedlergruppe bis auf nur eine Überlebende aus. Das erhoffte Paradies war ungewiß, aber die Hölle sehr real.

1852 vertraute ein Überlandreisender seinem Tagebuch an: »Um eine solche Reise erfreulich zu finden ... muß man Hitze wie ein Salamander ertragen können, Schlamm und Wasserpfützen wie ein Molch, Staub wie eine Eidechse und Arbeit wie ein Esel. Man muß mit ungewaschenen Fingern essen lernen, aus demselben Gefäß wie die Maultiere trinken, auf dem Boden schlafen, auch wenn es regnet, und die Decke mit Ungeziefer teilen. Man muß auch Geduld mit den Moskitos aufbringen, die zwischen dem Gesicht eines Menschen und eines Maultiers keinen Unterschied machen ... Man muß an nichts anderes mehr denken als an Gras für die Tiere, Wasserstellen und einen geeigneten Rastplatz. Es ist unendlich trostlos, krank zu sein ohne ein festes Dach über dem Kopf und zu sterben wie ein Hund, den man verscharrt ...«

Aber es hat auch hingebungsvolle Zuwendung und Solidarität unter den Menschen auf dem großen Treck westwärts gegeben. Manche Historiker meinen, diese Regungen hätten überwogen. Als 1849/50 während des Goldrauschs immer größere Gruppen in kilometerlangen Kolonnen westwärts gingen, zogen auch Ärzte mit. Ihre Wagen waren eine »rollende Praxis«. Ärzte wurden verzweifelt gebraucht. Sie dürften unterwegs kaum Schlaf gefunden und viele mittellose Kranke oder Verwundete umsonst behandelt haben. Üblich war ein Honorar von zwei bis drei Dollar pro Behandlung.

Kleinere Trecks hielten sich gern in der Nähe der Kolonnen, mit denen die Ärzte unterwegs waren. Die Mediziner ritten oft viele Kilometer vor und zurück. Von 20 bis 40 Patienten pro Tag berichtete einer dieser Ärzte. Die

Reisenden haben ihnen nur Gutes nachgesagt. Aber auch die Ambulanzen bei den Garnisonen und Patrouillen haben oft geholfen.

Die Selbsthilfe in der Gemeinschaft war für die westwärts ziehenden Familienverbände und freiwilligen Gruppen selbstverständlich. Alle mußte begreifen, daß man ganz aufeinander angewiesen war. An schwierigen Stellen und bei Havarien griff jeder zu. An Flußübergängen wurden Boote, Flöße, Seile, Ketten und Brückenbauteile auch unter den verschiedenen Kolonnen ausgetauscht. Die Karawanen blieben meistens dicht beisammen, eskortiert von wachsamen Männern als Flankenschutz. War ein Indianerangriff zu befürchten, schloß man sich zu gesicherten Wagenburgen zusammen, die gleichzeitig ein Gehege für die Tiere bildeten.

Die vorausreitenden jüngeren Männer hielten Kontakt zu den Kolonnen vor ihnen. In den Pausen und abends fanden sich die Mitglieder unterschiedlicher Reisegesellschaften zusammen, um Erfahrungen auszutauschen oder Hilfeleistungen zu besprechen. Da wurden Freundschaften fürs Leben geschlossen, spätere geschäftliche oder eheliche Partnerschaften gegründet. Teilnehmer der Trecks berichteten über ein bescheidenes gesellschaftliches Leben, bei dem Frauen und Männer über ihre alltäglichen Sorgen und kleinen Freuden sprachen.

Mit der Zeit begegnete man auch rückreisenden Missionaren, Reiseführern, Abenteuertouristen, Goldsuchern, Beraubten, Verunglückten, Entmutigten und Enttäuschten. In den 50er Jahren reisten schätzungsweise bis zu tausend Menschen jährlich wieder zurück gen Osten. Manche hatten die Pazifikstaaten nie erreicht. Den Rückreisenden wurden Hunderte von Briefen an die Zurückgebliebenen anvertraut, aber viele eilten auch grußlos weiter; sie wollten nicht immer wieder ausgefragt werden. Andere mußten um Lebensmittel bei den westwärts Ziehenden bitten oder wollten ihnen die Reste ihrer Habe verkaufen.

Mythen und bare Münze

Wie ein typischer Treck vom Missouri zum Pazifik verläuft. Große Strapazen – kleine Freuden. Die wichtigen Überlandrouten und die private Initiative der Transporteure und Händler. Die Mormonen machen am Salt Lake mit den durchreisenden Andersgläubigen gute Geschäfte.

Die Durchquerung der längstens 3500 Kilometer vom Missouri zum Pazifik war bis in die 50er Jahre auch unter günstigen Verhältnissen zeitlich kaum unter 80 Tagen zu bewältigen. Trecks brauchten über 100 Tage, oft 160 und mehr. Erst als man auf größere Erfahrungen, bessere Wegbeschreibungen und leichter benutzbare Pisten mit mehr Armee- und Handelsposten zurückgreifen konnte, sparte man 20 bis 40 Tage ein. Ein paar Alleinreisende sollen die Strecke in zwei Monaten geschafft haben; es dürften nicht allzu viele gewesen sein.

Als die geschäftstüchtigen und vielleicht auch deswegen angefeindeten Mormonen am Salt Lake und in 96 weitverstreuten Siedlungen entlang der Trails nach Südkalifornien heimisch geworden waren, boten sie den Siedlern auf halbem Wege Zwischenstopps mit zivilem Komfort vom Friseur bis zur Badeanstalt an. Das zog die reisenden Farmer und Schürfer bald magisch an; viele von ihnen richtete dieser Abglanz einstiger Selbstverständlichkeiten wieder auf. Die Mormonen ließen die »Ungläubigen« für diesen Service kräftig zahlen oder tauschten für sich günstig Lebensmittel gegen Gerät und Zugtiere ein. Neid und Mißgunst blieben ihnen deshalb auch nicht erspart. Dies und ihre »Vielweiberei« war die Ursache des Mormonenkrieges 1857, den die »Heiligen der letzten Tage« gegen die Armeen der Zentralregierung für sich entschieden. Diese unsinnige Auseinandersetzung war bestimmt kein Ruhmesblatt in der Geschichte der Westwärtsbewegung und der Washingtoner Regierung.

Dank der Berichte, die von Mund zu Mund wanderten, um schließlich aufgeschrieben zu werden, können wir einen der um 1843 typischen Trecks vom heutigen Kansas City an den Ufern des Missouri bis zum westlichen Meer jenseits der kalifornischen Sierra Nevada nachvollziehen: Zunächst heuerte der Trupp einen Pfadfinder an, einen Mann aus dem Gebirge, der einst als Fallensteller arbeitete. Bei aller Ungeduld muß die Reisegesellschaft jedoch warten, denn bevor das Gras in der Prärie nicht hoch genug steht, um ausreichend Weidefläche für Vieh und Zugtiere herzugeben, will man nicht aufbrechen. Auch ist es nicht ratsam, hinter großen Trecks herzuziehen, die den Bison verjagen, das Brennholz verbrauchen und die Weide abgegrast hinterlassen. Die Zusammensetzung der Gemeinschaft ist recht unterschiedlich. Wohlhabendere Familien starten mit zwei oder mehreren leichten Planwagen. Eine Milchkuh ist bei kleineren Kindern unerläßlich. Ehepaaren ohne Kinder oder Einzelreisenden genügt meist ein zweirädriger Karren, vor den ein Maultier gespannt wird. Alle, ob reich oder arm, bewegt die Frage: »Was wird, wenn wir die Wagen zurücklassen müssen?« Rückkehrer aus Oregon hatten berichtet, daß auf dem letzten Stück auf Packtiere umgeladen werden müsse. Was würde dann aus den Alten, Kranken und kleinen Kindern werden? Die Sorgen wachsen, je länger die Wartezeit andauert. Endlich geht es los. Doch schon auf den ersten Kilometern gibt es Chaos. Ochsen, Pferde und Maultiere, die noch wenig an der Deichsel gegangen sind, brechen aus, ein Teil des Viehs läuft zu den letzten Stallungen zurück. Kaum sind die Tiere wieder eingefangen und beruhigt, streiten sich die Männer um die ersten Plätze und die Führung. Alle wollen mitsprechen und zeigen, daß sie keine Greenhorns sind, die sich herumkommandieren lassen. Nun muß sich entscheiden, wer während der Tour den Ton angibt. Die Gruppe hatte wohl Glück; der Richtige setzte sich durch. Doch oft rangeln sich Angeber und Querulanten nach vorn, die später versagen. Nach einigen hundert Kilometern bersten die ersten quietschenden Achsen und Deichseln. Menschen und Tiere verletzen sich. Wem nicht gleich zu helfen ist, der muß zurückbleiben – schließlich ist der Weg weit, und wenn der Winter früh einbricht, kann der Schnee auf den Paßhöhen allen zum Verhängnis werden.

Die Scouts reiten weit voraus, um die besten Furten durch die Flüsse und geeignete Übernachtungsplätze zu erkunden. Eine Gruppe von Männern ebnet mit Spitzhacken und Schaufeln die Piste für die stetig vorrückende, auf eineinhalb bis zwei Kilometer auseinandergezogene Karawane von 50 Wagen. Wo es das Gelände zuläßt, fahren auch zwei Kolonnen parallel, da dies abends das Kampieren und die Einfriedung der Tiere beschleunigt.

In Kansas' hügeligen Blumenwiesen ist die Welt noch heil – abgesehen von plötzlichen Regengüssen und Gewitterstürmen, die mit ihrer alles überschwemmenden und umstürzenden Gewalt die Reisenden schockieren. Wie soll das erst weiter westlich im Gebirge werden?

Weiter aufwärts am flachen Platte River wird der Boden sandig und trocken. Der erste Sagebrush sticht zu. Das Randgebirge mit dem Chimney Rock, einer gewaltigen, auf einem Schuttkegel balancierenden Felsnadel, löst sich aus dem Dunst. Den Lagerfeuern geht das Holz aus, frisches Büffelfleisch wird zur Delikatesse. Bis zum flachen und monotonen South Pass, Hunderte von Kilometern voraus, bleiben die bis vor kurzem noch so zahlreichen Bisonherden aus – warum so überraschend, weiß man übrigens bis heute nicht.

Der alkalische Staub beißt unter den Augenlidern, greift die ausgedörrte Kehle und die hölzernen Fässer an. Das Wasser des Platte River ist ungesund. Die ersten Fälle des gefürchteten Bergfiebers tauchen auf – ein weiteres Rätsel, da es später nicht mehr ausgebrochen ist und seine Ursachen nie geklärt werden konnten. Endlich genießt man die zweitägige Rast am Fort Laramie. Die Frauen veranstalten ihren großen Waschtag, Vorräte werden ergänzt, die eisernen Reifen werden wieder den in der trockenen Luft geschrumpften hölzernen Wagenrädern angepaßt. Alles bewegliche Gut wird durchgesehen und, wenn nötig, repariert.

Dann ist die Verschnaufpause vorbei. Jetzt geht es endlos aufwärts am klaren und tiefen Sweetwater Creek, vorbei am Independence Rock. Die ersten Möbel werden für die Lagerfeuer zerhackt. Die Zugtiere ermatten. Aber ein paar Tage weiter kann man mit Salutschüssen und Cheers die Ankunft auf dem South Pass feiern. Der halbe Weg ist geschafft. Der Treck hat seinen Rhythmus gefunden: Früh vor Sonnenaufgang bricht man auf, Rast gemacht wird in der größten Mittagshitze, vor Sonnenuntergang das Lager bereitet. Ein- und Auspacken dauert nun nur noch eine halbe Stunde. Auch die Tiere sind jetzt willig.

Und weiter mahlen die Räder durch die Sandwüste bis zum Green River. »Endlos und steril … Schon beim ersten Blick sinkt der Mut … Aber kein Weg führt daran vorbei«, schreibt einer, der dabei war. Von hier nimmt der Zug Sublettes Abkürzung: Das bedeutet weitere 70 Kilometer staubtrockenes Land ohne Quellen und Wasserlöcher. Die Alternative wäre der Weg über Jim Bridgers baufälliges Fort mit Handelsposten am Green River. Die beiden Routen treffen sich wieder im grünen Tal des Bear River von Idaho. Von hier gehts zum Fort Hall. Nun ist der Salt Lake nicht mehr weit. Aber was bedeutete das schon angesichts der Salzwüste des Great Basin zwischen den Wasatch Mountains und der Sierra Nevada?

Nur wenige Trecks haben nach 1841 noch alles auf eine Karte gesetzt und die direkte Strecke durch das Great Basin gewählt, für die sie mit unmenschlichen Anstrengungen bezahlen mußten. Der normale Weg ging damals in nördlicher Richtung zurück nach Fort Hall. Dort gibt man die Wagen auf. 1850 werden hier 2000 verlassene Planwagen gezählt. Die Indianer hatten nicht umsonst immer Rad und Wagen in dem unwegsamen Gelände ignoriert und für Kranke, Kinder und Alte die Schlepptrage eingesetzt.

Die Normalroute von Fort Hall verläuft um die verlandeten Flächen des Großen Salzsees zum Snake River, dann durch die öde City of Rocks bis zum unscheinbaren Goose Creek. Von dort geht es in mehreren Tagesreisen zum oberen Ostarm des Humboldt River, dessen begraste

Ufer die Trecks rund 450 Kilometer durch das lohfarbene und lebensfeindliche Tafelland in der Wüste Nevadas geleiten.

Aber vor dem Durchlaß zum Meer liegt der schwer passierbare Salzsumpf der Humboldt-Senke. Ab 1844 reiten die Pioniere deshalb mit den Packtieren südwestwärts zum Truckee River, der in einen engen Canyon mündet und mit Felsbrocken übersät ist. Ein schmaler Uferstreifen verläuft jeweils auf der Seite, die der Randströmung gegenüberliegt; das zwingt den Treck, oftmals hin und her zu wechseln – später findet man auf der Höhe eine leichtere Piste.

Endlich ist der Donner Pass erreicht. Wer bis dahin sein Gepäck noch nicht auf Maultiere verladen hat, tut es spätestens hier; die Paßhöhe ist nur unter Aufbietung aller Kräfte und bei gutem Wetter mit beladenen Karren zu gewinnen. Doch jenseits dieser Hürde ist das Ziel zum Greifen nahe. In späteren Jahren erwarteten die Siedler und Schürfer am ausgebauten Paß Helfer und Händler aus Kalifornien. Wer den längeren Weg östlich der Sierra bis zum Walker Pass ins südliche Kalifornien nicht scheute, wurde dort durch einen leichteren Übergang belohnt, den bald auch Wagen befahren konnten.

Alles war bei diesem Treck, den wir hier in groben Zügen begleitet haben, recht glimpflich verlaufen. Männer, Frauen und Kinder hatten jeden neuen Tag mit Spannung erwartet – immer eingedenk der drohenden Gefahren, die sie noch von dem erhofften besseren Leben trennten. Und doch hatte sich auf der langen Tour eine Art Alltag eingespielt. Man hatte untereinander um Hab und Gut, Tiere und Proviant gehandelt, hatte gestritten und gelitten. Mit Entgegenkommenden hatte man Gespräche angeknüpft und am gemeinsamen Lagerfeuer mit anderen Reisenden die neuesten Gerüchte besprochen. Man hatte menschliche Wärme erfahren und ungezügelte Brutalität. Aber kaum einer, der nicht Jahre danach noch von dem großen Abenteuer geschwärmt hätte …

Doch auch im Westen blieb die Zeit nicht stehen. Das mythenumworbene wilde Land lernte viel zu schnell bare Münze schätzen. Die Ökonomen behaupten, daß sich auf dem freien Markt jede Nachfrage automatisch ihr eigenes Angebot schafft. Die Privatinitiative des dahinsiechenden Pelzhandels mit seinen von Arbeitslosigkeit bedrohten Trappern und Scouts hat das in der zweiten Hälfte des vergangenen Jahrhunderts überzeugend bestätigt. Mit dem Einmaleins des Handels vertraut, stampften die Männer aus dem Gebirge innerhalb weniger Jahre die dringend benötigte Logistik für die Westwärtsbewegung aus dem Boden.

Bis 1834 gab es nur drei befestigte Niederlassungen des Pelzhandels am Oregon Trail. Dort hatten sich bis dahin die Trapper und Indianer eingedeckt. Das waren Fort William am North Platte, Fort Hall am Snake River und Fort Boise an der Mündung des gleichnamigen Flusses. Nur Fort William gehörte der American Fur Company, die anderen beiden der britischen Hudson Bay Company. Bis 1840/41 kamen drei weitere amerikanische Gründungen hinzu: Fort Bridger, zwischen South Pass und Salt Lake gelegen, stellte sich als erstes Unternehmen dieser Art schon ganz auf die durchreisenden Siedler ein. Jim Bridger hielt dort außer Proviant vor allem Pferde bereit und führte in einer Schmiede Reparaturen durch. Das war das Muster für das sich ausdehnende Versorgungsnetz.

1850 zählte man bereits ein knappes Dutzend solcher Handelsposten. Die Gebirgsmänner, die sie betrieben, nahmen rücksichtslos ihren Vorteil wahr und berechneten Handelsspannen bis zu 800 Prozent. Bei den Siedlern, die auf sie angewiesen waren, hatten diese Händler bald den Ruf brutaler Halsabschneider – bis die Konkurrenz das Geschäft belebte und die Preise sich auf ein gesünderes Niveau einpendelten.

Noch schneller als die Handelsposten entwickelte sich der Fährbetrieb über den Missouri und seine Nebenflüsse. Dabei wetteiferten die Mormonen in den Rocky Mountains mit Gebirgsmännern und Siedlern, die erkannt hatten, daß mit dem Fährdienst glänzende Einnahmen verbunden waren. Bis dahin mußten Wagen und Gepäck über die oft reißenden Gewässer geflößt werden. Das war zeitraubend, und so mancher hatte schon sein Hab und Gut davonschwimmen sehen. Die Fährleute konnten deshalb saftige Preise verlangen. Um 1850 waren bis zu 30 Dollar pro Wagen und Zugtier auf dem Weg nach Kalifornien für Fähren aufzuwenden.

Bald wurden an den großen Trails mehrere konkurrierende Fähren und Brücken betrieben. Hinweisschilder warben schon 20 bis 30 Kilometer vor dem Fluß für diese wichtige Dienstleistung. Dabei zeigten die Unternehmer bereits Sinn für Marketing: An einer dieser Fähren, die von Mormonen betrieben wurde, konnte man sich die Zähne ziehen lassen oder einen Arzt konsultieren. Die Mormonen senkten auch als erste auf Anweisung ihres Führers Brigham Young drastisch die Preise. Gleichwohl sollen an einem dieser Flußübergänge Erträge von 6000 bis 10 000 Dollar während der Hauptsaison von sieben Wochen erzielt worden sein. Die entfielen auf zehn Fährleute, die in

Tag- und Nachtschichten arbeiteten. Aber auch der Betrieb der dort stationierten Schmieden muß sehr einträglich gewesen sein.

Die letzten 200 bis 300 Kilometer bis Kalifornien oder Oregon waren für die Trecks die schlimmsten. Die Vorräte waren aufgebraucht, Mensch und Tier erschöpft, aber die vorausliegenden Gebiete mit ihren zerklüfteten Bergen und tiefen Flußtälern besonders schwer passierbar. Der nahe Winter kündigte sich oft mit plötzlichen Schneefällen an. Je näher das Paradies rückte, um so schwerer schien es zu erreichen zu sein. Doch bald organisierten die jungen Gemeinden, oft auch Privatleute und bereits ansässige Familienangehörige, für die ausgelaugten Trecks Hilfstrupps. Viele Reisende konnten dadurch auf den letzten schlimmen Kilometern gerettet werden. Außer echter Nächstenliebe spielte bei dieser Hilfeleistung auch die Überlegung eine Rolle, daß man gleich neue Gemeindemitglieder oder Arbeitskräfte anwerben konnte: Markierungen wiesen deshalb oftmals auf den direkten Weg zur entsprechenden Gemeinde.

Nach 1850 wurden Hunderte von Gemischtwarenläden entlang der Strecke nach Kalifornien gegründet. Hinzu kamen mobile Verkaufsstellen. Von da ab konnten die Siedler mit leichterem Gepäck reisen. Nahrungsmittel, Zugtiere und Ausrüstungsgegenstände aller Art gab es nun unterwegs zu kaufen, wenn man ihrer bedurfte. Das war zwar teuer, aber es schonte die Zugtiere und sparte Zeit. Schmieden, Post-, Fähr- und Brückendienste informierten jetzt auch zuverlässig über den Zustand der Pisten, Futterplätze und Wasserstellen. Aus Kalifornien kamen den ausgepumpten Reisenden »fliegende Händler« entgegen, die meistens auch frisches Trinkwasser mitführten.

Unter die Trecks mischten sich »Siedlerunternehmer«, die abends nach getaner Arbeit am Lagerfeuer ein Gläschen Whisky ausschenkten – für gesalzene Preise, versteht sich. Die Privatinitiative war mächtig in Schwung gekommen, und die Geschäftsmoral wurde nicht eben feiner. Manche Siedler und Schürfer machten um die Handelsposten, fliegenden Händler und Schankbetriebe einen großen Bogen, weil sie nicht geneppt werden wollten. Ab 1860 gab es Shops zu Hunderten an den Trails. Wer allerdings Flüsse wie früher durch Furten zu queren wagte, mußte sich wütender Fährleute und Brückenbauer erwehren, die kassieren wollten.

Postkutschenstationen säumten jetzt den Weg. Sie wurden von Konzessionären im Auftrag der Regierung zu vertraglich festgesetzten Bedingungen betrieben. Die meisten Menschen reisten jedoch wie schon ein Jahrzehnt zuvor mit dem Planwagen oder mit Packtieren – nun allerdings auf begradigten, eingeebneten und in Karten eingetragenen Straßen, die auf Staatskosten hergerichtet wurden. Selbst Wasserreservoirs baute die Regierung. Die Armee unterhielt für die Trecks Ambulanzen, Hospitäler und Werkstätten. Sie half auch den Gestrandeten und Verunglückten. Es gab Postämter, wo man Briefe aufgeben und postlagernd empfangen konnte. Vieles hatte sich geändert! Man hatte begonnen, dem Wilden Westen Zügel anzulegen.

Die zunehmende Leichtigkeit der Reise und des Geldverdienens zog natürlich auch Glücksritter und Gesindel an. Die ausufernden Zeltstädte der Händler und Ausrüster lauerten mit Alkohol und Spielhöllen den Haltlosen auf. Der ehemals Wilde Westen öffnete sich der wilden Spekulation. Angebot und Nachfrage lagen miteinander im

Streit. Im Laufe der Zeit waren beispielsweise Abkürzungen entdeckt worden, die an den Handelsposten vorbeiführten. Mit Anzeigen in den Zeitungen und bestochenen Informanten versuchte man den Trecks diese Abkürzungen auszureden, indem man sie als unpassierbar bezeichnete.

Der Goldrausch fand bereits auf dem Weg zu den Schürfgebieten statt. Zwischenstationen priesen sich marktschreierisch an. An Ketten gefesselte Grizzlybären posierten, um Aufmerksamkeit heischend, vor den Zelten und Bretterbuden der Händler. Verlogene Zeitungsanzeigen versprachen »freudvolle Westreisen« mit allen Annehmlichkeiten. Zu den Absurditäten gehörten »Austern mit Pickles« für verwöhnte Gaumen. Am South Pass wurde ein von der Regierung angestellter »Wetterfrosch« umgebracht, weil er mit seinen wechselnden Prognosen nicht in das Bild einer unbeschwerten Weiterreise paßte.

Man vernahm von Brandstiftung und Totschlag unter rivalisierenden Unternehmern. Selbst die ach so friedlichen »Späten Auserwählten«, wie sich die Mormonen nannten, feilschten mit abgerissenen und notleidenden Mitbürgern erbittert um ihren Vorteil. Als der Dollar dem Kreuz den Rang ablief, zeigte manche Privatinitiative ihr häßliches Gesicht. Ironisch merkte ein Zeitgenosse an: »Eine rauhe Sorte von Christen, in der Tat!« Die erschöpften Siedler und Goldsucher, die nun in den größeren befestigten Posten zwischen mehreren Restaurants auswählen, in den Hotels in Salt Lake City ein Bad nehmen und sich mit Käse und frischer Milch von ihrer eintönigen Wegzehrung erholen konnten, mögen die ausbeuterischen Veränderungen milder beurteilt haben.

Nicht in allen Jahren mußten die Trecks Wucherpreise

zahlen. Denn die inneramerikanische Emigration schwankte heftig zwischen 25 000 Überlandreisenden im Jahr 1849
und nur 5000 im Jahr 1851. Danach wanderten wieder
jährlich 60 000 und mehr aus. Wenn die Trecks ausblieben,
waren die wenigen Kunden bei den Kaufleuten König. An
wechselnde Verhältnisse und schnelles Improvisieren waren beide, Unternehmer und Kunde, gewöhnt. In der
»Verfolgung des Glücks« nahm jeder seine Chancen wahr.

Das hat auch spätere Generationen noch geprägt. Im-
provisiert und keineswegs für die Ewigkeit gebaut, so
sehen die in die Jahre gekommenen Städtchen der heutigen
westlichen Staaten der USA mit ihrem Aufmarsch an Wer-
betafeln und Leuchtreklamen immer noch aus. Familiäre
Tragödien spielen sich allenfalls hinter den Fassaden der
»Main Streets« ab. Sonst haben die Sheriffs fast alles im
Griff.

Der Wilde Westen wird kartiert

Den Siedlungspionieren folgen die Politiker, Kapitalisten und Bürokraten. Im Zeichen des Gold- und Silberrausches ringen die Neubürger oft handgreiflich um Reichtum, Macht und Einfluß. Derweil kümmern sich die fähigen Geowissenschaftler und Topographen um genaue General- und Detailkarten. Sie haben ein Auge für die Naturschönheiten und regen die Einrichtung des ersten Nationalparks am Yellowstone River an.

Der indianische Westen war von den weißen Siedlern auf eigene Faust in Besitz genommen worden. Einen Generalplan gab es dafür nicht. Als sich 1839 die ersten Amerikaner zum Pazifik aufmachten, um dort zu bleiben, war die Armee zunächst kaum vertreten; später forderte sie mit ihren wenigen Forts und durch vereinzelte Patrouillen die Indianer mehr heraus, als daß sie die vorrückenden Siedler hätte beschützen können, behaupten amerikanische Historiker. Vor und kurz nach dem Bürgerkrieg war die Armee viel zu schwach, um mit der indianischen Guerilla und Kriminalität fertig zu werden.

Vermessung und Kartierung waren vordringlich. Mit Hilfe der Armee sollten zwischen 1850 und 1860 drei Eisenbahnen projektiert und 34 Wagenpisten zumindest notdürftig eingerichtet werden. Über 300 000 Rancher, Farmer, Schürfer, Händler und Profiteure aus dem Osten und Süden der Staaten hatten sich bis 1860 westlich der Rocky Mountains niedergelassen. Sie blieben, wo immer sie ihr Zuhause oder ihr Glück zu finden hofften. Danach riß bis zur Jahrhundertwende der Strom der Neusiedler nicht mehr ab. 1880 und noch einige Zeit danach war der Westen eine der am dichtesten besiedelten Regionen der USA mit den schlechtesten Verkehrs- und Kommunikationseinrichtungen.

Das Neuland war bis dahin meist nur unzulänglich erschlossen worden. Die amtlichen Landvermesser blieben hinter den vorwärtsdrängenden Siedlungswellen weit zurück. So nahm sich jeder soviel Land oder Claims, wie er bearbeiten konnte. Die Regierung war ohnehin mit Zusagen nicht kleinlich. Vielen reichte die Landzuteilung nach dem Siedlungsgesetz. Provisorische Kleinstädte mit Schulen, Vergnügungssaloons und eilig zusammengezimmerten Holzhäusern entstanden an den unmöglichsten Orten, wenn Edelmetallfunde den Menschen den Kopf verdrehten. Sie wurden jedoch auch ebenso schnell wieder aufgegeben und zu Geisterstädten, wenn der Ertrag enttäuschte oder die Metalladern erschöpft waren.

Manchmal ließ sich das Glück nicht lange bitten; rauhe Gestalten fanden Gold und Silber – und verspielten es wieder oder schlugen, wenn sie reich wurden, über die Stränge. Das große Geschäft machten die Spekulanten. Fabelhafter Reichtum kam und verschwand.

1862 wurde allein in Colorado Gold im Wert von 3,4 Millionen Dollar gefördert. Zehn Jahre zuvor hatten es Kaliforniens Schürfer – es war ihr bestes Jahr – auf über 81 Millionen gebracht. Nevadas Comstock Mine warf von

1858 bis 1867 über 300 Millionen ab. Comstock schlug alle Rekorde. In dieser Mine unter dem Mount Davidson förderten die höchstbezahlten Bergarbeiter der damaligen Zeit unter unvorstellbar schweren und gefährlichen Bedingungen auf zuletzt 17 Ebenen das metallhaltige Gestein – immer bedroht von kochendheißen vulkanischen Quellen oder giftigen Gasen.

Mine, Zubringer- und Verarbeiterbetriebe im Besitz einiger Großaktionäre und der Bank von Kalifornien bildeten einen großen Konzern, der die Westküste und die Börsenspekulation beherrschte. Noch heute zeugen auf dem Nob Hill von San Francisco die Bauten der damaligen Millionäre von vergangener Pracht. Steuereintreiber und Bürokraten hatte man damals nicht zu fürchten. Für Recht und Gesetz mußten sehr oft die Auslegung der Bibel oder die eigene Waffe sorgen. In den Städten entstanden Bürgerwehren. Weder die protestantische Enge Neuenglands noch die Bigotterie religiöser Gemeinden bedrückte die Menschen in ihrer neuen Heimat. Das half ihnen, ihr oft hartes und riskantes Dasein zu bejahen. Diese ungezwungene und unbekümmerte Art zu leben wurde zum »American Way of Life«.

Die Schürfer und Bergleute der Minenbetriebe waren, anders als die großen »Drahtzieher«, an die Fundorte der Bodenschätze gebunden. Sehr oft mußten sie ihr vorübergehendes Heim im trostlosen Karst der Gebirge am Rande der Wüste aufschlagen. Die Landwirte suchten die fruchtbaren Talsenken und Hochflächen zwischen den Bergketten und dem Pazifik. Zuerst kamen die kleinen Viehzüchter, um das Weideland zu nutzen; ihre Familien folgten. Erst Jahre später stellten sich die großen Rancher und Grundbesitzer ein, die riesige Grasflächen an den Flüssen

196

an sich rissen. Dabei setzten sie ihre Cowboys als Stroh-
männer für den Landerwerb ein.

Manche dieser Immigranten und viele ihrer Eltern waren von den Eigentümern der Latifundien in Europa noch
geknechtet worden. Abhängigkeiten wie auf dem alten
Kontinent oder in den Südstaaten hat es auf den Farmen
im Westen kaum gegeben. Die riesigen Ranches blieben
Cowboyland. Den Acker bestellten die großen Familien
selbst oder mit Saisonarbeitern. Dann kamen bald auch
die hilfreichen Maschinen. 1834 ließ Cyrus McCormick
seine Mähmaschine patentieren und wenige Jahre danach
John Deere den Stahlpflug, der sich auf den trockenen
Böden der Prärie bewährte. An die Erosion dachte damals
niemand. Um 1860 war die amerikanische Landtechnik
der europäischen um einiges voraus. Heute erfordert die
Erosion sanftere und ausgeklügeltere Methoden. Die
große Zeit der Agrarwirtschaft ist auch in den USA vorbei.

Diejenigen, die zuerst gekommen waren, durften ganz
legal die Wasserrechte monopolisieren, ohne die das
trockene Land wertlos blieb. In den Minen machten sich
bald die Räuberbarone breit. Die Nachrückenden fanden
ihr Dorado oft schon besetzt. Rücksichtslos rangen Pioniere, spät zugezogene Kapitalisten und Politiker um
Macht und Einfluß. Schon zeichneten sich Fronten zwischen Staats- und Privatinitiative ab. Eine oft brutale Situation, mit der sich die zeitweise rat- und hilflose Staats-
gewalt auseinanderzusetzen hatte. Ein enormes Pensum an
präziser Erkundung, Vermessung und Kartierung als Basis
für die weitere Planung und Erschließung war nachzuholen. Institutionelle Voraussetzungen waren dafür fast nicht
gegeben. Die jungen Staaten oder Territorien hatten nur

minimale Behördenstrukturen. Das Provisorium blieb lange Zeit die Normalität.

Inzwischen holte auch der amerikanische Wissenschaftsbetrieb auf, der bis dahin den Europäern nicht das Wasser reichen konnte. Mit der geowissenschaftlichen und vermessungstechnischen Aufarbeitung der weißen Flecken auf der Landkarte stellte sich den Forschern eine enger definierte und höher spezialisierte Aufgabe. Sie konnten den Westen nicht länger als grenzenloses Laboratorium für ihr zweckfreies Experimentieren mit der unberührten Natur betrachten. Lange war er den berühmten europäischen und ostamerikanischen Koryphäen mit Armeeschutz zur freien Verfügung gestellt worden. Nun aber forderte der zivilisatorische Fortschritt sein Recht. Die Forscher sollten aufhören, sich mit Humboldtschen Theorien vom Gesamtzusammenhang aller natürlichen Erscheinungen zu befassen. Man erwartete von ihnen gesunden Menschenverstand und praktische Ergebnisse. Sie sollten mit ihrer Wissenschaft den Menschen dienen, die sich hier unter schwierigsten Verhältnissen in feindlicher Umwelt einrichten mußten. Sie alle warteten nun auf ihre große Chance. In den Köpfen spukte der Traum vom goldenen Zeitalter, von einem Leben ohne Bevormundung. Der patriotische Auftrag, den äußeren Westen den Vereinigten Staaten zu sichern, war mit der Gründung der jungen Staaten zwischen Mississippi und Pazifik erfüllt worden. Nun sollten die ganz privaten Interessen der Siedlungspioniere berücksichtigt werden.

Den Siedlern waren die Soldaten verdächtig, denen die Politiker und allen Weißen die Indianer. Noch war die Kluft zwischen Ost und Süd durch den Sieg der Yankees im Sezessionskrieg nicht geschlossen, da tat sich schon

eine neue zwischen Ost und West auf. Der unterent-
wickelte Westen war von den Amerikanern innerhalb weniger Jahrzehnte vereinnahmt worden. Das mußte zu
Spannungen und zum Streit über die zweckmäßigste Form
der Erforschung und Erschließung führen.

Die Männer, denen diese Aufgaben übertragen wurden,
erwiesen sich als eigenwillige, selbstbewußte, manchmal
auch schillernde Persönlichkeiten. Jedenfalls waren sie von
einem ganz anderen Kaliber als zuvor die Gelehrten und
die Ingenieure im Sold der Armee. Meist waren es jüngere,
fast immer brillante Köpfe, Studenten mit Prädikats-
examen. Mit ihnen gleich zogen die begabten Autodidak-
ten, von denen manche schon auf reiche Lebenserfahrung
zurückblicken konnten. Sie alle brachten neues Wissen für
ihren anspruchsvollen Job im Gelände mit. Oder sie er-
lernten es »on the job by doing it«.

Die moderne Geodäsie setzte sich gegen die mehr
freihändige Kartierung mit ihren zuweilen künstlerisch
eindrucksvollen, aber unpräzisen Panoramen der Erd-
oberfläche durch. Das Odometer, ein einrädriges Gerät
zur Vermessung horizontaler Basislinien, gezogen von
Maultieren, und das Barometer für die Höhenmessung
wurden durch die interstellare Trigonometrie und den
leichten Theodoliten für Winkelmessungen ersetzt. Statt
nur eines Teams im Felde wurden bald schon mehrere
gleichzeitig entlang einer Linie in einem Korridor eingesetzt. Das Vermessen ging nun sehr viel schneller als bisher
vonstatten.

Zwar hatte die Armee immer schon auf ihren Expeditionen Naturwissenschaftler verschiedener Disziplinen mitgenommen, aber nun wurden daraus einander zuarbei-
tende Expertenteams mit genauen Vorgaben. Auch die

Bedeutung der Öffentlichkeitsarbeit wurde entdeckt: Fotografen und Zeitungsreporter begleiteten die Expeditionen. Bald gingen vom fernen Westen Bilder und Berichte um die Welt. Senat und Abgeordnete im Capitol fühlten sich informiert; breite Bevölkerungsschichten nahmen Anteil. Die Gelder flossen infolgedessen reichlicher.

So unterschiedlich wie ihre Herkunft, Ausbildung und Neigung war auch die Einstellung der neuen Geowissenschaftler und Topographen zu ihrer Arbeit. Aber alle haben sie entscheidend dazu beigetragen, den Westen zu vermessen. Es gab keinen unter ihnen, der nicht die schweifende Neugier im Blut gehabt hätte, wie sie schon eine frühere Generation jagender und sammelnder Entdecker antrieb. Die sich immer wieder anders darbietenden Landschaften mit ihren Flußtälern und Canyons boten Schicht für Schicht Einblick in die Entstehung des Kontinents. Wer für die Geologie des Westens schlüssige Erklärungen anbot, konnte erwarten, als Forscher und Publizist Karriere zu machen.

Da konnten Rivalitäten nicht ausbleiben. Man war sich untereinander nicht immer grün, gelegentlich wilderte man auch in fremden Revieren. Die Selbstdarstellung blühte, wenn es galt, die Aufmerksamkeit des Weißen Hauses und privater Financiers auf sich zu ziehen – als hätte man sich nun um die letzten Fetzen unerforschten Westens reißen müssen, bevor es mit ihm als »Neuland« zu Ende ging! Die sich überschneidenden Projekte der Vermessung und Kartierung kosteten die junge Union unnötig große Summen. Dennoch rechnete sich der brennende Eifer der Geographen, Geologen und Topographen, die möglichst schnell die geforderten Ergebnisse vorweisen wollten.

Washington stand unter Druck, ein übergreifendes geo-
wissenschaftliches Konzept zu erarbeiten. Da konnte man
nicht sehr wählerisch sein. Die Armee bot sich als oberster
Projektmanager an, bis dann, müde des Gezänks unter den
prominenten Wissenschaftlern und Pionieroffizieren, das
Innenministerium diese Aufgabe an sich zog. Doch da
ging das 19. Jahrhundert schon seinem Ende zu.

In der Zeit nach dem amerikanischen Bürgerkrieg, in
den späten 60er Jahren, war das Ungewöhnliche bei der
Arbeit im Gelände immer noch das Normale. Auf größere
Exkursionen ging stets eine bunt zusammengewürfelte
Gesellschaft von eifrig notierenden, kartierenden und
sammelnden Fachleuten. Die konnten auch mit Flinte und
Pistole umgehen. Sie wurden begleitet von rüden Soldaten
und fluchenden Gespannlenkern, von verschrobenen
weiß- und rothäutigen Scouts, die auch zuweilen verschwanden, wenn die Rationen knapper und die Strapazen
größer wurden.

Hitze, Kälte und Malaria zerrten an den Kräften und an
der Disziplin. Wenn wilde Gestalten in den Goldrevieren
ihre Nuggets auf die Theken knallten, wollten auch die
Soldaten, daß man sie mal mit der Pfanne schürfen ließe.
Der Wilde Westen war nicht milder geworden, nur weil
man ihm stückweise seine Geheimnisse entriß.

Die kalifornischen Behörden holten sich 1860 zu Beginn
des Bürgerkriegs Josiah Dwight Whitney zur Vermessung.
Der junge Staat verwirklichte innerhalb von nur zehn Jah-
ren ein beispielhaftes Programm der Geowissenschaften.
Whitney und seine fähigen jungen Männer gingen mit
Feuereifer ans Werk. Bald kannten sie sich in den Bergen
und Wüsten aus, wie zuvor nur Trapper und Indianer.
Härte und Widerstandsfähigkeit nahmen ihnen nicht die

Sensibilität für die Natur. Als sie plötzlich die grandiosen Schönheiten des Yosemite Valley vom Plateau des Mount Beatitude gegenüber den Klippen des El Capitan sahen, konnten sie ihre Bewegung nicht verbergen. Der Stil, in dem sie über diese Episode berichten, ist so entschieden romantisch, wie es die meisten dieser ungewöhnlichen Entdecker und Forscher waren.

Whitney legte seinen Auftrag bewußt weit aus. Die verlangten Fundstätten ausbeutbarer Bodenschätze waren nur eines seiner Themen. Eine Aufstellung von Flora und Fauna fügte er von sich aus hinzu. Die Topographie wurde schließlich das zentrale Anliegen des kalifornischen Vermessungsdirektors und seiner Mannschaft. Erstens wollten sie die pazifischen Küsten mit ihrem Verlauf, den Vorgebirgen und Buchten aufnehmen, zweitens die innere Bergregion mit ihren vermuteten Mineralvorkommen, drittens den Scheitel der Sierras und viertens »Bonanza-Land« an der östlichen Berggrenze Kaliforniens. Das war wahrlich ein ausgreifendes Vorhaben. Doch dann befanden die Auftraggeber, daß dabei die Hinweise auf Bodenschätze zu kurz gekommen wären.

Whitney vermaß und kartierte bereits großflächig; diese Methode setzte sich später bei den Topographen und Geodäten durch. So wurden Kaliforniens Landschaften vom Death Valley bis zu Lassen's Peak sorgfältig aufgezeichnet. Whitney und seine Yale-Absolventen William A. Brewer, James Terry Gardener und Clarence King (dem noch eine große Karriere bevorstand) wurden von Banditen ausgeraubt, schwebten oftmals am Kletterseil in Todesgefahr; nicht selten kamen sie verfroren, hungernd und zerlumpt aus den Bergen zurück. Einmal hatten etwa 50 Indianer für King und Gardener bereits das Feuer unter den Marterpfählen angezündet, als alarmierte Kavallerie sie rettete.

King übertraf alle mit seinen waghalsigen Abenteuern. Gerade war in den europäischen Alpen das Bergklettern und das Überschreiten der Gletscher aufgekommen. Dahinter wollte King nicht zurückbleiben. Er bestieg die höchsten Gipfel und Gletscher Kaliforniens. Sein 1872 veröffentlichtes Buch über seine »Bergfahrten in der Sierra Nevada« wurde ein Klassiker der internationalen Bergliteratur.

1870 hatten Whitney und seine Mitarbeiter ihren Auftrag erfüllt. Die Gebirge Kaliforniens und seine Goldfelder waren kein unbeschriebenes Blatt mehr. Aber Whitneys Buch über die Naturschönheiten des Yosemite Valley und Kings Bergsteigererlebnisse paßten den Behörden nicht. Sie hätten die angestellten Landvermesser und Kartierer nicht für ihre Privatausflüge bezahlt, meinten sie. Weil man die wissenschaftlichen Aufzeichnungen nicht lesen mochte oder konnte, warf man Whitney und seinen Mitarbeitern vor, sie hätten es nicht verstanden, Gold zu finden.

Obendrein hatten sich diese Fachleute unbeliebt gemacht, als sie ein Ölfieber als ausgemachten Schwindel entlarvten, das reiche Spekulanten des Ostens inszeniert hatten. Vor der Küste Santa Barbaras waren Naphta-Vorkommen geortet worden, die man damals aber nur für die Herstellung von Asphalt brauchen und erst ab den 30er Jahren des 20. Jahrhunderts für die Schwerölgewinnung ausbeuten konnte. Unwissender Helfershelfer des Schwindels war der Yale-Chemiker Benjamin Silliman gewesen. Er hatte sich durch gefälschte Proben täuschen lassen. Die Fakultät seiner Universität schloß ihn deshalb Jahre später aus ihren Reihen aus. Der von Whitney enthüllte Betrug hatte einflußreiche Investoren um den erhofften Gewinn gebracht.

Täuschen und getäuscht werden war damals offenbar ein beliebtes, oft wohlgeplantes Gesellschaftsspiel. Ethik überließ man den Kanzelpredigern. Die philanthropischen östlichen Kapitalisten, in deren Diensten man Whitney und seine Männer wähnte, sollten im Westen nicht Fuß fassen. Die Bürger Kaliforniens wollten wieder ihre topographischen Armee-Korps haben. Die empfahlen nicht die Ausweisung von State Parks, die von Holzfällern und Bergleuten nicht mehr genutzt werden durften. Die Erklärung des Yosemite Valley zum Naturschutzgebiet und State Park (1864) war nicht überall begrüßt worden. Und welche touristischen Möglichkeiten seine Ausweisung als Nationalpark (1890) bot, wurde lange nur von wenigen erkannt.

Die kalifornischen Parks sind von den Fachleuten schon früh gefordert worden. 1864 setzte Präsident Lincoln mit dem Yosemite State Park ein Zeichen. 1851 hatte ihn der Major a. D. und Großgrundbesitzer Mariposa zufällig bei der Verfolgung von Indianern entdeckt, die seine indianischen Frauen verschleppt und alle seine Angestellten umgebracht hatten. Vom Mercid Valley aus war man zum Yosemite vorgedrungen. Die Schilderungen des Naturwunders durch das Strafbataillon fanden große Beachtung und lockten weitere Besucher an. Die Parks sind eine von der ganzen Welt bewunderte, aber selten mit solcher Konsequenz nachgeahmte Errungenschaft der Zivilisation; sie bewies damit, daß sie nicht nur zerstören konnte. Doch die einschlägigen Interessengruppen haben sich mit diesen Ansätzen von Umweltschutz der Forscher und Reformer auch in den USA nie ganz abfinden können. Oregons und Washingtons unersetzliche Regenwälder sind auch heute noch in Gefahr; immerhin knüpfen machtvolle Bürgerinitiativen mit Erfolg an Präzedenzfälle an. Als die von den weitblickenden Technikern und Naturwissenschaftlern erworbenen Einsichten in die ökologischen Zusammenhänge in Washington auf fruchtbaren Boden fielen, waren die eben erst am Pazifik angekommenen »kleinen Leute« noch gierig mit der Ausbeutung des Landes beschäftigt. Aufklärung über den notwendigen Naturschutz traf auf taube Ohren. An den Folgen haben weite Gebiete der Pazifikstaaten noch heute zu tragen.

Damals mußten die privaten Topographen und Geologen erst einmal einpacken, weil sie die in sie gesetzten unvernünftigen und unseriösen Erwartungen nicht erfüllt hatten. Wo sie aufhörten, setzten andere ohne solche Skrupel an. Nun war erst einmal wieder die Armee am Zuge. Aber sie konnte ohne die freien und externen Spezialisten nicht viel ausrichten.

Für die Veteranen des Bürgerkrieges boten nach 1865 Exkursionen zur Erkundung und Sicherung des westlichen Landgewinns ein dankbares Betätigungsfeld. Immer noch fehlten General- und Detailkarten für praktische Zwecke. Die Siedler, Schürfer und Händler verlangten Angaben über bequeme Gebirgspässe, günstige Flußläufe für den Schiffstransport, Weide- und Ackerland, Indianerhochburgen, örtliche Wetterverhältnisse und vieles mehr. Das schienen typische Obliegenheiten für kombinierte Einheiten aus Pionieren, Landvermessern, Wissenschaftlern und auch Kampfverbänden zu sein – wegen der kriegerischen Indianer konnte man das den Zivilisten allein nicht anvertrauen, behauptete das Militär.

Aber die Politiker ließen die Armee mit ihrem Ehrgeiz allein. 1866 wurde sie durch Gesetz drastisch verkleinert. Mit nur 45 000 Offizieren und Soldaten sollten die Frontstaaten beschützt und die Garnisonen im unterworfenen Südwesten besetzt werden. In dieser fast hoffnungslosen Lage mußte das Oberkommando massiv auf zivile Unterstützung zurückgreifen und die damit verbundenen Rivalitäten zwischen Soldaten und Zivilisten in Kauf nehmen. Zum Verdruß vieler seiner fähigen Offiziere im topographischen Korps, die sich selbst profilieren wollten, erwies es damit der freien amerikanischen Wissenschaft einen wertvollen Dienst.

Exkursionen und Expeditionen erlangten nationale Bedeutung. 1870 bewog der Wissenschaftler Nathaniel P. Langford die Armee, eine Eskorte unter Lt. Gustavus Doane für eine Exkursion in das immer noch wenig bekannte Gebiet des heutigen Yellowstone Park abzuordnen. Der Zivilist und Forscher Henry D. Washburn leitete das Unternehmen, an dem Langford selbst teilnahm. Als diese Männer den Yellowstone Park erreichten, waren sie sofort von seiner abwechslungsreichen Landschaft gefangen. Die Silhouette der Bergketten in der klaren Luft über dem großen Yellowstone Lake, die in der Farbenpracht ihrer schwefelhaltigen Ablagerungen malerischen heißen Quellen und Geysire sowie die tiefen Canyons berührten Zivilisten und Soldaten. Sie wetteiferten darin, diesen Naturwundern einprägsame Namen zu geben.

Man war sich einig, daß dies ein Nationalpark werden sollte. Mit Doanes Karte der Gegend erfolgte schon im Jahr darauf eine weitere, noch gründlichere Inspektion unter Captain John Whitney Barlow. Auch dieser Offizier befürwortete den ersten Nationalpark der USA im Staat Wyoming – zum nicht geringen und ganz unblutigen Ruhm der Armee. Verwundert hatten die Teilnehmer der Exkursionen festgestellt, daß es schon einen Touristenpfad zu den heißen Quellen gab, in denen einige Rheumakranke und Kriegsversehrte Erleichterung suchten. Heute wissen wir, daß im Yellowstone Park die Hälfte aller Geysire dieser Erde kochen und sprudeln, weil das flüssige Magma einer riesigen Caldera in nur 3000 Metern Tiefe fließt – verglichen mit mindestens 10 000 bis 13 000 Metern Normaltiefe für derartige Erscheinungen in der oberen Erdkruste.

Den letzten und überzeugendsten Anstoß für die überraschend schnelle Verabschiedung der »Yellowstone Bill« im Jahre 1882 und ihre Unterzeichnung durch Präsident Ulysses S. Grant gab Ferdinand V. Hayden, ein intellektueller Emporkömmling und typischer Selfmademan, der den »US Geological Survey of the Territories« leitete. Von Hayden berichten Schulkameraden, daß er als junger Mann überaus verträumt gewesen sei. Doch bevor er Yellowstone aufsuchte, hatte er sich bereits als begabter theoretischer Geologe mit großem Gespür für praktische Ergebnisse profiliert. Er konnte auf eine lange Reihe erfolgreicher Erkundungen im Westen zurückblicken. Vor allen seinen Kollegen erkannte er die künftigen touristischen Möglichkeiten des »Naturwunderlandes« im Westen. Der Yellowstone National Park machte ihn berühmt. Hayden begründete die Gesetzesinitiative für den Yellowstone Park auf der Grundlage des Yosemite-Park-Gesetzes aus dem Jahr 1864.

Die größeren, weil praktischen Verdienste hatte sich der Geologe und Geodät Hayden jedoch durch den meisterhaften »Colorado Atlas« erworben. Dafür mußte er sich lange in einer der besonders stark zerklüfteten Berggegenden der Rocky Mountains aufhalten. So entdeckte er auch ein besonders beeindruckendes Naturwunder: den »Berg des Heiligen Kreuzes«, einen hohen Gipfel, an dessen Flanken Schneerinnen meistens bis in den Hochsommer ein gewaltiges weißes Kreuz bilden. Diese Erscheinung wurde zu seiner Zeit zum Symbol der Überlegenheit des christlichen Abendlandes über die primitive Wildnis – ein Positivismus, den heute wohl niemand mehr teilen würde.

Damals malte hochgemut der junge Künstler Thomas Moran den Holy Cross Mountain unter einem Regenbogen, und Haydens Fotograf Jackson hielt ihn in mehreren Aufnahmen fest. Hayden und seine Mitarbeiter fanden auch 1874 im Manco Canyon nahe dem San Juan River in Südcolorado bei Ausgrabungen weitere Überreste der antiken Indianerkultur der Anasazi. Die Mitarbeiter Jackson und Holmes haben sich danach zwei Jahre lang mit den Fundstätten dieser untergegangenen Kultur und den Pueblos aus vergangenen Zeiten beschäftigt. Es wird berichtet, daß Holmes freihändig 100 Kilometer lange Bergketten naturgetreu mit den wichtigsten Details aufzeichnen konnte.

Partner und Rivalen

Der Lyzeumsdirektor Wesley Powell unternimmt seine »Höllenfahrten« durch den Grand Canyon. Der Geologe Clarence King und seine Mitarbeiter machen Bestandsaufnahmen und entlarven Bürger. Der scharfe Wettbewerb zwischen den Wissenschaftlern der Universitäten und den Vermessungsoffizieren der US-Armee läßt die letzten weißen Flecken schnell von den Landkarten verschwinden.

In den späten 60er Jahren versuchte George Wheeler allen seinen Rivalen bei der Erforschung des Grand Canyon und des Colorado-Plateaus zuvorzukommen. Dabei zeigte er einen Hang zum traditionellen Entdecker und Pfadfinder, der eigentlich schon überholt war. Auf Wheeler und seine Offiziere machte der Goldgräber James White großen Eindruck mit einer unglaublichen, aber niemals ganz widerlegten Geschichte: Er gab an, auf der Flucht vor Indianern auf ein paar zusammengebundenen Stämmen die Stromschnellen und Strudel im Canyon glücklich passiert zu haben. Tatsächlich hatte man White 1867 mehr tot als lebendig bei Callville unterhalb des Grand Canyon von einem Holzfloß geborgen. Sein entkräfteter und verwahrloster Zustand sprach für seine Geschichte, die angegebene Dauer der Höllenfahrt allerdings dagegen. Jedenfalls war White der Held des Tages.

Nachweislich gelungen ist eine Bezwingung des Colorado River erst 1869. John Wesley Powell und neun Freiwillige hatten ihr privat finanziertes Unternehmen gut vorbereitet. Das Unternehmen des Bürgerkriegsmajors und Direktors eines Lyzeums, J. W. Powell, dem ein Artilleriegeschoß auf dem Schlachtfeld in Shilo den Arm zerfetzt hatte, ist wegen seiner Kaltblütigkeit oft beschrieben worden. An einem Maitag schifften sich die »Lebensmüden«, wie man sie bespöttelte, auf vier Kielbooten am Green River ein. Ziel war es, den letzten, noch völlig unbekannten Fluß der USA, den schäumenden Colorado, bis zu seinem Unterlauf zu verfolgen.

Es folgten 92 Tage einer Flußfahrt ins völlig Ungewisse. Gefahren lauerten hinter jeder Biegung, zwischen mehreren hundert bis 1800 Meter hohen Steilwänden an jeder Seite und an Stromschnellen, die schon eher Wasserfällen glichen. Auf der ersten Flußstrecke wurden die Boote von den zischenden Wogen mitten durch die Uinta Mountains fortgerissen. Dann ging es weiter durch die bunten Schluchten des Cadore Canyon. Fast beschaulich verlief die Bootsfahrt im Land des Yampa River mit seinen wildreichen, teilweise von Indianern bewohnten Oasen, von denen es mehrere auch noch im späteren Verlauf des Colorado gibt. Am Zusammenfluß des Green River mit dem Colorado River entdeckten die Flußfahrer atemberaubende Felsformationen. Im Glen Canyon wurde es wieder bewegt. Dann schossen die Männer in ihren tanzenden Booten durch die trügerischen Stromschnellen des Marble Canyon. Dort brach eines der Boote auseinander. Powells Boot konnte nur unter großen Anstrengungen aus den Klauen eines Strudels gerettet werden. Aber alles schien nur ein Vorspiel gewesen zu sein, als sie schließlich in den Grand Canyon eintauchten, in seine stürzenden und lehmig-trüb kochenden Fluten. Ein weiteres Boot kenterte.

Auf den selten gewordenen Sandbänken wurde kampiert. Um die eine oder andere Schnelle hatte man die Boote tragen können. Durch andere versuchte man sie an langen Seilen zu führen. Mehrere Teilnehmer konnten sich, ins Wasser geschleudert, retten, obwohl man sie schon aufgegeben hatte. Powell selbst wurde, bevor ihn die Kräfte verließen, von einem seiner Kameraden mit dessen zusammengedrehter langer Unterhose hochgehievt, als er sich bei dem Versuch, auf das Steilufer zu steigen, nur noch an einem schmalen Felsband festkrallen konnte.

Als die zerschundenen Abenteurer bei dem Mormonenflecken Callville auftauchten, hatte keiner mehr auf ihr Überleben gewettet. Die Zeitungen hatten schon ihren Nachruf gedruckt. Powell und seine überlebenden Begleiter wurden als Helden gefeiert. Ein Mann hatte schon zu Beginn der furchterregenden Exkursion aufgegeben. Drei andere hatten versucht, mit Powells Billigung aus dem Canyon zu entkommen, nachdem ein Boot zerschellt war. Man fand sie später mit Pfeilen im Rücken tot auf. Indianer hatten sie mit marodierenden Goldgräbern verwechselt, die eine ihrer Frauen getötet hatten. Aber das Mysterium des zweittiefsten und längsten Erosionsgrabens des Kontinents war erstmals aufgeklärt.

1871 wiederholte Powell die selbstmörderische Tour, bis er bei Hochwasser vor den letzten großen Stromschnellen aufgab. Er wollte eine Karte des Canyons zeichnen und alle Einzelheiten des Einschnitts in das Colorado-Hochplateau festhalten. Das ist ihm auch weitgehend gelungen. Auf den monotonen Strecken thronte der Lehrer Powell in einem auf den mittleren Ruderbänken festgebundenen Stuhl über seiner Mannschaft, um ihr passende Gedichte vorzulesen. Ein bizarres Bild, das damals aber viele der großen Entdecker und Forscher abgaben.

Powells Team durfte sich danach als »The US Geological and Geographical Survey of the Rocky Mountains« bezeichnen. Zunächst wurden sie vom Smithsonian Institute und dann vom Innenministerium der USA bezahlt. In der Folge wurde unter Powells Anleitung das Gebiet des gesamten Colorado kartiert. Dabei kam ihm gelegentlich Wheeler ins Gehege. Powell führte auch die Landschaftsfotografie ein, um den Menschen außerhalb des amerikanischen Westens ein Bild seiner Naturwunder vorzuführen. Das hat sich für seine Arbeit ausgezahlt.

Wie viele seiner Kollegen scheint der Autodidakt Powell ein gewisses Sendungsbewußtsein verspürt zu haben. Er wollte verstehen, wie das Hochplateau mit seinen eingegrabenen Flußgründen entstanden war. Die Natur sollte ihre Arbeitsmethoden preisgeben. Auch wollte er prüfen, ob die fast trockenen Landstriche im Canyonland besiedelt werden könnten.

Ein Expertenteam aus Clarence Dutton, Grove Carl Gilbert und William H. Holmes, später alles bekannte Namen, kümmerte sich in diesen Jahren um die Erkundung Utahs, einschließlich des Zion Parks, des Bryce Canyon und der Henry- und Uinta Mountains. Auch das Colorado-Hochland wurde weiter vermessen. Die erdmechanischen Vorgänge der Senkung und Hebung von Flächen bei gleichzeitiger Erosion konnten überzeugend dargestellt werden. Nun hatte man eine Vorstellung, wie es zu der Bloßlegung der leuchtend farbigen Erdschichten in den Canyons und den Hochtälern gekommen war. Die Beschäftigung mit diesen erdgeschichtlichen Zusammenhängen war so spannend wie die Entzifferung der Hieroglyphen.

1878 erschien ein von Powell verfaßter Report, der in seiner Tragweite für die künftigen USA von der Wissenschaft sofort erkannt wurde. Er brandmarkte die bis dahin auf die pazifischen Randgebiete fixierte Siedlungsbewegung als pure Verschwendung. Wegen der begrenzten Ressourcen sollten auch die Gebiete zwischen Rockies und Sierra nach Acker- und Weideland, Holzwirtschaft und Bergbau klassifiziert werden. Dies setzte eine bessere Erfassung und Erschließung der Trockengebiete voraus. Für die herkömmliche Familienfarm seien allerdings die sandig-trockenen Böden wegen des Wassermangels nicht geeignet.

Als Reformer mit ökologischen Denkansätzen fand Powell bei seinen land-, gold- und geldgierigen Zeitgenossen mit Einfluß wenig Beachtung. So fiel man denn, ermutigt durch schlechte Siedlungsgesetze, erst einmal über die Bodenschätze des Westens her, bis sie sich erschöpften und die Wunden, die der Raubbau verursacht hatte, der Wirtschaft zu schaden begannen. Aber bei der Reorganisation der Erfassung, Vermessung und Kartierung hatte Powell mehr Erfolg. Der schon von Wheeler in Erwägung gezogene »US Geological Survey« nahm als zivile Behörde durch Powells Fürsprache 1879 feste Formen an, wenn auch anders, als sich das die Vermessungsoffiziere und Pioniere der Armee gewünscht hatten.

Im Rückblick handelten die Generäle der erschöpften und verkleinerten Armee in den 60er Jahren überlegt, als sie darauf verzichteten, die Ausmessung und Abbildung des Westens der USA ganz an sich zu ziehen. Nur die Kompetenz für die Grenzverläufe im Süden und Norden beanspruchten sie für sich. Sie ließen die in der weiterentwickelten Geodäsie geschulten Mitarbeiter Whitneys (dem die Kalifornier gekündigt hatten) und andere geeignete Techniker für ihre eigenen Programme arbeiten und nahmen sie lediglich in ihre militärische Obhut und Koordination. Die Intellektuellen von den Akademien und Universitäten hatten weitgehend freie Hand, ihre wissenschaftliche Arbeit auszugestalten, sofern sie sich an die allgemeinen Vorgaben hielten und ihre Sicherheit den Soldaten anvertrauten.

Damit nahm sich die Armee allmählich selbst aus dem Entdecker- und Erkundungsspiel, denn die gutausgebildeten und -ausgerüsteten Akademiker hatten schließlich die besseren Landkarten vorzuweisen. Erwähnenswert sind in diesem Zusammenhang Exkursionen unter Führung des Paläontologen Professor Othniel Charles Marsh. Der grub mit den Fossilien des Urpferdes und des gezahnten Urvogels Darwins »fehlendes Glied« in der Evolutionskette aus. Viel beachtet wurde auch die Überprüfung der Goldfunde in den Black Hills von Dakota, einem Heiligtum der Indianer, sowie Erkundungen im Auftrag der Northern Pacific Railway, die dann aber nie zum Tragen kamen, weil sich die Gesellschaft wieder auflöste.

Bei seiner großangelegten Erforschung und Vermessung im Great Basin entlang der späteren Trasse der Central Pacific Railroad im Auftrag der Armee war Clarence King nur ein allgemeiner militärpolitischer Rahmen vorgegeben. Die Orders schrieb er sich und den Mitarbeitern seiner Wahl selbst. Dies war eines der ganz großen Vorhaben jener Tage. King war entschlossen, eine Totalaufnahme des Geländes und aller seiner Bodenschätze um den 40. Breitengrad herum vorzunehmen. Dafür gewann er sogar die Unterstützung des mächtigen Kriegsministeriums.

King und seine Männer kartierten ab 1867 einen rund 180 Kilometer breiten Streifen quer über den Westen, von der kalifornischen Sierra bis zu den äußersten Gebirgszügen der Rockies. Das dauerte bis 1872. Der Anfang wäre auch beinahe schon das Ende gewesen, weil allen Mitarbeitern das Klima nicht bekam und die meisten schwer erkrankten. Aber der eiserne und vor nichts zurückschreckende King ließ nicht locker. Wer wieder auf den Beinen stehen konnte, machte weiter.

Man vermaß nicht nur und zeichnete Karten – viele zunächst freihändig als Übersicht –, sondern schaute auch nach Gold und Silber aus, sammelte Pflanzen und Tiere. Die Siedler entlang der Eisenbahn sollten einen gesicherten Lebensraum vorfinden. King und seine Männer krochen wie zuvor schon Whitney in die abgründigen Stollen der berüchtigten Silberminen von Comstock in Virginia City. Sie empfahlen ein verbessertes Schmelzverfahren, durch das die Ausbeute der Minen um ein Drittel auf rund 95 Prozent erhöht werden konnte; sie trugen damit zum Reichtum des Westens und seiner Multimillionäre bei.

Der Geologe King interessierte sich natürlich auch für den Bergbau. Mit Erfahrung und unbestechlicher Wissenschaftlichkeit klopfte er den betrügerischen Spekulanten auf die Finger, wie er es von seinem Lehrmeister Whitney gelernt hatte, der in Kalifornien die Ölschwindler blamiert hatte. Er enthüllte den »Diamantenschwindel«, eine der größten Affären des an solchen nicht armen Westens. Zwei Komplizen hatten eine Wildnis mit einigen Rubinen und Diamanten »gespickt« und einem Syndikat von Investoren das Land für 600 000 Dollar verkauft. Die Erwerber, die den Verkäufern zunächst nicht auf die Schliche gekommen waren, wollten versuchen, die Fundstelle mit Profit an Geldanleger weiterzuveräußern. King und seine Mitarbeiter fanden das geheimgehaltene Gebiet und die künstlich gelegte Fährte in mühsamer Detektivarbeit, obwohl man sie auf eine falsche Spur in Arizona gesetzt hatte, in Brownshole, wo die Staaten Utah, Wyoming und Colorado aneinanderstoßen. Den Bestechungsversuch des Syndikats ignorierten sie und vereitelten den Betrug. Das trug ihnen großes Vertrauen bei westlichen und östlichen Geldgebern ein. Für seine »Systematische Geologie« erntete King auch wissenschaftlichen Ruhm. Er legte unter anderem eine meisterhafte Darstellung der vulkanischen Vorgänge vor. Seine Mitarbeiter schrieben das Buch »The Mining Industry«, ein Jahrhundertwerk. Es wurde damals besonders eifrig von all denen studiert, die schnell reich werden wollten.

Wheeler, Powell, Hayden und zahllose andere, die sie begleiteten oder ihnen folgten, haben sich den späteren Siedlern als unerschrockene Aufbereiter des Westens eingeprägt. King verkörperte in seiner Person alle Eigenschaften dieser Pioniere. Er war fähig, geschickt und eigensinnig – ein waghalsiger Einzelgänger und ein begnadeter Menschenführer. King war die seltene Mischung von Wissenschaftler und akademischem Salonlöwen im Gewande des Trappers. Ihm wird der ungebändigte Mut eines Sioux-Indianers nachgesagt. In ihm fanden sich Jedediah Smith' und George Patties Generation ebenso dargestellt wie die tatendurstigen Westpointer oder Yale-Absolventen unter den Geowissenschaftlern und Landvermessern.

King war populär und verstand sich gut mit der Industrie. Einer seiner Bewunderer persiflierte sein Genie, als er schrieb, er habe es »fertiggebracht, vom Blitz getroffen zu werden, so daß die eine Hälfte seines Körpers eine Woche lang tiefbraun gefärbt blieb«. Der Mythos der Unverwundbarkeit kam nicht von ungefähr, weil die Geschichte auch einen realen Hintergrund hatte: King war tatsächlich durch eine elektrische Entladung auf einem Gipfel zeitweise leicht gelähmt. Aber das hielt ihn nicht davon ab, alsbald wieder Räuber und Deserteure zu jagen oder einen Grizzly in seiner Höhle zur Strecke zu bringen, obwohl er dort nur sein aufleuchtendes Augenpaar sah – Geschichten, die Amerikaner verschlangen und deren Urheber man hochleben ließ. Ebenso wie den sagenhaften Westen, das Wunderland selbst. Doch die Zeiten waren schon schnellebig. Als Kings Stern unterging, blieb er verbittert, finanziell ruiniert, krank an Körper und Geist und fast wieder vergessen zurück. Er starb an Tuberkulose.

Clarence Kings Karten waren großräumig angelegte, aber stimmige Übersichten. Er hielt sich an die Methoden einer niederen Geodäsie, die vom Corps der Topographical Engineers schon in der Vorbürgerkriegszeit bei der mexikanischen Grenzziehung entwickelt worden waren. Ausgangspunkte sind dabei eine Basislinie und Triangulationen aufgrund astronomischer Beobachtungen mit dem aus der Navigation bekannten Sextanten. Sein Team verbesserte dieses Verfahren aber entscheidend durch den Gebrauch eines leichteren Theodoliten, den man mit auf die Berggipfel nehmen konnte. Da maß man von Gipfel zu Gipfel. Das ging viel schneller als mit dem Odometer, das in zerklüfteten Gebirgen kaum eingesetzt werden konnte. Bei der schwierigen Bestimmung der Längen nutzte man teilweise statt der noch ungenauen Chronometer den Telegraphen, dessen Übermittlungsgeschwindigkeit genau bekannt war. Dieses auch in Europa als »amerikanisches System« bezeichnete Verfahren ist erst durch Satellitenaufnahmen und Laservermessungen obsolet geworden.

Vor allem Hayden und Wheeler waren zutiefst uneins über die künftige rechtliche Verankerung der »Surveys«. Die Zivilisten stritten, rücksichtslos ihre Beziehungen nutzend, gegen die Militärs. Wheeler, der Offizier, kämpfte mit rüden Briefen an den Kongreß für den Armee-Auftrag. Aber am Ende wurden die »Vier Großen« – King, Powell, Hayden, Wheeler – ohne Ansehen der Person und ihrer Verdienste der Zivilbehörde unterstellt.

Wheeler war klargeworden, daß man als Einzelgänger die großen Aufgaben einer modernen Landvermessung und Kartierung nicht mehr leisten konnte. Dafür kannte er sein Fach zu gut, hatte er doch selbst 1871 die Konturkarten erfunden. Um seinen Wettbewerbern und Kritikern in Washington zu begegnen, faßte er nach 1872 seine Leute zu größeren Gruppen zusammen. Die für die Kartierung vorgesehene Fläche wurde in 94 Quadranten aufgeteilt. Wheeler hatte selbst große Territorien westlich des 100. Längengrades vermessen und sich besonders um den Colorado River gekümmert, weil er hoffte, über Teilstrecken die Garnisonen am Oberlauf besser versorgen zu können. Der exotische Versuch, mit Booten von Needles flußaufwärts zum Diamond Creek im Grand Canyon vorzustoßen, mißlang auch ihm.

Als oberster Armeegeograph hat Wheeler gleichwohl mehr geleistet als viele verdiente Offiziere vor ihm. Aber in einer sich technisch und wissenschaftlich schnell weiterentwickelnden Welt stand er auf verlorenem Posten. Seine Arbeiten waren oft zu breit angelegt und dadurch zu wenig speziell. Mit Wheeler ging die Ära der Offiziertopographen endgültig zu Ende. Das Gröbste war getan, nun war Spezialwissen gefragt.

Aber Zufall und Glück führten noch lange nach dieser Ära zu Entdeckungen, die die vielen Expeditionen bei aller Gründlichkeit übersehen hatten. Im Dezember 1888 standen zwei Viehzüchter, Richard Wetherill und Charlie Mason, auf einer ausgesetzten Stelle in der windigen Mesa Verde, um nach entlaufenen Kühen auszuschauen. Was sie tief unten im Tal sahen, ließ ihnen beinahe die Augen aus dem Kopf fallen: Cliff Palace – den alten Indianerpalast, dessen vor Jahrhunderten von den Erbauern verlassene Hallen und Türme bis dahin kaum wieder ein Mensch betreten haben dürfte. Wetherill machte dann noch zahlreiche dieser versteckten Ruinen in abgelegenen Kliffs der Mesas und in anderen umliegenden Canyons aus. Das Kundschaften und Erforschen ließ ihn nicht ruhen. Verdorben für das Kühetreiben, zog es ihn vor allem ins San Juan County und in den Canyon de Chelly. Mit Erfolg – dort fand er noch zahllose andere frühgeschichtliche Indianerbauten wie Kiet Siel und Grand Gulch. Millionen Touristen haben sie seitdem besucht. Wetherill lieferte zahllose Fundstücke an die großen Museen des Landes. Eine Ironie der Geschichte, daß ausgerechnet er von einem Indianer aus dem Hinterhalt erschossen wurde.

Ein Jahrhundert großer Entdeckungen ging zu Ende. Die zukunftsweisende Erschließung des äußeren US-Westens wurde überschattet von der Zwietracht ihrer letzten großen Gestalten, den bitteren Briefen an die Politiker, dem Manövrieren und Intrigieren hinter den Kulissen. Der Streit zwischen Armee und Wissenschaft warf ein schiefes Licht auf alle Beteiligten. In dieser mit engstirnigen Argumenten und Sottisen geführten Auseinandersetzung haben Haydens Verdienste als großer Paläontologe gelitten, sind Wheelers extensive Kartierungen als oberflächlich und militärorientiert kritisiert worden. King mit seiner eindrucksvollen erdgeschichtlichen Monographie »plötzlicher Veränderungen« handelte sich die Rüge ein, ein übertreibender »Katastrophist« zu sein. Den vielseitigen und reformfreudigen Powell schließlich wollte man nur als guten Organisator und Bürokraten mit wissenschaftlichen und politischen Ambitionen gelten lassen. Das wurde dem Ernst und der Hingebung dieser Männer und vor allem ihrem Werk gewiß nicht gerecht.

Die Regierung hatte 1890 offiziell die Westwärtsbewegung der US-Grenzen für beendet erklärt. Das war verfrüht, wenn man an Hawaii und Alaska denkt. 1893 fand ein Treffen der American Historical Society in Chicago statt. Der Historiker Frederick Jackson Turner sprach damals das passende Nachwort zu einem gerade erst abgeschlossenen Vorgang von ungewöhnlicher geschichtlicher Dimension. Die meisten seiner Zuhörer waren Zeugen geworden. Aber viele von ihnen hatte offenkundig in der Hitze des Streits über frühkapitalistische Fehlentwicklungen und organisatorische Mängel der ungefestigten Demokratie das bemerkenswert Heroische an dieser Dimension kaltgelassen. Turner forderte sie deshalb nicht ohne Pathos auf: »Versetzen Sie sich auf den South Pass in den Rocky Mountains und sehen Sie den Prozeß der Zivilisation vorüberziehen!«

Bei näherem Hinsehen, so Goetzmann in seinem späteren Standardwerk, hätten die Zuhörer des jungen Wissenschaftlers für jede der aufeinanderfolgenden Wellen der Zivilisation des Westens einzelne Entdecker und Forscher als Anführer erkennen können: Lewis und Clark, Cebulon Pike, John Colter, Peter Skene Ogden, William Ashley, Jedediah Smith, Benjamin Bonneville, Charles Frémont, aber auch die Pfadfinder und Wagenkutscher, die topographischen Ingenieure, die Eisenbahntrassierer, die Geologen der staatlichen Verwaltungen, Kavallerie-Offiziere, obskure Prospektoren, Missionare und Landvermesser!

Im Jahre 1800 waren die USA ein unterentwickeltes Land mit zwei Dritteln Trockenfläche und im übrigen weit ausgedehnter Wildnis. Was daraus werden sollte, war noch unbestimmt. 1893 befanden sich die USA dank des Unternehmungsgeistes seiner Entdecker auf dem Weg ins wachstums- und fortschrittsgläubige 20. Jahrhundert. Dem sollten sie bald schon als führende Nation in Sachen Zivilisation und Technik ihren Stempel aufdrücken. Doch auch die Kehrseite ist erkannt: Mit den Folgen der damals begonnenen unbekümmerten Ressourcenverschwendung und Naturzerstörung werden sich noch kommende Generationen auseinandersetzen müssen. Als Vizepräsident der Regierung Clinton bis zur Jahrtausendwende hat dies Al Gore als einer der ranghöchsten Politiker der USA zuerst voll erkannt und als zu bewältigendes Problem aufgegriffen.

Vom edlen zum perfiden Wilden

Die untereinander zerstrittenen Indianerstämme werden von der Westwärtsbewegung der Weißen hinweggefegt. Alte Kulturen gehen unter. Die »Indianerfrage« bleibt angesichts des Landhungers der Weißen und ihrer Gier nach edlen Metallen unbeantwortet. Konzepte für ein gleichberechtigtes Zusammenleben in den amerikanischen Weiten haben keine Chance. Völkermord und Vertreibung werden legalisiert.

Die einheimischen Indianer sind das leibhafte schlechte Gewissen jedes anständigen Amerikaners. Die bewundernswerte Errungenschaft der Menschenrechte in den USA hat sie bis in die Neuzeit ausgespart. Yankees haben im Bürgerkrieg unter großen eigenen Opfern das Blut ihrer südstaatlichen Mitbürger vergossen, um die Sklavenhaltung abzuschaffen. Aber im Umgang mit den Ureinwohnern des Landes hat ihr Sinn für Chancengleichheit versagt. Die in der Unabhängigkeitserklärung der USA festgeschriebenen sittlichen Normen haben die »Ersten aller Amerikaner« im 19. Jahrhundert allenfalls gestreift. Im Schmelztiegel der Rassen und Hautfarben sind sie der Bodensatz geblieben.

Heute leben in den Reservationen Hunderttausende

dürftig als Amerikaner zweiter Klasse, vom Staat ausgehalten und als Rasse erniedrigt. Sie dürfen zur Wahl gehen und die Reservationen verlassen, aber sie haben nur wenig Perspektive. Mit ihrer schlechten Bildung und Ausbildung sind sie für die moderne Berufswelt kaum geeignet. Einige hundert gewiefte indianische Anwälte und Unternehmer und ein paar tausend andere in gehobenen Berufen sind Ausnahmen, die als Beweis für eine gelungene Indianerpolitik nicht ausreichen.

Weiße und Indianer haben nach der Zeit der Entdeckungen und des Pelzhandels keine brauchbaren Konzepte für ein weiterhin gleichberechtigtes Zusammenleben entwickelt. Für dieses schicksalhafte Unvermögen beider Seiten, sich zu verständigen, wird von Robert M. Utley in seinem großartigen Werk »The Indian Frontier of the American West« ein symbolischer Mythos angeführt: Die Zuñi von New Mexico verehrten als Gottheit die Kachina, eine Menschenpuppe, die, Rücken an Rücken an ein Wesen aus einer anderen Welt gefesselt, aus der Unterwelt in die Gegenwart aufgestiegen war, so der Glaube.

Europäische Kritiker der amerikanischen Siedlungspolitik haben die Legende ausgesponnen: Die Ureinwohner seien auf dem »Altar« des allmächtigen Dollars geopfert worden. Aber es sind die Europäer, die die Indianer auf dem Gewissen haben. Angesichts ihrer Millionen von Auswanderern nach den USA haben sie niemals den Vorrang der Zivilisation vor der Wildnis und ihren Bewohnern in Frage gestellt. Sie waren egoistische Realisten mit einer Krokodilsträne für den »armen Wilden« im Auge, als sie zu Amerikanern wurden. Alle Weißen wollten sein Land nehmen und ihn nach ihrem Vorbild umerziehen.

Scheiterte der Versuch, nahm man die Auslöschung der Widerspenstigen selbstgerecht in Kauf.

Aus heutiger Sicht ist verständlich, warum sich die Indianer zwischen 1846 und 1890 mit wilden Aufständen gegen die Beschränkung auf Reservationen gewehrt haben. Die Namen einiger Häuptlinge, die Widerstand gegen die kulturelle Verfremdung ihrer Völker leisteten, haben sich eingeprägt: John Ross für die Cherokee, Sitting Bull und Red Cloud für die Ogalla Sioux und Hunkpapa; Mangas Colorados, Cochise und Geronimo für die kriegerischen Apachen, Chief Joseph für die Nez Percés. Die Entwurzelung durch die Vertreibung aus ihren Dörfern und Jagdgründen war der Untergang ihrer Kulturen. Es war eine perfide Idee der Weißen, in den Ureinwohnern »den Indianer zu töten, um sein Leben zu retten«, schrieb ein Kritiker der offiziellen Indianerpolitik.

Oft wird den Indianern vorgeworfen, sie hätten durch endlose Stammesfehden und vielfach Verrat ihren Untergang mitverschuldet. Als Nation geeint, wären ihnen in der Auseinandersetzung mit den Weißen ganz andere Bedingungen beschieden gewesen. Aber eine indianische Nation hat es, soweit sich die Spuren zurückverfolgen lassen, nie gegeben. Dagegen wurden über 500 indianische Völker, vermutlich asiatischer Herkunft, gezählt, die obendrein in zahlreiche Stämme, Sippen und zeitweise existierende Banden zerfielen. Sie sprachen mindestens 300 ausgeprägte Idiome und konnten sich bei unterschiedlichen Sprachfamilien nur über eine komplizierte Zeichensprache grob verständigen. Alles in allem lebten Anfang des 19. Jahrhunderts über den nordamerikanischen Kontinent verstreut knapp eine Million in Statur, Aussehen und Verhalten ganz unterschiedliche Eingeborene, davon rund

400 000 im amerikanischen Westen. Derzeit wächst die lange stagnierende indianische Bevölkerung wieder um zehn Prozent jährlich. Den Oberbegriff »Indianer« hatten die Weißen geprägt, weil Kolumbus Amerika für Indien hielt. Ein Irrtum, durch den sich Amerikas Ureinwohner erniedrigt fühlen.

Kulturell waren die eingeborenen Indianer entfernt miteinander verwandt. Sie kannten nur sehr einfache Techniken, mit denen sie ihren Lebensunterhalt bestritten. Sie nutzten beispielsweise das Rad nicht, obwohl sie es kannten. Die Nomaden ernährten sich auf weiten Reisen durch Wüsten und Karst von Pemikan, einer Art Konserve aus Trockenfleisch und Beeren, zu Bröseln zerstoßen und in Därme abgefüllt. Selbst die Ackerbau betreibenden südwestlichen Pueblo-Indianer lebten ohne große Vorsorge für Notfälle in den Tag hinein.

Die Kleidung der seßhaften Stämme war mehr ornamentiert als die der Nomaden. Die übliche Tracht bestand aus Mokassins, Ledergamaschen, Lederhemd und in kalten Wintern zusätzlich aus Leggins und Büffelfellmantel. Frauen trugen ärmellose Ledertuniken. Die Nomaden bemalten ihre Zelte mit Ereignissen aus dem Leben der Familien. Auf der Kleidung wurden geometrische Ornamente bevorzugt. Bei manchen Stämmen waren beide Geschlechter tätowiert.

Die meisten amerikanischen Völker verehrten Naturgottheiten, sahen in jedem Lebewesen eine »Persönlichkeit«. Man tanzte sich in Trance, um die Zukunft zu deuten. Dabei halfen die Shamanen. Nur die Pawnee sollen bis Anfang des 19. Jahrhunderts wie die vorkolumbianischen Völker Menschen geopfert haben: Beim Sonnenritus wurde gefangenen Jungfrauen das Herz herausgerissen, heißt es. Sonst war ein unblutiger Sonnenkult weit verbreitet.

Die Indianer waren Fatalisten, die ein Auskommen mit ihren natürlichen Ressourcen anstrebten, nicht aber die Dienstbarmachung ihrer Umwelt. Bei allen Völkern herrschte Arbeitsteilung zwischen den nach außen orientierten Männern, die auf die Jagd und in den Krieg zogen, und den auf Dorf und Gemeinschaft konzentrierten Frauen, die fast alle anderen Arbeiten verrichteten. Zu schuften wie die weißen Siedler lehnte der »Rote Mann« kategorisch ab. Was über das zum Leben Notwendige hinausging, war nicht erstrebenswert. Fast alle Indianer stellten ihre persönliche Freiheit über jede Art autoritären Zwangs. Sie akzeptierten ihre Häuptlinge meistens nur als Ratgeber. Zur Zustimmung mußten sie überredet werden, wenn es um gemeinsame Stammesangelegenheiten ging – eine Art Konsensmodell, wie es die heutigen Japaner in ihren Unternehmen bevorzugen.

Grundsätzlich galt die erste Treuepflicht der Familie, dann der Sippe und danach erst dem Stamm oder Volk – die Unterscheidung ist oft unklar. Es gab einen strengen Moralkodex mit Verhaltensregeln. Man hing an den heimatlichen Jagdgründen, die allen gemeinschaftlich gehörten. Man kannte zwar besondere Nutzungsrechte, aber Land besitzen konnte niemand, da es allen heilig war. Weil die Indianer Privateigentum ablehnten und mißachteten – so wurde von den Weißen später befunden –, seien sie reif für eine Umerziehung unter Aufsicht, damit man sie integrieren konnte. Diese Hybris raubte ihnen ihre Identität.

Die Stämme waren oft Dorfgemeinschaften. Sie empfanden sich ganz entschieden als autonome Einheiten. Die »anderen« wurden in der Regel als Feinde betrachtet. Man konnte aber mit Fremden zeitweise Bündnisse eingehen und Banden bilden, um zu plündern, Gefangene zu machen oder die Jagdgründe zu erweitern. Oft überlagerten sich diese Jagdgründe, was mitunter zu dauerhaftem Zwist führte.

Für eine trennende Fremdheit sorgten unterschiedliche Lebens- und Organisationsformen, kulturelle Gewohnheiten und mythische Überlieferungen. Jedes Volk sprach, wohnte, ernährte und kleidete sich auf seine Weise. Wie schon beschrieben, lebten die Navajo als Schafzüchter in Blockhäusern, die mit Grassoden gedeckt waren. Die Pueblo-Indianer bewohnten Mehrfamilienhäuser aus Lehm und bauten Kartoffeln, Mais und Bohnen an. Es gab Nomaden, die, wie anfangs auch die Apachen, zu Fuß reisten und jagten, während sonst schon Reittiere bevorzugt wurden.

Den äußeren Westen bewohnten Mitte des 19. Jahrhunderts viele unterschiedliche Völker: Sammler, Jäger, Fischer, Vieh- und Pferdezüchter. Es gab Nomaden, Seßhafte und Halbnomaden, kriegerische und friedliebende Naturmenschen, Sklavenhalter und solche, die dies ablehnten. Manche Stämme waren dem Alkohol völlig verfallen, andere gar nicht. Die schwächeren Völker wichen den stärkeren aus. Da sie über die Weite des Landes verstreut waren, bestand für die Indianer keine Notwendigkeit zu übergreifenden, staatsbildenden Mechanismen.

Zu sehr waren die westlichen Indianer in ihren kleinen Verbänden eingefleischte Individualisten, um sich gegen eine Bedrohung von außen zu solidarisieren. Auch diejenigen Indianer, die noch nie einen Weißen gesehen hatten, waren Anfang des 19. Jahrhunderts durch knapp 400 Jahre Grenznähe zu den weißen Entdeckern und Eroberern nicht mehr unberührte Eingeborene. Von den Spaniern stammten ursprünglich die Pferde, die den Hund als Transportmittel ablösten. Es waren entlaufene Tiere, die Wildherden gebildet hatten. Mit dem Pferd konnten die Eingeborenen große Entfernungen überwinden, schwerere Lasten auf den nachgeschleiften Tragen transportieren, Büffel in den großen Prärien jagen – weit über den eigenen Bedarf hinaus.

Das Pferd, das alle diese Errungenschaften für die Indianer mit sich brachte, gefährdete jedoch das Zusammenleben von Mann und Frau. Denn die Frauen, die allein die schwere Arbeit verrichteten, hatten nun ein noch größeres Pensum zu erledigen: Für die Pferde mußte Futter besorgt werden. Statt eines Büffels töteten die Reiter nun mehrere, deren Verwertung ebenso Sache der Frauen war. Als das eine Squaw (ein obszönes Schimpfwort, das sich bei den Weißen einbürgerte) allein nicht mehr schaffte, legten sich die Krieger – oft durch Raub – mehrere zu. Damit zerfielen die partnerschaftlichen Familien als Keimzelle der indianischen Tradition und Kultur.

Das ausdauernde Maultier, von den Weißen gezüchtet, bewährte sich beim Transport von Handelsware. Von den Franzosen, später auch von den Briten und den Amerikanern bekam man die Feuerwaffen. Wer mit ihnen zu kämpfen verstand, hatte bald die Oberhand. Stämme ohne Waffen zogen sich meist in die Berge zurück. Aber durch Feuerwaffen wurde man abhängig von den weißen Munitionslieferanten und ihren Reparaturspezialisten. Das korrumpierte den Widerstandsgeist gegen die Weißen. Siedlungs- und Jagdgebiete veränderten sich, und damit auch viele Lebensgewohnheiten.

Kluge indianische Führer suchten die Annäherung an

die westwärts vordringenden Weißen. Von denen waren ein Drittel europäische Immigranten, die sich nicht weniger abweisend als die auf dem Kontinent geborenen Amerikaner verhielten. Die indianischen Führer sahen ihre Völker in der Isolation und Konfrontation dahinsiechen. Von den schätzungsweise zehn Millionen nordamerikanischen Ureinwohnern zur Zeit des Columbus waren um 1850 bereits 90 Prozent durch ansteckende Krankheiten ausgelöscht worden.

Der erst von den Briten, dann auch von den amerikanischen Pelzhändlern gelieferte Alkohol beschleunigte den physischen und moralischen Verfall vieler dieser Menschen. Die aufflackernden Revolten entstanden aus purer Verzweiflung – Reservat bedeutete, lebend begraben zu sein; der berühmte Tom Fitzpatrick, erfahrener Trapper und Indianeragent, nannte die Reservate einen »legalisierten Völkermord – teuer, gemein und unmenschlich«.

Aber war dieses Konzept wirklich so ganz zu verwerfen? Die fünf »zivilisierten« Stämme – Cherokee, Creek, Choctaw, Chickasaw und Seminolen – bewiesen vor dem amerikanischen Bürgerkrieg das Gegenteil. Sie vollzogen trotz aller Wechselfälle im Verlauf der Indianerpolitik in den ihnen zugewiesenen Gebieten als nationale Minderheiten, demokratisch verfaßt und mit fest umrissenen Gebietsgrenzen, die von den Weißen gewünschte Akkulturation in vorbildlicher Weise. Sie wurden gute Farmer, entwickelten ein eigenes Schulsystem, verhielten sich wie brave Christen und lebten in der Gemeinde, wie es ihnen die Weißen beigebracht hatten. Aber sie hatten das Glück, eine begabte und anpassungsfähige Führungselite hervorzubringen, und sie siedelten auf fruchtbarem, gut bewässertem Boden mit reichlich Holz, Kohlevorkommen und anderen Ressourcen, die sich verwerten ließen. Ein vorteilhaftes Zusammentreffen von Umständen, das sich andernorts nicht wiederholte. Später wurden auch diese angepaßten Ureinwohner von den Yankees geknüppelt, weil sie teilweise auf seiten der Südstaaten gekämpft hatten.

Die ersten Begegnungen zwischen Indianern und Amerikanern im äußeren Westen hatten noch im Zeichen des gegenseitigen Wohlwollens und der Achtung stattgefunden. An Reservationen für die Indianer dachte Anfang 1800 niemand. Thomas Jefferson lobte die verglichen mit der weißen Rasse bessere physische Kondition der Ureinwohner und den hohen Stand ihrer medizinischen Kenntnisse. Auf einen rechtlichen Kodex, meinte er, könnten sie angesichts ihrer hohen Moral verzichten. Die Anthropologen bewunderten die kulturelle Vielfalt der Lebensformen und Gebräuche der Ureinwohner. Sie gestanden sich auch die spirituelle Überlegenheit der indianischen Religiosität über frühe christlich-jüdische Traditionen ein. Sie erkannten bald, daß die Indianer mit der Wildnis gut zurechtkamen, daß sie ein großräumiges Wegenetz geschaffen hatten, den pazifischen Urwald durch Abbrennen des Unterholzes begehbar machten und auf die gleiche Weise die Weidegründe regenerierten. Das alles gab diesen gebildeten Weißen die Ahnung eines indianischen Begriffs von Zivilisation, der weder kulturphilosophisch noch moralisch den weißen Vorstellungen unterlegen war.

Von gezielten Aggressionen wird in der ersten Zeit der Besiedlung selten berichtet. Wo sie auftraten, sind ihre Urheber wohl in beiden Lagern zu suchen. Die Trapper fingen die Biber, deren Felle die Indianer selbst an die Pelzhandelsgesellschaften verkaufen wollten. Weiße, die Indianerinnen zu sich genommen hatten, mußten sich auf die Seite ihrer indianischen Familienangehörigen schlagen, wenn diese in Stammesfehden verwickelt wurden. Rund 20 Prozent der Trapper lebten mit Squaws zusammen. Da konnten Spannungen nicht ausbleiben.

Weiße haben das Denkmal des »edlen Wilden« aufgerichtet. Sie lobten seine Selbstlosigkeit und Gastfreundschaft, übersahen dabei aber sein unstetes Temperament. Im Überschwang der Eindrücke und Gefühle bereiteten diese unkritischen Indianerfreunde damit ihre eigene Ernüchterung vor. Bedrängt, beraubt und beleidigt von Weißen, verhielten sich auch Indianer rachsüchtig und grausam. Es war das Gesetz der Wildnis. Bitter enttäuschte Zuneigung schlug bei bedrohten weißen Siedlern in krasse, verallgemeinernde Ablehnung um. Furcht und Mißtrauen lösten unkontrollierte Reaktionen aus. Als die Weißen für die Indianer ein Problem wurden, wurden diese es auch umgekehrt für die Weißen.

Die europäische und vor allem die deutsche Indianerliteratur hat diese Schwenks der Gefühle und Einstellungen unter dem Einfluß des jeweiligen Zeitgeistes sehr vergröbert nachvollzogen: Ein Indianer mit allen seinen differenzierten Eigenschaften und unter Berücksichtigung seiner Lebensverhältnisse hätte als literarische Figur kaum Millionenauflagen gesichert. Das Publikum wollte den »wilden Exoten«. Für die Deutschen sollte er beispielsweise entweder edel, hilfreich und gut sein wie die Helden Richard Wagners oder sadistisch, falsch und primitiv wie die Hunnen, die über die Nibelungen hergefallen waren. Die Schriftsteller schufen eine künstliche Welt, in der sich Sehnsüchte, Aggressionen und unterdrückte Neigungen ausleben konnten. So blieb der Westen für die einen das Gelobte Land, für die anderen Sinnbild für Mord und Totschlag. Dabei schnitt der belesene Karl May, der nie den Schauplatz seiner Romane betreten hatte, mit einer vergleichsweise nüchternen und ungeheuchelten Würdigung der Zivilisierung der Indianer noch am besten ab. »Würde man«, schrieb er, »einem Knaben nach einigen Monaten Schulzeit eine Kopfnuß verabreichen, weil er noch nicht das Zeug zum Professor erlangt hat?«

Die häufigsten Eigenschaften, die den Indianern zugeschrieben wurden, waren Prinzipienlosigkeit, der Hang zum dandyhaften Auftreten, Maßlosigkeit, aber auch stoisches Verhalten, Würde, Klugheit, Hilfsbereitschaft in großer Not und Harmoniebedürfnis bei wichtigen Entscheidungen, die alle angingen – sehr widersprüchliche Charakterzüge für die damalige weiße Gesellschaft, die bereits eine gewisse Neigung zu gleichförmigen Verhaltensweisen entwickelt hatte.

Noch heute spricht man in den USA – je nach Einstellung beschämt oder gekränkt – von der »Indianerfrage«. Die Wortwahl akzeptiert die Unterstellung, daß sie nicht schlüssig beantwortet ist. Das hängt damit zusammen, daß die Indianer nie als »Menschen wie wir alle« betrachtet wurden, sondern als unzivilisierte Wesen. Das zwischen Verklärung und Verteufelung schwankende Bild des nordamerikanischen Indianers, diese irreführende Spiegelung aus Mythos und Vorurteil, hält den Erkenntnissen der neueren Forschung nicht stand.

Sie hat sich unter anderem mit den aufschlußreichen Verhaltensmustern der westwärts reisenden Trecks und der von ihnen betroffenen Indianer beschäftigt. Statistiken und detaillierte Berichte stützen Aussagen, nach denen die Konfrontationen überwiegend von beiderseitiger Kriminalität verursacht worden sind. Sie wurden durch Agitation zu einer fragwürdigen nationalen Hysterie hochgepeitscht. Die Folgen waren für die Indianer verheerend. Sie beschädigten aber auch das Bild des toleranten Weißen für immer. Sie zeigten sein mitleidloses, rassistisches und egoistisches Gesicht unter der Tünche christlicher Menschlichkeit, wie sich selbstkritische Beobachter eingestanden haben.

Dabei hat es auch nach den Konfrontationen mit den Indianern noch Tausende von weißen Siedlern und Jägern gegeben, die keine Vorurteile gegen die Indianer hegten und sich ein gleichberechtigtes Zusammenleben mit ihnen durchaus vorstellen konnten. Vorurteilsfreie Kenner der Indianerszene bescheinigten vielen Häuptlingen und ihren Kriegern eine realistische Sicht ihrer Lage und Bereitschaft zur Zusammenarbeit.

Die noch junge Wissenschaft der Völkerkunde trat sogar energisch für die Urbevölkerung ein. Ihre Solidarisierungskampagnen bildeten zeitweise ein Gegengewicht gegen die Tendenzen der Vertreibung und Ausbeutung. Die Naturalisten und Ethnologen strebten, abgestoßen vom europäischen Frühkapitalismus und Imperialismus, eine friedliche Koexistenz der weißen und indianischen Kulturen an – einen philanthropischen amerikanischen Way of Life, nicht aber die Zivilisierung der »Wilden« um jeden Preis. Deshalb fühlten sie sich zu einer Modellsituation hingezogen, die von utopischen Sozialisten 1826 mit der Gründung von »New Harmony« geschaffen wurde. Diese idealsoziale Schöpfung sollte die weltanschauliche Heimat einer ganzen Generation von Wissenschaftlern und Forschern werden, darunter europäischen Adligen wie Prinz Maximilian von Wied, aber auch amerikanischen und englischen Biologen und Geologen von Rang. Die Intellektuellen fühlten sich zu dem idyllischen Flecken am Wabash-Flüßchen nicht weit von Newport, Cambridge, geistig und moralisch hingezogen. Auf 30 000 Acres war dort eine Siedlung angrenzend an Indianerland entstanden, in der die Menschen Toleranz, Gleichheit und Brüderlichkeit verwirklichen sollten. Die mit ihren aufrüttelnden Ideen so glanzlos in der Restauration untergegangene französische Revolution stand Pate.

Bezeichnend für das Programm von New Harmony waren die Überzeugungen der Gründerväter: Der britische Unternehmer Robert Owen, der das Los der Arbeiter in seinem Land bessern wollte, der Pädagoge Scott William Maclure und eine Gruppe exilierter deutscher Sozialisten unter Georg Rapp trugen das Projekt finanziell und geistig. Der Einfluß der deutschen Arbeiterbewegung war deutlich. Hier sahen namhafte amerikanische und europäische Naturwissenschaftler Ansatzpunkte für den Umgang der neuen Siedlungen im äußeren Westen mit den Ureinwohnern. Von Cambridge aus gingen Impulse sowohl für die Erkundung des Westens als auch für die Lösung der Indianerfrage aus. Daß diese humane Bewegung keine größere Anhängerschaft sammeln konnte, hängt sicher auch mit der Abneigung vieler Amerikaner gegen sozialstaatliche Bevormundung zusammen.

Der Grosse Weisse Vater
lässt seine Kinder im Stich

Der Kampf zwischen den vorrückenden Weißen und den Ureinwohnern wird brutal geführt. Dabei sind die Indianer weit häufiger Opfer als Täter. Unter Präsident Ulysses Grant gewinnen Befürworter einer friedlichen Indianerpolitik die Oberhand, aber die Yankees am Potomac sind zu schwach, um sie in den westlichen Jagdgründen durchzusetzen.

Am Ende hat sich in der US-Indianerpolitik die Einstellung durchgesetzt, die eine Western-Ballade mit dem Titel »Whoopee Ti Yi Yo, Git Along, Little Doggies« so treffend vermittelt, wenn es da heißt: »Es ist euer Unglück, aber nicht meins.« So zeichnete sich schon kurz nach dem Aufbruch der ersten weißen Trecks zur Pazifikküste das Ende eines vierzigjährigen Friedens ab, den höchstens einige rot-weiße Scharmützel getrübt hatten. Die Mitwirkenden an diesem humanitären Ausverkauf waren schießwütige Weiße, die ihre eigene Inferiorität an den Rothäuten abreagierten, und skrupellose Spekulanten. Aber auch verängstigte Siedler und Goldsucher, denen die Warnung vor der angeblichen Tücke und dem Verrat der »Wilden« mit auf den Weg gegeben worden war, wurden zu Befürwortern von Gewalt. In diesem Klima der Verhetzung gedieh der Gedanke der Vertreibung. Ein kalifornischer Siedler schlug allen Ernstes im Namen vieler seiner Bekannten vor, die Eingeborenen mit Pocken zu infizieren, um sie loszuwerden.

Vorwände lieferten die meist jüngeren Rothäute, die sich unbeherrscht und gegen den Rat ihrer Häuptlinge an den Bleichgesichtern vergriffen. Einige dieser Aufwiegler gehörten zu den Stämmen, die bereits im Osten der USA ausgesiedelt worden waren und vergeblich auf die ihnen versprochenen Entschädigungen warteten. Mit dem Vorrücken der Siedlungsgrenze sahen sie sich statt dessen erneut mit einer Vertreibung oder Enteignung konfrontiert. Sie hatten keine Illusionen mehr über weiße Vertragstreue.

Weiße Banditen schlüpften, angestiftet von Hintermännern in weißer Weste, in die Rolle des »bestialischen Wilden«. Als Indianer maskiert, wüteten sie unter den Siedlerfamilien und schürten so den Haß auf die Rothäute. Brutale Offiziere und Soldaten hatten damit ihr Alibi, wenn sie auf ihren Strafzügen in unverhältnismäßiger Auslegung ihres Auftrags indianische Krieger und Squaws mit ihren Kindern niedermetzelten. Colonel Chivingtons Massaker an den Cheyenne am Sand Creek 1864 empfanden selbst die Expansionisten, die für die Ausdehnung des Imperiums auf Indianerland eintraten, als ein Verbrechen in einem nichterklärten Krieg.

Scharfmacher, die alles, was ihnen vor die Flinte kam, töteten, einschließlich der Büffel und des Viehs, gab es auf beiden Seiten. Genaues war oft schwer zu erfahren. Wer sühnte wessen Schuld? Gab es überhaupt noch eine klare Unterscheidung zwischen Schuldigen und Opfern? Das

Skalpieren wurde auf beiden Seiten Mode. Obwohl bekannt war, daß vielfach unschuldige Indianer Opfer der weißen Soldaten geworden waren, nahm die antiindianische Stimmung mit dem Ruf nach mehr Militär in den westlichen Territorien weiter zu. So kam es, daß man den »edlen Wilden« schließlich zum »Freiwild« erklären durfte, an dem sich der weiße Pöbel, aber auch der Staat und seine Organe ungestraft vergreifen konnten. Aber noch immer gab es Menschen mit Skrupeln, die sich nicht blind an der Treibjagd beteiligten. Während die Spanier mit Hilfe englischer Hazienderos die Ureinwohner Patagoniens bedenkenlos ausrotteten und Weiße die Mapuche in Chile zwangsintegrierten, blieb die ganz große »Säuberung« im US-Westen aus.

Immer gab es auch »die anderen« Amerikaner. Unter ihnen angesehene Wissenschaftler und Politiker. Sie bestürmten den Kongreß mit Eingaben zum Schutze der Indianer. Ihnen ging es nicht darum, den Schein der Legalität zu wahren. Sie kämpften dafür, daß sich die Brutalität der spanischen Conquista in Südamerika in den USA nicht wiederhole. Siedler bestätigten mit Hunderten von Unterschriften die Hilfsbereitschaft der Ureinwohner, die sie immer wieder erfahren hatten. Endlich wurden Kommissionäre in Washington und Agenten in den Stammesgebieten eingesetzt, um die Beziehungen zwischen Weißen und Indianern zu versachlichen.

Doch viele dieser Beamten waren völlig unerfahren oder abscheulich korrupt. Das meiste Geld des Steuerzahlers für die Indianer verschwand anfangs in dunklen Kanälen. Es wurden Verträge über geschützte Territorien geschlossen und von beiden Seiten nach den ersten Zwischenfällen wieder gebrochen. Unter Präsident Ulysses Grant setzte sich ab 1870 endlich eine auf friedliche Zivilisierung bauende Indianerpolitik zumindest auf dem Papier durch. Sie wurde bis 1933 als offizielle Politik (mit Schwankungen) beibehalten. Aber Frieden brachte sie den gegeneinander aufgebrachten Parteien zunächst nicht.

Einige Male ging die Armee später auch gegen Siedler und Viehzüchter vor, die sich Indianerland, das von Washington garantiert worden war, einfach angeeignet hatten. 1885 trieb die Armee 200 000 Stück Vieh von illegal genutztem Weideland. Mit allen bedeutenden Stämmen der Indianer und deren Repräsentanten wurde in der ersten Hälfte des 19. Jahrhunderts die Friedenspfeife geraucht. Häuptlinge waren in vollem Putz im Weißen Haus erschienen oder auf Good-Will-Tour durch die Städte des Ostens gereist. Gewiß, man wollte sie in ihrer Exotik vorführen. Aber dahinter stand auch der Versuch, die Integration zu fördern. Doch die stellten sich die Indianer anders vor als die von ihrem zivilisatorischen Sendungsbewußtsein durchdrungenen weißen Bildungsbürger und Profiteure.

Der »Große Weiße Vater«, der Bleichgesichter und Rothäute unter seine Obhut nahm, war anfangs unter den Eingeborenen eine durchaus geschätzte Figur. Noch Anfang des 19. Jahrhunderts waren die miteinander verfeindeten indianischen Nationen auf Zureden der Armee und der wissenschaftlichen Expeditionen bereit gewesen, das Kriegsbeil zu begraben. Zu der Zeit weckte die Autorität der Weißen noch Vertrauen, die indianischen Stämme hofften noch auf ihre Vermittlung.

Für ihr Wohlverhalten war den indianischen Völkern der Handel versprochen worden, den sie dringend brauchten, um ihren Lebensstandard zu heben. Endlich fanden sie bei weißen Aufkäufern einen Absatzmarkt für Felle, getrocknetes Fleisch und Fisch. Sie tauschten dafür Waffen, Munition und Werkzeuge ein, womit sie wiederum ihr Warenangebot vergrößern konnten. Aber dieser Handel hatte eine sehr häßliche Kehrseite, die mit dem Glauben der Amerikaner an das Prinzip eines schrankenlosen Wettbewerbs und der Trunksucht vieler Indianer zusammenhing. Für billigen Tand und Alkohol verschleuderten die als Verbraucher unmündigen Eingeborenen die kostbaren Pelze, die sie erjagt hatten. Der pensionierte General Hiram Martin Chittenden warf in seinem 1902 erschienenen Buch über den Pelzhandel des fernen Westens, das bis heute als Standardwerk gilt, der US-Regierung vor, daß sie es versäumt habe, den Indianerhandel zu verstaatlichen und das Verbot des Alkoholverkaufs im Westen durchzusetzen.

Die meisten Rothäute wurden ihrem Ruf als wilde Krieger in der Anfangszeit der Besiedlung kaum gerecht. Sie erwiesen sich dagegen als geschickte Tauschhändler, die ausdauernd und meist mit Erfolg um ihren Vorteil feilschten. Deshalb kamen ihnen die Bleichgesichter gerade recht, die Pferde, Kleidung und Nahrung brauchten. Bald schon sollten die Preise steigen. Man nutzte die Konjunktur und verstand sich darauf, weiße Greenhorns übers Ohr zu hauen – genau wie es die weißen Händler mit ihren unerfahrenen Mitbürgern taten. Nein, unintelligent waren diese dunkelhäutigen Menschen nicht. Für weiße Frauen hätten sie allerdings ihren ganzen Besitz aufgeboten. Ganz verachtet haben können sie damals die Weißen kaum.

Dutzende von Häuptlingen trugen stolz die Medaillen mit dem Bildnis der US-Präsidenten, weil sie sich von ihnen eine Beilegung der eigenen Wirren, Schutz und Unterstützung erhofften. Mehrheitlich wollten sich diese Indianer in den ihnen fremden Staat einordnen, obwohl sie ahnten, daß dies ihren Lebensraum beschneiden würde. Nur einige rechthaberische Heißsporne und Kriminelle, die es in jeder Bevölkerung gibt, wollten es auf Kraftproben ankommen lassen.

Doch dann kam alles ganz anders. Der mächtige weiße Häuptling und Medizinmann in Washington sackte entgegen der von ihm verkündeten Rechtsstaatlichkeit die Jagdgründe ein. Somit entlarvte der Vormund sich als verräterischer Betrüger. Der schwache Staat im Osten der USA hielt in seiner liberalen Frühzeit nicht viel von Exekutive, von Behörden und Beamten auf Steuerzahlers Kosten. Schon schlimm genug, daß man gegen die äußeren Feinde zur Abschreckung eine Armee unterhalten mußte; an eine Indianerbehörde war vor der großen Westwärtsbewegung der Siedler nicht zu denken. Verträge sollten wohl mit den Indianern geschlossen werden; aber, wie ein Autor es ausdrückte, »hatten sie den nationalen Interessen zu dienen, ohne die nationale Ehre zu beflecken«.

So ergriffen die ersten zum Pazifik stürmenden amerikanischen Bürger erst einmal ungehindert Besitz vom Indianerland – oft genug mit Gewalt; was hatte man schließlich damit zu tun, daß die Regierung in Washington es versäumte, Verträge mit den Vorbesitzern auszuhandeln? Die Siedler und Goldsucher fragten nicht, ob der Durchzug durch die Jagdgründe, die Reduzierung der Wildbestände und die Nutzung von Weideland oder Brennholz gestattet sei.

Die wütenden Häuptlinge verlangten ein bescheidenes Entgelt für die Passage durch ihre Jagdgründe. Das brachte die Durchreisenden in Rage. Gegen die Drohgebärde der auf dem Rücken seines ungesattelten Pferdes stehenden Rothaut, die den Speer den Zugochsen vor die Hufe rammte, empörte sich weißes Überlegenheitsgefühl mit der Hand am Abzug des Repetiergewehrs. Die Stämme verlangten mit der Zeit Entschädigung von den weißen Eindringlingen – wie manch fairer Trecker fand, ganz zu Recht; jedem Weißen hätte man ja auch die Fährdienste oder andere Hilfeleistungen bezahlt.

Gewiß, die Indianer haben als »geborene« Pferdediebe die Trecks oft genug bestohlen; nichts war vor ihnen sicher, was unbeobachtet blieb. Doch das war für die räuberischen Nomadenstämme nichts Besonderes; untereinander verhielten sie sich nicht anders. Es vergiftete leider die Beziehungen auch zu den friedliebenden Reisenden, die mit ihren Zugtieren und ihrem Vieh die wichtigste Habe und oft auch die Mittel für eine Weiterreise verloren.

Das Verhältnis der Weißen zu den Indianern muß damals zutiefst widersprüchlich gewesen sein. Die Siedler konnten den instinktsicheren einheimischen Naturburschen ihre Dankbarkeit nicht versagen, wenn diese sie als Pfadfinder oder Bootsführer begleiteten. Wenn Indianer schwimmend das Gut der Siedler über die breiten und schnell dahinschießenden Gewässer flößten, verlangte das ehrlichen Respekt ab. Sie halfen mit allem Notwendigen und ihrer Ortskenntnis aus, wenn Siedler und Goldsucher nicht mehr weiter wußten. Sie beförderten Briefe getreulich und pünktlich, legten das Lagerfeuer an, holten auf der Rast vergessene Waffen zurück, borgten wunden Reitern ihre Satteldecken und fingen Fische fürs Abendessen. Viele Indianer zeigten eine Menschlichkeit, die man ihnen selbst vorenthielt. Statt Dankbarkeit oder gar Entlohnung für die freiwilligen Hilfeleistungen zu zeigen, versuchten viele Weiße, sich durch Zwang diese wichtige Unterstützung zu sichern. Offenbar war der weiße Mann unfähig, selbstlose Nächstenliebe zu begreifen, wie sie die »Wilden« auch untereinander bewiesen, wenn sie beispielsweise die Frauen und Kinder ihrer gefallenen Krieger gleichberechtigt in die eigenen Familien aufnahmen.

Aber der alte Mann, der nur mit einem Zylinder bekleidet den pietistischen Siedlern entgegentrat, hatte es schwer, Würde auszustrahlen. Wie konnten diese nackten »Wilden« Achtung beanspruchen, wenn sie für ein paar bunte Bänder, Whisky und billigen Tand ihre Rassepferde verhökerten? Was dachten sie sich dabei, wenn sie bei den Weißen um Empfehlungen bettelten, die sie selbst nicht lesen konnten? Waren das alles Tölpel? Als hätte es nicht auch die Schlauen unter diesen Indianern gegeben, die schon bald erkannten, daß sie sich die Waffen und die Munition der Weißen beschaffen mußten, um ihnen besser entgegentreten zu können.

Doch Sittenstrolche waren sie in den Augen bibeltreuer Christen gewiß, weil sie ihre schönen Squaws vermieten wollten oder alte Menschen einfach zum Sterben davonschickten, wenn die Jagdbeute ausblieb. Auch gewährten die Indianer auf dem Kriegspfad Frauen und Kindern keine Schonung. Der gute weiße Christ war entsetzt. Zwei Weltkriege und Hunderte von Regionalkriegen dürften inzwischen den Glauben an die überlegene Humanität der weißen Rasse wohl gebrochen haben. Amnesty International würde die damaligen Indianer sicher als weniger brutal eingestuft haben.

Waren die Indianer mutig oder nur tückisch? Es mag beide Sorten von Menschen gegeben haben, wie überall und zu jeder Zeit. Für Indianer gab es jedenfalls kein

»Kanonenfutter«. Krieger, die bei Kämpfen Kameraden verloren, mußten bei deren Angehörigen um Vergebung bitten. Kämpfen bedeutete vor allem, mit möglichst wenig Opfern zu siegen. Die in Schlachtordnung auf die Wagenburgen vorrückende indianische Kavallerie in der Kriegsbemalung der Wildwestfilme haben die wirklichen Trecks und die Armeezüge fast nie erlebt. Nur ein Vorfall dieser Art ist verbürgt. Erst in der letzten Phase ihres Freiheitskampfes lernten die Indianer, sich die disziplinierte Taktik der US-Armee anzueignen. Aber da waren ihnen die jetzt mit Feldhaubitzen ausgerüsteten Soldaten bereits wieder weit überlegen.

Indianer kämpften ursprünglich nach Art der Guerilla überwiegend aus dem Hinterhalt, griffen die Vor- oder Nachhut der Armeekolonnen oder einzeln und in kleinen Gruppen reisende Weiße an. Im Kampf von Mann zu Mann waren sie fast immer Sieger, aber mit ihrer antiautoritären Einstellung hielten sie disziplinierter Abwehr nicht stand. Sie wichen dem Aufeinandertreffen aus, wenn sie keine Übermacht hatten. Andererseits riskierten junge Männer aus Angabe ihr Leben, wenn sie ungedeckt die sie in Schach haltenden Soldaten beschimpften. Konnte man soviel Dummheit begreifen? Das kulturelle Mißverständnis war zu groß, um dauerhafte Sympathie zwischen den beiden Rassen aufkommen zu lassen und Aggressionen vorzubeugen. Die Welt der Indianer blieb den Weißen so fremd wie umgekehrt die ihre den Eingeborenen.

Aber auf wessen Seite stand das Recht? Diese Frage stellten sich die ersten Eindringlinge ins Reich der amerikanischen Urbevölkerung wohl kaum. Als man ihr nicht länger ausweichen konnte, wies man entschuldigend auf die Massaker an den weißen Siedlern und Goldsuchern hin. Danach hing den gedemütigten Indianern des Westens eine blutrünstige Vergangenheit an. Das ist eine so grobe Übertreibung, daß man sie als frei erfunden bezeichnen darf. Offenbar gehörte es zur ausgeschmückten Selbstdarstellung der Überlandtrecks, gegen feindliche Indianer gefochten oder doch zumindest von Massakern gehört zu haben. Tatsächlich haben viele dieser Immigranten des äußeren Westens nie einen Ureinwohner gesehen, wie sie oft mit Bedauern ihren Briefen und Aufzeichnungen anvertrauten.

Nach vorsichtiger Schätzung sind von 1840 bis 1860 rund 400 westwärts ziehende Amerikaner durch Indianer umgekommen – nicht einmal ein halbes Prozent der auf all diesen Reisen an Krankheiten, Unfällen etc. Gestorbenen. Zu 90 Prozent konzentrierten sich die Feindseligkeiten auf die Jahre des Goldrauschs. Dagegen haben bei Schießereien mit Trecks, Einzelreisenden sowie Strafexpeditionen der Armee 500 bis 600 Indianer ihr Leben gelassen. Manche wurden mutwillig umgebracht, als sie sich ohne erkennbare Feindseligkeit näherten.

Die Zahlen sprechen für sich. Wie oft diese »Unzivilisierten« dagegen das Leben von Weißen retteten, verzeichnet keine Statistik – es müssen aber nach den Tagebüchern der Überlandreisenden Tausende gewesen sein. Eine wirkliche Plage waren nicht die mörderischen, sondern die diebischen Indianer. Das haben die meisten Siedler zugegeben, nicht aber ihre unredlichen Interpreten in den Zeitungsredaktionen, der Armee und der Politikerkaste. Die wollten an den »bösen Wilden« glauben, damit sie ihm ohne Gewissensbisse sein Land nehmen konnten.

PROVOKATION UND VERSAGEN

Mit erfundenen oder übertriebenen Indianer-Greueln wird die amerikanische Öffentlichkeit aufgeputscht. Verrohte Söldner und blutrünstige Offiziere schaden dem Ruf der viel zu schwachen Armee. Sie ist ihrer Aufgabe, Weiße und Rothäute auseinanderzuhalten, nicht gewachsen. Kriminelle Banden und Desperados im Kostüm der Indianer richten unter Siedlern und Goldsuchern Massaker an. In Regierungskreisen wächst die Einsicht, daß die Indianerfrage nicht mit weiterer Gewaltanwendung zu lösen ist.

In seinem preisgekrönten Werk »The Plains Across« stellt Verfasser John D. Utley eine interessante Frage: Wie konnte es trotz der ganz überwiegend durch Handel und Hilfe gekennzeichneten Beziehungen zwischen den Überlandreisenden und den Indianern dazu kommen, daß die vereinzelten Massaker und Morde so maßlos hochgespielt wurden? Ihm war aufgefallen, daß die wirklich tragischen Episoden, die er einzeln aufzählt, zunächst ganz unerwähnt geblieben waren. Utley kommt zu dem Ergebnis, daß mit Beginn der großen, staatlich erwünschten Besiedlung des Westens Indianerzwischenfälle oft provoziert wurden, um die Öffentlichkeit gegen die Ureinwohner einzunehmen. Wenn beide Seiten übereinander herfielen, um Rache zu üben oder Terror zu entfachen, standen am Ende in der öffentlichen Meinung doch immer tugendhafte Siedler gegen verräterische Indianer – die Vorverurteilung der Indianer war stillschweigend beschlossene Sache. Denn nur das paßte in das heroische Bild der patriotischen Landnahme, das die junge amerikanische Nation von sich selbst entworfen hatte.

Eine traurige Tatsache: Die Siedler und Goldsucher konnten oft nicht zwischen feindlichen und freundlich gesinnten Indianerstämmen zu unterscheiden. Darin erwies sich auch die Armee als Versager; sie wußte die Wirren nach 1870 nur noch mit Brutalität in den Griff zu bekommen. Viele ihrer Soldaten waren verrohte Söldner – manchmal Kriminelle, oft aggressive Männer, die nach Indianerblut lechzten. Doch auch die gutwilligen und disziplinierten Soldaten mußten durch die Verhältnisse aggressiv werden. In den Forts an der westlichen Grenze und im Indianerland waren sie in feuchten und lichtlosen, im Winter kalten, im Sommer stickigen Unterständen oder Baracken menschenunwürdig untergebracht. Viele schliefen lieber im Freien, als unter den altersschwachen Holzkonstruktionen begraben zu werden. Einige dieser Forts, zum Beispiel die Festung Laramie, waren von den Pelzhändlern übernommen worden und in erbarmungswürdigem Zustand.

Der gemeine Soldat lebte, in Mannschaftsräume gepfercht, schlecht und nur unregelmäßig besoldet. Bei undiszipliniertem Verhalten oder kleineren Verfehlungen wurde er barbarisch bestraft. Er verbrachte am Standort einen monotonen Alltag mit Wachestehen, Holzhacken für den Winter, Saubermachen der Quartiere und – wenn Zeit blieb – mit dem notwendigen Drill. Oft ließen sich

Durchreisende anwerben, die eine Unterkunft für den Winter suchten, um im Frühjahr wieder zu verschwinden. Die Moral dieser Berufssoldaten war niedrig, Desertionen häufig.

Die von der Armee bereitgestellten Uniformen paßten den wenigsten, die Schuhe drückten, und die Ausrüstungsgegenstände für den Felddienst waren oft so unpraktisch, daß sich die Soldaten im Laufe der Zeit auf eigene Kosten besser geeignetes Gerät zulegten. Das galt auch für Teile der unterschiedlichen Bewaffnung, bis sich die Winchesterbüchse und der Colt immerhin für die Kavallerie durchsetzten. Die berittene Truppe war das Rückgrat der westlichen Garnisonen.

Um die wenig abwechslungsreiche Verpflegung kreisten die meisten Gespräche. Kartoffeln und Zwiebeln waren begehrt. Zum Kochen und Backen konnte jeder abgestellt werden. Jeweils eine Wäscherin war 25 Mann zugeteilt – die meisten teilten über kurz oder lang auch das Lager eines oder mehrerer ihrer Kunden.

Feldärzte versuchten, ansteckenden Krankheiten zuvorzukommen – Heilung versprachen die ihnen zur Verfügung stehenden Mittel in ernsten Fällen nur selten. Die Krankenstuben waren noch weniger einladend als die Mannschaftsräume. Wegen der Infektionsgefahr ging man davon aus, daß sie ohnehin alle zehn Jahre abgerissen werden mußten. Aber immerhin war der »Doktor« für viele Soldaten eine Beruhigung und manchmal auch ein Trost.

Die Offiziere sahen sich als Kaste. Sie heizten damit die Aggressionen noch an; arrogant distanzierten sie sich strikt von ihren Mannschaften, wenn der Dienst vorbei war. Im Gegensatz zu den Soldaten durften sie ihre Familien oft in die Forts mitbringen. Man ließ die Soldaten und unteren Ränge fühlen, daß sie als Kameraden nicht zählten und nur Befehle auszuführen hatten. Natürlich gab es vereinzelt auch begabte Truppenführer mit menschlichen Zügen im Umgang mit ihren Untergebenen. Ihnen waren die größeren Erfolge bei der Befriedung der Indianer beschieden, zumal diese rühmlichen Ausnahmen einen Kampfgeist vermittelten, der nicht nur darin bestand, brutale Feindschaft und aufgestauten Haß auf das Soldatendasein an den als inferior betrachteten Rothäuten abzureagieren.

Wie roh und eintönig war dieses Soldatendasein selbst in der Freizeit! Das warme Bad in der Holzwanne im Winter und im Sommer das Schwimmen im Fluß, Karten- und Brettspiele sowie ein Tanzabend nur unter Männern, bei dem die Frauenrolle mit einem weißen, um den Arm gebundenen Fetzen markiert wurde, gehörten zu den wenigen Vergnügungen. Beliebter war vermutlich der »Hog Ranch« genannte Amüsierbetrieb mit Alkohol und Huren außerhalb der meisten Forts. Da blieb der Großteil des Solds, falls er überhaupt eintraf. Meistens kam er mit großer Verspätung und dann für mehrere Monate auf einmal an – die Ausflüge ins Vergnügen verliefen entsprechend.

Die Dragoner und Kavalleristen trugen fast die ganze Last des Felddienstes im Indianerland. Solange für jeweils 75 Mann die Ausrüstung in geschlossenen Wagen mitgeführt wurde, waren Indianerverfolgungen wenig effizient, denn die Hauptmühe mußte auf das Durchbringen des Trosses verwendet werden. Erst das Lasttier sorgte für eine dem indianischen Gegner angemessene Beweglichkeit. Für eilige Patrouillen führte der Berittene alles Notwendige mit – die Plane für das Zwei-Mann-Zelt, Decken, Mundvorrat, Hafersack, Pflock und Seil zum Anleinen des Pferdes und 100 Schuß Munition für Gewehr und Revolver sowie den Säbel, den man allerdings nur selten ziehen konnte, weil der Feind auf Distanz hielt. Im Winter mußte man auch zusätzliche Kleidung zum Warmhalten und Wechseln einkalkulieren. Grüne Kaffeebohnen und Tee wurden im Handbuch für die Berufssoldaten als wichtigste Stärkung vor und nach dem Kampf oder bei außerordentlichen Anstrengungen empfohlen.

Die größten Feinde der Soldaten waren Krankheiten, Wunden und Witterung. Dagegen konnten sie sich nur mangelhaft schützen. Im Winter kam es häufig zu Erfrierungen. Amputiert wurde notgedrungen ohne Betäubung und Sterilisierung der Instrumente. Im Sommer oder in den vielen Halbwüsten teilten sich Pferd und Reiter oft die knappen Wasservorräte. Manchmal mußten sich die Soldaten auf der Verfolgung mit einem Halbschlaf im Sattel begnügen. Skorbut und Verdauungsbeschwerden plagten die Männer.

Die verglichen mit der Vorbürgerkriegszeit später verdreifachte Truppenstärke war kein Gewinn. Die mit großen Einheiten durchgeführten Strafaktionen trafen fast immer die Falschen. Die meisten Offiziere und Soldaten ergriffen Partei für ihre eigene Rasse. Mit schnell schießenden Gewehren und Kartätschen verübten sie an den Familien der Indianer Mord, wenn sie die Krieger nicht bestrafen konnten.

Die Rädelsführer entkamen ihnen oft, bis junge Offiziere unter den Generälen Crook, Sheridan und Sherman endlich die kriminellen Indianer mit ihren eigenen Methoden zu bekämpfen versuchten, mit zähen Such- und Ergreif-Patrouillen, die paritätisch aus erfahrenen Soldaten der Bürgerkriegsarmee und indianischen Scouts, gelegentlich auch aus ehemaligen Trappern, zusammengesetzt waren. Die Indianer im Sold der Armee wurden die ärgsten Feinde der mit ihnen traditionell verfeindeten Stämme, denn sie beglichen alte Rechnungen.

Die Offiziere waren auf Eigeninitiative angewiesen. In Westpoint hatte ihnen niemand den Unterschied zwischen konventioneller und Guerilla-Kriegsführung erklärt. Besondere Anweisungen für die Bekämpfung der Indianer gab es nicht. Der Vorwurf des Völkermords trifft weder die amerikanische Politik noch die Armee insgesamt und allgemein. Mann gegen Mann waren die Indianer den Soldaten an Schnelligkeit, Kraft und Wendigkeit weit überlegen. Sie hatten auch den wesentlichen Vorteil, das Land zu kennen. Sie tauchten plötzlich auf und verschwanden wieder. Wenn man ihnen nicht nachsetzte, hatte man gegen sie keine Chance. Erst als die Soldaten die Indianer hetzten und ihnen keine Ruhe mehr gönnten, hatten sie selbst weniger Verluste. Aber nun starben noch mehr unschuldige Frauen und Kinder, von denen sich die aufständischen oder räuberischen indianischen Krieger nicht trennten. Und hatten die Soldaten erst ein Indianerlager entdeckt, machten sie meistens alles nieder.

Der ethische Stand dieser Armee war schwach. Sie verstand ihren Auftrag als kolonialen Eroberungsfeldzug – die Eingeborenen in Schach zu halten und sie einzuschüchtern, das war ihr selbsterklärtes Ziel. Nur selten handelten Offiziere als Vertreter einer neutralen Schutzmacht für beide Seiten, als Exekutive eines Rechtsstaates. Aufgepeitschte Emotionen und Terror von allen Seiten zogen auch die Truppe in ihren Bann. Kreativität hat sie bei der Lösung der Indianerfrage kaum entwickelt; unbenommen dennoch das faire Engagement einiger gebildeter Offiziere und Soldaten.

Indianer wurden gelegentlich auch mißbraucht, um Feindschaften zwischen den weißen Siedlern auszutragen. Das Mountain Meadows Massaker 1857 ist dafür eines der finstersten Beispiele. Fanatische Mormonen unter der Führung von John D. Lee hetzten die Indianer gegen eine weiße Siedlungsgruppe mit 120 Angehörigen auf, die sie als Ungläubige diffamierten. Sie wurden von den aufgewiegelten Indianern grausam umgebracht. Vermutlich spielte dabei die Belohnung eine entscheidende Rolle.

Andererseits hatten die seit 1847 am Salt Lake ansässigen Mormonen bewußt auf die Befriedung der Indianer im Einzugsbereich ihres Staates hingewirkt. Innerhalb nur eines Jahrzehnts schufen sie ein intaktes und autarkes Gemeinwesen. Es erfreute sich der ungeteilten Bewunderung neutraler Autoren, weckte aber auch die Kritik durchziehender Siedler, die dort überwinterten und dafür eine Aufenthaltssteuer bezahlen mußten.

Die Mormonen hatten sich vor allem durch ihr drastisches Sendungsbewußtsein bei ihren weißen Mitbürgern unbeliebt gemacht. So wurden die Indianer ihre natürlichen Verbündeten. Der in Indianerfragen weitblickende Offizier Gunnison urteilte: »Die Mormonen ersetzen im Umgang mit den Indianern eine Armee.« Mormonenführer Brigham Young faßte die Einstellung seiner »Heiligen der Späten Tage« nüchtern wie folgt zusammen: »Es ist billiger, die Indianer zu bezahlen, als sie zu vertreiben.« Der Mormonenstaat schuf ein Modell für ein mögliches Zusammenleben mit den Ureinwohnern. Doch als ungeliebter Außenseiter setzte er sich damit in der Union nicht durch.

In der zweiten Hälfte der 50er Jahre des vergangenen Jahrhunderts nahm westlich des South Pass das Bandenunwesen zu. Kriminelle Gebirgler, Goldsucher und Desperados jeder Art, darunter viele entsprungene Häftlinge, überfielen die Trecks, um sie auszurauben. Dabei wüteten sie schlimmer als irgendein rachsüchtiger Indianertrupp, denen sie die Massaker anzuhängen versuchten. Diese Banden hinterließen möglichst keine Zeugen; sie skalpierten auch die Frauen und verstümmelten selbst die Kinder nach Art der Indianer.

Auch einige Mormonen sollen an derartigen Überfällen teilgenommen haben, wenn die Opfer Gentile waren, also Ungläubige. Nach Zeugenaussagen vor Richtern in Salt Lake City taten sich kriminelle Weiße mit räuberischen Indianern zusammen – in einem bezeugten Fall weit über 100 Weiße mit 350 Indianern. Die wie Rothäute tätowierten Banditen müssen häufig aufgetreten sein. Die Armee warnte vor den »blauäugigen, Schnurrbärte tragenden und fließend Englisch sprechenden weißen Indianern«. Doch weiße und rote Kriminelle wurden von der städtischen Presse in einen Topf geworfen. Weiße Berichterstatter zogen es vor, den Blutrausch und die Raubgier ihrer bleichgesichtigen Mitbürger unter den Teppich zu kehren.

Die Regierung in Washington versuchte endlich, beginnend mit dem Vertrag von Fort Laramie 1851, das »Indianerproblem«, wie man es untertreibend nannte, gütlich zu lösen – mit Verhandlungen über Gebietsabtretungen und nicht wie bisher durch martialische Armeepatrouillen, die den »Wilden« das Fürchten beibringen sollten. Dazu hatten die Indianeragenten, die ihre Schützlinge und ihre brutalen weißen Gegner besser kannten, immer schon geraten.

Die Abgeordneten des Kongresses und die Senatoren waren in der deutlichen Mehrheit keine »Indianerfresser«. Sie und die meisten Präsidenten verhielten sich eher unentschieden.

Das Indianerproblem betrachtete man im fernen Washington meistens als eine Angelegenheit der lokalen Politik und der Privatinitiative, bis sich auch die Bundesregierung ihrer Verantwortung nicht mehr entziehen konnte. Eine säbelrasselnde Armee mochten sich am Potomac nur wenige für einen friedenschaffenden Eingriff in die Auseinandersetzungen der amerikanischen Westwärtsbewegung mit den westlichen Indianerstämmen vorstellen – ausgenommen vielleicht die gewaltsame Befriedung so traditionell kriegerischer Stämme wie der Paiute und der Sioux.

Die US-Dragoner mit gezogenem Säbel in ihren blauen Uniformen, die unter dem Sternenbanner bei Hörnerklang vorpreschende Kavalkade, die hinter umgestürzten Wagen geduckten Infanteristen und die in wehendem Federschmuck attackierenden Rothäute flimmern auch heute noch zum ungebrochenen Vergnügen vieler über die Bildschirme. Selbst die ernsthafte Literatur hat den amerikanischen Indianerkriegen mit ihren zu Schlachten hochstilisierten Scharmützeln unverdient viel beschriebenes Papier gewidmet.

Bloße Zahlen und nackte Tatsachen – beispielsweise wurden zwischen 1848 und 1861 nach Aufzeichnungen der Armee 206 Gefechte zwischen Soldaten und Indianern ausgetragen – gaben noch nicht die Wahrheit wieder. Meistens handelte es sich um taktische Maßnahmen, mit denen kleine Einheiten vorsorglich den Überlandreisenden oder Expeditionen zur Hilfe kamen. Selten wurden mehrere Hundert Infanteristen oder Reiter auf einmal ins Feld geführt. Mit einer Truppenstärke von 7000 waren 1860 die US-Garnisonen im fernen Westen gar nicht fähig, den Indianern entscheidende Schlachten anzubieten. Größere Einheiten im Feld hatten auch ständig Versorgungsprobleme.

Die von Reformern und seriösen Politikern erhoffte kulturelle Angleichung der heutigen Indianer hat in der Regel enttäuscht. Der Verlust der Identität war für die Umerziehung ein hoher Preis.

Immerhin gab es auch schon im vergangenen Jahrhundert ein Dutzend bis in hohe Ämter aufgestiegene Indianer, die ihren Anzug wie jeder weiße Gentleman trugen. Einige Tausende haben sich inzwischen als Akademiker, Polizisten, Ranger, Stahlbauarbeiter, Hersteller und Händler von Andenken, Kellnerinnen oder Büroangestellte, um nur einige der wichtigsten Berufe zu nennen, ins weiße Umfeld eingefügt. Sie haben erfolgreich den Bruch mit der eigenen Vergangenheit vollzogen, einer Kultur, die manchem weißen Amerikaner wieder erstrebenswert erscheint. Aussteiger aus der modernen Berufswelt, Rentner und Alternative verfolgen die Spuren indianischen Lebens in seine besseren Zeiten zurück. In Montana, Idaho, Utah und anderen westlichen Staaten leben sie unter einfachen Bedingungen in einsamen Blockhütten oder auf Familienfarmen, die sie allein bewirtschaften – rundum immer noch Wildnis, nur ein meilenweiter Schotterweg zur Zivilisation, zu einer Tankstelle am Highway oder einem Provinznest. Junge Leute, die wir trafen, gehen mit selbstgebastelten Bogen und Pfeilen statt mit Gewehren auf die genehmigte Jagd und geben somit den Bären noch eine Chance gegen den Menschen.

Akkulturation umgekehrt? Eher die Aufklärung eines Mißverständnisses: Zivilisation ist eine Errungenschaft, die ein dichtes Zusammenleben der Menschen ermöglicht und erleichtert, aber sie ist kein Wert an sich, wie man lange dachte! Der Mythos des 20. Jahrhunderts vom »Leben an der Grenze« stützte sich auf die »Zurück-zur-Natur«-Bewegung, den Aufstand gegen die Konvention und den Staatseinfluß, der die Selbstverwirklichung hemmt. Darum geht es auch heute wieder vielen Menschen, wenn sie den Städten und dem Berufsalltag entfliehen und einer Gesellschaft, die ihre Probleme immer weniger in den Griff bekommt. Die Indianer dagegen nutzten die Natur extensiv und paßten sich ihr an, weil sie keine andere Wahl hatten. Unter der Bedingung, eine großräumige Landschaft zur Verfügung zu haben, war das vorbildliches Wirtschaften. Ohne den Dogmenstreit »besser zivilisiert als wild« hätten die Bleichgesichter von den Rothäuten viel für die Bewältigung der Zukunft lernen können!

Kaum ein Trost für die Ureinwohner, denen der bereits erwähnte Catlin im Stile Rousseaus oder Chateaubriands einen bewegenden Nachruf gewidmet hat: »Ich habe diese unschuldigen Menschen in ihrer natürlichen Einfachheit gesehen, mit ihrer Tabakpfeife und ein paar Kleinigkeiten für den täglichen Gebrauch glücklicher als Könige und Prinzen. Ich habe sie vor der Zivilisation mit allen ihren Untugenden zurückschrecken sehen ... Ich habe auch erlebt, wie diese Menschen ihre Bindungen an ihren heimatlichen Boden und ihre kleinen Vergnügungen verloren haben, wie sie ihre Wigwams in Brand setzten, über den Gräbern der Väter trauerten ... wie sie ihre Hand vor den Mund hielten, um ihren Kummer nicht laut herauszuschreien, als sie einen letzten Blick auf die ihnen nun nicht mehr gehörenden Jagdgründe warfen und sich dann traurig der untergehenden Sonne zuwandten. Dann war ich auch oftmals Zeuge, als die geschäftigen, lauten, übersprudelnden Weißen sich näherten und die zurückgelassenen Gräber einfach umpflügten. Ich war dabei, als der große und unwiderstehliche zivilisatorische Fortschritt über alles hinwegfegte, was zuvor von Bedeutung gewesen war ... Von den hohen Felsen der Rocky Mountains schauten die unglücklichen Wilden mit geschwollenen Augen zurück auf die endlosen Gebiete, die einmal ihnen gehört hatten.«

Einen Versuch, diese verhängnisvolle Entwicklung abzumildern, unternahmen Wesley Powell und G. W. Ingalls. Sie konnten im August 1873 in Salt Lake City in einer großen Konferenz vielen der bereits im Krieg mit den Weißen lebenden Stämme die Zusicherung abringen, sich in großzügig bemessene Reservate zurückzuziehen, wenn die US-Regierung dem zustimmen würde. Die beiden Männer legten ein Jahr später dem Kongreß einen Report zur Lage dieser südwestlichen Indianer vor, der dann immer neue Untersuchungen mit der zusammenfassenden Feststellung auslöste, daß den Indianern bitteres Unrecht widerfuhr.

Powell entwarf ein Acht-Punkte-Programm für die Reservate, welches den Indianern ermöglichen sollte, ihren eigenen Lebensunterhalt in Würde zu bestreiten. Darin spiegelte sich die protestantische Arbeitsethik ebenso wider wie die sozialen Überzeugungen des Wuppertaler Fabrikantensohns Friedrich Engels, Mitverfasser des »Kommunistischen Manifests«. Das Ziel war die Amerikanisierung der Ureinwohner in einer Umgebung, die ihrer traditionellen Lebensweise noch annähernd entsprach. Powells Programm hat die spätere Indianerpolitik der USA stark beeinflußt. Aber die den Indianern aufgezwungene Degeneration aufhalten, das konnte sie nicht.

FRIEDENSPFEIFEN UND KARTÄTSCHEN

Den Untergang vor Augen, leisten die kriegerischen Stämme disziplinierten Widerstand. Doch die militärischen Siege sind nur von kurzer Dauer. Die gedemütigte Armee metzelt schließlich Krieger, Frauen und Kinder in den Indianerlagern nieder. Ein gedrücktes Leben in dürftigen Reservaten ist für die meisten der überlebenden Ureinwohner der USA zur Endstation geworden.

Mit dem Bau der ersten Eisenbahnen über die westlichen Indianerreservate geriet die US-Regierung, die für diese großen Projekte privater Financiers die Garantie übernommen hatte, in der bis dahin hinhaltend beschiedenen Indianerfrage unter Zugzwang. Man verlegte sich auf drängendes Verhandeln mit den rechtmäßigen Landbesitzern, die man nach den geltenden Gesetzen nicht mehr einfach enteignen konnte. Doch nun machte auch die andere Seite mobil. Aber die fähigen Führer der kriegerischen Stämme erkannten zu spät, daß sie den weißen Amerikanern nicht mehr mit marodierenden Banden nach der Väter Sitte entgegentreten konnten.

Männern wie dem Häuptling Sitting Bull oder Chief Joseph war klargeworden, daß mit Friedenspfeifen die Invasion der Amerikaner und die Okkupation ihrer Jagdgründe nicht aufzuhalten war. Sie erkannten, daß man den Weißen eine disziplinierte Verteidigung nach dem Vorbild der US-Armee androhen mußte. Doch die Front der Siedler war bereits bis zum Pazifik vorgerückt – über die Indianer hinweg, die auf verlorenem Posten standen und gleichsam den Eroberern hinterherschauten. Nun handelte es sich für die Weißen im Westen nur noch darum, die Verbindungen zu den Oststaaten zu sichern. Das war eine Existenzfrage für die neuen Territorien jenseits der Prärie. Frühere Konzepte, die Indianer zu dulden, waren damit überholt. Es sollte noch schlimmer kommen für sie, als Catlin und andere Kritiker der Indianerpolitik es vorausgesehen hatten.

Die Auseinandersetzung mit den Ureinwohnern trieb ihrem endgültigen und tragischen Ende zu, als diese bewiesen, daß sie auch offenen, organisierten Widerstand leisten konnten. Am Rogue River in Oregon und am Oberlauf des Columbia River verwickelten die Indianer die Armee in einen Zwei-Fronten-Krieg. Die Armee entschied ihn bis Ende der 50er Jahre mit Haubitzen für sich. Häuptlinge wurden reihenweise hingerichtet. An der Küste des Pazifik wurden acht Reservate für das besiegte Volk eingerichtet. Colonel Wright hatte den Aufstand brutal niedergetreten. 1860/61 gingen im Südwesten die Apachen gegen Soldaten und Bergleute in ihrem Revier vor, nachdem man Häuptling Colorado ausgepeitscht und Cochises Familie als Geiseln genommen hatte – völlig grundlose und perfide Provokationen. Beide Häuptlinge wurden schließlich heimtückisch von Soldaten ermordet, als die Apachen besiegt waren. Wieder gaben die Kanonen den Ausschlag. General Jimmy Carleton triumphierte.

Minnesotas erster Gouverneur, der mit eisernem Besen

kehrende Major Henry H. Sibley, unterdrückte den Aufstand der Sioux in seinem Staat, der vielen Siedlern das Leben gekostet hatte und von jungen, die Friedenspolitik der Alten verachtenden Indianern entfacht worden war. Little Crow, der nur widerstrebend die Erhebung anführte, wurde später beim Beerenpflücken hinterrücks erschossen. Sein Mörder erhielt eine Prämie von 500 Dollar.

Kit Carson eroberte die Zitadelle der nicht vertragswilligen Navajo im tiefen Canyon de Chelley im Auftrag des kaltschnäuzigen General Carson; dabei trug der ehemalige Trapper und Scout Offiziersuniform. Chivingtons Massaker an den Cheyenne, das ausnahmsweise durch Ausstoß aus der Armee gesühnt wird, wurde bereits erwähnt. Es bewirkte zwei unterschiedliche Entwicklungen: eine weitere Verschärfung der Unruhen durch große, aber erfolglose Armeeaufgebote gegen die Guerilla und zunehmendes Nachdenken über eine weniger auftrumpfende Indianerpolitik. Red Cloud und seine Sioux-Krieger setzten nach einem totalen Sieg über eine Armee-Einheit in Wyoming durch, daß der Bozeman Trail für die Siedler durch ihr Revier nach Montana aufgegeben wurde. Das Nachgeben war bezeichnend für die schwankende Indianerpolitik von 1860 bis 1890.

Das Verhängnis für die Indianer nahm seinen Lauf, als 1873 eine gemischte Gesellschaft aus Wissenschaftlern, Technikern, britischen Edeltouristen und Soldaten zum Yellowstone River aufbrach. Die Armee sollte die abschließenden Vermessungsarbeiten für die North Pacific Railroad durchführen, die dann aber nicht gebaut wurde. Der Auftrag an die 1900 Soldaten mit einem Troß von 250 Wagen lautete, »die Indianer einzuschüchtern«. Mit von der Partie waren 30 indianische Pfadfinder und als

Anführer einer Vorhut von Elitekavalleristen der in Indianerscharmützeln bewanderte Colonel Custer. Den Aufbruch schilderte der mitreisende Korrespondent der »New York Tribune« so: »Mit englischen Lords, Wissenschaftlern und militärischen Außenseitern jeder Art ließ sich das ganze mehr wie ein Picknick an.«

Aber es endete nicht, wie es begann. Am 4. August 1873 stieß Custer auf Sioux, die er wegen ihrer offensichtlich feindlichen Haltung sofort angriff. Daraus entwickelte sich ein Gefecht, bei dem die Indianer erst klein beigeben mußten, als Verstärkung für die Kavallerie heranrückte. Tage später konnte Custer ein weiteres Treffen für sich entscheiden. Aber Custer hätte auffallen müssen, daß die Indianer gelernt hatten, in Reih und Glied zu kämpfen. Doch diesmal blieb die Armee in der Schlacht von Big Horn noch Sieger.

1874 forderte Custer die Sioux mit einer Militärdemonstration in ihrem Heiligtum, den am French Creek gelegenen Black Hills, östlich des Little Missouri, erneut heraus. Man hatte in den Black Hills Gold entdeckt, wie Custer richtig vermeldete. Deshalb sollte dieses Gebiet den Sioux schon bald nicht mehr gehören. Diesmal griffen die Indianer nicht sofort an, aber sie blieben gegen die US-Armee und den verhaßten Custer, gegen die Siedler und Goldsucher auf dem Kriegspfad. Das Töten und Getötetwerden nahm System an.

1875 zitierte das erboste Washingtoner Indianerbüro, das damals noch nicht sehr alt war, alle Sioux außerhalb der bereits eingerichteten Reservate zu ihren zuständigen Agenten. Kaum einer der Indianer ließ sich blicken. Im darauf folgenden Frühjahr wurden 2200 Mann der Armee aus verschiedenen Garnisonen gegen die Sioux in Marsch gesetzt. Erneut war Custers 7. Kavalleriebrigade mit 600 Berittenen dabei.

Aber wider Erwarten hielten die Sioux stand. Berittene Oglala des Häuptlings Crazy Horse schlugen an einer zweiten Front General George Crook zurück. Crook hatte 1871/72 die Apachen Arizonas im Salt River Canyon besiegt und danach die südwestlichen Indianer durch feste, aber faire Behandlung auf Reservate beschränken können. Er war ein integrer und erfahrener Offizier. Doch nun traten ihm durch Disziplin und Bewaffnung gleich starke Feinde am Rosebud Creek im südlichen Montana entgegen. Die Situation richtig einschätzend, konnte er sich ohne große Verluste zurückziehen.

Doch der stürmische Custer, der Indianer lieber tot als lebendig sah, wie so viele seiner mitleidlosen und arroganten Berufskollegen im Dienst der landgierigen »Grenzamerikaner«, teilte seine Kräfte auf, um ein Dorf der Sioux zu umzingeln. Was dann geschah, sollte seine letzte Attacke werden. Custer und 224 seiner Soldaten wurden von einer im Hinterhalt liegenden Übermacht der Indianer bis zum letzten Mann niedergemacht.

Die amerikanische Nation fühlte sich tief gedemütigt. Wie konnten »Wilde« eine zwar kleine, aber gutgerüstete Armee schlagen? Nach Vergeltung riefen nun auch die gemäßigteren Kräfte. Das besiegelte den Untergang der Indianer im Nordwesten. 1877 wurden Sioux und Cheyenne in einige kleine Reservate am Missouri verbannt, nachdem man sie aus ihrer Heimat in den Black Hills und am Big Horn vertrieben hatte. Nur Sitting Bull und einige seiner Getreuen entkamen, bis man auch sie schließlich einfing und in das Pine Ridge Reservat an der Grenze der beiden Dakotas verbrachte.

Im gleichen Jahr liefen junge Krieger der Nez Percés gegen Siedler Amok und töteten 18 von ihnen, weil sie von Weißen in Idaho, im Staat Washington und in Oregon zurückgedrängt worden waren. Wieder rückte die Armee an. Zunächst mußte die Truppe eine Schlappe einstecken. Doch dann flüchteten 700 Männer, Frauen und Kinder der Nez Percés über die Rockies, um bei den Crows Zuflucht zu suchen. Ihr geistiges Oberhaupt, Chief Joseph, hielt die weit überlegene Armee in für beide Seiten verlustreichen Rückzugsgefechten über mehr als 1000 Kilometer hin. Nahe der kanadischen Grenze liefen Chief Joseph und seine erschöpften und ausgehungerten Stammesangehörigen General Nelson Miles in die Falle.

Als 1882 im Südwesten die Häuptlinge Victorio und Geronimo halbverhungert in ihren unfruchtbaren Reservaten den Aufstand probten, wurden sie von General Crook endgültig niedergeworfen.

Nun lernten die Indianervölker ohne Ausnahme das trostlose und harte Leben in den Reservaten kennen, die ihnen der amerikanische Staat verstreut über den trockenen und gebirgigen Westen zugewiesen hatte. Viele Stammesangehörige mußten hungern und frieren. Selbst wenn sie genug zu essen hatten – es war nicht das Leben, das sie im Rhythmus mit der Natur und dem Zug der Büffelherden seit Generationen geführt hatten. Der existentielle und spirituelle Hintergrund ihres früheren Daseins schwand dahin. Leidenschaftliche Krieger und Jäger sollten zu Farmern werden! Dazu taugten diese Nomaden nicht.

Mit Rinderzucht waren die meisten Indianer besser vertraut; aber die Indianerbehörde unterstützte diese Bemühungen nur halbherzig. Den Büffel hatten die Weißen Ende der 60er Jahre des vergangenen Jahrhunderts abgeschlachtet – zuletzt eine Million jährlich. Nur die Zungen und die Felle wurden genommen. Die stinkenden Kadaver garnierten jahrelang die Prärie. 25 Jahre davor gab es schätzungsweise noch 13 Millionen lebende Exemplare. Für die Indianer war das Ausbleiben der Büffel eine Katastrophe – nicht nur physisch, sondern auch psychisch. Viele verfielen ohne die Jagd, die weit mehr als nur Nahrungs- und Materialbeschaffung für dieses Jägervolk war, in Depression. Ihr soziales und kulturelles Leben erlosch. Die meisten Häuptlinge führten neben den weißen Agenten nur noch ein Schattendasein. Die Medizinmänner wurden dem Gespött preisgegeben.

In den Köpfen und Herzen herrschte Leere. Die jüngeren Familien legten die nur ungenügend wärmende Kleidung der Weißen an und zogen aus ihren lichten Tipis, den Zelten der Nomaden, in düstere Blockhäuser um. Washington hielt das für Akkulturation. Kinder wurden gar aus ihren Familien gerissen und in weiße Internate geschickt. Die Indianer waren empört und verstört.

Der härteste Schlag traf diese entwurzelten und orientierungslosen Menschen, als man ihnen ihre alten Riten und Tänze verbot. Darin hatten sie wenigstens noch religiösen Halt gefunden und ein wenig Gemeinschaftsleben. Im Tanz fanden die Indianer zu sich selbst und zu sozialen Bindungen, zumal viele Tänze Beschwörungsriten waren – für Sieg, Jagdglück und Regen beispielsweise. Obendrein kürzte Washington in einer Anwandlung von Sparsamkeit die Rationen.

Enttäuschung und Verzweiflung zermürbten die Menschen. Sie waren eine geschlagene und verachtete Völkergemeinschaft, die nur noch ihre Hilflosigkeit verband. Solche Gemeinschaften öffnen sich fast zwangsläufig metaphysischen Heilsbotschaften und ihren Propheten. Der Messias erschien in der Gestalt eines Paiute von Nevada und verkündete ein friedliches Paradies nur für Indianer. Friede und ein besseres Leben im Jenseits – das war attraktiv. Christliche und herkömmliche Religiosität mischten sich.

Der indianische Messias zeigte den zu ihm Strömenden seine Kreuzigungsmale – »beigebracht vor Hunderten von Jahren von den Weißen«, behauptete er. Der »Geistertanz« war das Medium, um sich in die künftige, rein indianische und ideale Welt zu versetzen – sozusagen ein Vorschuß auf die Ewigkeit. Die Sioux und viele andere Nationen und Stämme lernten, in schleppenden Kadenzen wie die beschworenen Geister um einen Gebetsbaum zu tanzen. Der skeptisch gebliebene Häuptling Red Cloud verkündete pragmatisch: »… man kann ja nicht wissen.«

So spielten sich vor allem in der Pine Ridge Reservation unter den Augen eines feigen und erregbaren Agenten ekstatische Szenen ab. Der Weiße war durch die Situation völlig überfordert. Um der Ankunft des Paradieses mit einem Aufstand nachzuhelfen, gaben indianische Demagogen die Devise aus, die Hemden ihrer Geistertänzer seien kugelsicher. Bei einem Kampf hätten sie nichts zu verlieren, nur das Paradies zu gewinnen. Ein Massaker bisher unbekannten Ausmaßes an den weißen Siedlern der Region schien sich abzuzeichnen.

Der »Große Weiße Vater« schickte schließlich Truppen. Als sie anrückten, flohen 2000 bis 2500 aufrührerische Indianer in eine natürliche Festung auf einem Plateau. Die friedlichen »Geistertänzer« blieben; gleichwohl kam zunehmend Solidarität auch mit den feindlichen Stammesbrüdern auf. Aus der Sicht der Weißen schien sich der totale Aufruhr anzubahnen. Weitere Häuptlinge und ihre Krieger, so hieß es, wollten »zur Festung aufbrechen, um es den Weißen zu geben«.

Sitting Bull von den Sioux und Black Foot, der den Stamm der Miniconju anführte, wurden von den Indianerpolizisten gejagt. Den alten Sitting Bull und sieben seiner Männer erschossen sie ohne Gegenwehr. Black Foot, der an Grippe erkrankt war, versprach, zu seinem unweit am Wounded Knee Creek zeltenden Stamm zurückzukehren. Ob die beiden fliehen oder kämpfen wollten, steht nicht fest. Der »feuerspuckende, aber die Diplomatie vorziehende« General Miles dachte nicht daran, sich an der Festung die Zähne auszubeißen, hatte er doch die Zurückgebliebenen mit Frauen und Kindern als Geiseln.

Einige Wochen später, Ende Dezember 1890, zieht ein grauer und stürmischer Tag herauf. Schnee bedeckt das Tal. Die Armee hat die Tipis der Blackfeet umstellt. Es herrscht eine nervöse Spannung. Ein Medizinmann wiegelt die »Ghost Dancer« auf. Aber daran, übereinander herzufallen, denken weder Indianer noch Soldaten. Die Miniconju sind nicht einmal alle bewaffnet. Da löst sich versehentlich ein Schuß, als ein Soldat einem tauben Indianer den Karabiner wegnimmt. Sofort feuern beide Seiten gleichzeitig eine Salve aufeinander ab. Ein Handgemenge gibt es jedoch nicht; die Gegner gehen auf Abstand. Die Artilleristen nehmen das als Signal für ihren Einsatz. Kurze Zeit darauf ist das Schlachtfeld mit über 150 zerrissenen indianischen Leichen übersät.

So passierte am Wounded Knee zum letztenmal, was bis dahin schon so oft halb zufällig, halb gewollt geschah: Provokation und Machtdemonstration kulminierten in einer Orgie von Blut in dem Augenblick, als sich schon der Vorhang über das westliche Indianerdrama senkte. Einen solchen letzten Zusammenstoß, der die Beziehungen zwischen Weißen und Indianern fortan belasten würde, hatte der schneidige, aber auf sein friedliebendes Renommee bedachte General Miles immer befürchtet. Hätte man ihm vorhergesagt, daß nur 50 Jahre später, im Zweiten Weltkrieg, 25 000 Indianer Seite an Seite mit weißen und schwarzen Amerikanern gegen die Deutschen kämpfen würden, er hätte wohl bitter aufgelacht.

Die weißen Amerikaner waren nun unangefochten die Herren des Indianerlandes. Aber zurück blieb die Verlegenheit darüber, wie es dazu kam: anfangs durch den Verzicht auf ein indianerpolitisches Konzept, dann durch ein falsches. Die Weite des Landes hatte über Jahrzehnte die Konfrontation zwischen zwei unterschiedlichen Kulturen abgefedert. Als eine spontane Binnenwanderung mit teils hehren, teils windigen Beweggründen alles überrollte, prallten sie mit tragischen Folgen für die Schwächeren von beiden aufeinander.

Doch der eigentliche Genozid fand vorher schon durch höhere Einwirkung statt. Nach dem Massensterben durch infektiöse Krankheiten, die wie die Pest in Europa in vielen Gegenden der USA nur Totendörfer, unbestattete Leichen und totalen Untergang hinterließen, waren die mühsam neuformierten Stämme nur noch ein Schatten ihrer früheren regionalen Bedeutung.

Unfähige und korrupte Beamte in den zuständigen Behörden und durch Intrigen untereinander geschwächte Indianervölker, obendrein Kriminalität und Alkohol machten den schmachvollen Sieg der Kultur der Weißen perfekt. Bis zur – von vielen sicher ehrlich erhofften – Akkulturation, in Reservate verbannt, konnten sich die Ureinwohner Amerikas kaum an den ihnen übergestülpten Staat gewöhnen, noch ein neues Selbstverständnis finden.

Auch in den letzten 50 Jahren war die Indianerpolitik des Weißen Hauses ein Zickzackkurs zwischen Bevormundung und überfordernder Selbstverwaltung. Einerseits wollte man die Reservate auflösen und die teuren Hilfsprogramme beenden, andererseits waren die meisten Indianer dafür nicht reif. Sie hatten verlernt, ihren eigenen Weg zu gehen.

Ein Leben außerhalb der Reservate wird heute von der US-Regierung ermutigt. Aber immer noch ist die Andersartigkeit der Indianer ein Vorwand für mangelnde Gleichbehandlung oder Schikanen. Die amerikanische Gesellschaft in der Provinz, wo die meisten Indianer leben, achtet auf gleichförmiges soziales Verhalten und ist für Minderheitenpolitik bei schwerintegrierbaren Volksgruppen wenig aufgeschlossen. Nur der Schmelztiegel hatte schließlich die nationale Einheit mit akzeptablen Normen für den Umgang miteinander bewirkt – so die öffentliche Meinung. Zugegeben: Die schnelle Verwahrlosung der nagelneuen, von der Regierung finanzierten Siedlungshäuser in den Reservaten, rundum mit einem Haufen von Schrott und ausgedienten Autokarossen, ist nicht gerade ermutigend für den amerikanischen Steuerzahler.

Eine touristische Attraktion sind die zugänglichen Indianerreservate in ganz Nordamerika nur unter der Bedingung, daß man sie auch als eine chauvinistische Entgleisung besichtigt, an der viel fehlgeleiteter guter Wille beteiligt war. Die gedrückte Stimmung in vielen Reservaten mit bis zu 90 Prozent Arbeitslosigkeit zeugt gegen alle verharmlosenden Versuche, diese Konzentrierung und Isolierung der Ureinwohner nach Walt-Disney-Art zu indianischen Märchenparks aufzuwerten. An den Buden der Schmuckverkäufer mag zwar der Touristendollar rollen – aber Frohsinn will darüber im Gedenken an die große Vergangenheit der amerikanischen Ureinwohner ebensowenig aufkommen wie bei dem Hinweis auf die Millionenerträge der von den Stämmen betriebenen Glücksspielhallen oder Supermärkte. Imponierender dagegen der Navajo-Führer im Mesa-Verde-Nationalpark, der in gehobenem Englisch und mit sanfter Ironie die bestaunten Cliff-Bauten seiner Vorfahren erklärt und dabei auf jede einschlägige Frage eine Antwort weiß.

Ach ja, und da ist auch noch der geschäftstüchtige rotbraune Spaßvogel im echten Indianerdress, der im Reservat am Vier-Staaten-Eck für die Touristen als Fotomodell posiert – für »Pinke-Pinke«, wie er sagt. Er verabschiedet sich mit »tschüs!« und bittet uns, seine vielen deutschen Freunde »drüben« zu grüßen.

LITERATURVERZEICHNIS

William H. Goetzmann: »Exploration and Empire – The Explorer and the Scientist in the Winning of the American West«, New York, 1967

Bernard DeVoto: »The Journals of Lewis and Clark«, Boston, 1953

Bernard DeVoto: »Across the Wide Missouri«, Boston, 1947

Irving Stone: »Men to Match My Mountains – The Opening of the Far West 1840–1900«, New York, 1956

Richard White: »It's Your Misfortune and None of My Own – A History of the American West«, Norman/London, 1991

Ray Allen Billington: »Westward Expansion – A History of the American Frontier«, New York, 1954

Lewis O. Saum: »The Fur Trader and the Indian«, Seattle/London, 1965

Alvin M. Josephy, Jr.: »The Indian Heritage of America«, Washington, 1952

Robert M. Utley: »The Indian Frontier of the American West 1846–1890«, Albuquerque, 1984

Robert M. Utley and Francis A. Ketterson, Jr.: »Golden Spike – National Historic Site«, Handbook, National Park Service, Washington, D.C., 1969

Anne Farrar Hyde: »An American Vision – Far Western Landscape and National Culture, 1820–1920«, New York/London, 1990

Hiram Martin Chittenden: »The American Fur Trade of the Far West«, Vol. 1+2, Fairfield, 1976

Irving Washington: »The Adventures of Captain Bonneville, U.S.A., in the Rocky Mountains and the Far West – Digested from his Journal«, Norman, 1961

Richard H. Peterson: »Bonanza Rich – Lifestyles of the Western Mining Entrepreneurs«, Moscow, Idaho, 1991

Henry Savage, Jr.: »Discovering America, 1700–1875«, New York/Toronto, 1979

Patricia Nelson Limerick: »The Legacy of Conquest – The Unbroken Past of the American West«, New York/London, 1987

John D. Unruh, Jr.: »The Plains Across – The Overland Emigrants and the Trans-Mississippi West 1840–60«, Illinois, 1979

Jessie L. Embry and Howard A. Christy (Hrsg.): »Community Development in the American West: Past and Present Nineteenth and Twentieth Century Frontiers«, Charles Redd Center for Western Studies, Provo, Utah, 1985

Ediciones Moreton: »El Nuevo Mundo«, Vol. 2, Historia de los Decubrimientos y Exploraciones, Bilbao, 1876–1978

Nelson M. Blake, W. Freeman Galpin, Henry Schwartz: »Great Issues – The Making of Current American Policy«, New York, 1951

Richard A. Bartlett, William Goetzmann: »Exploring the American West 1803–1879«, Handbook 116, National Park Service, Washington, D.C., 1982

David Lavender: »The Great West«, New York, 1910/1965

David Lavender: »Fort Laramie and the Changing Frontier«, Handbook 118, National Park Service, Washington, D.C., 1983

David Lavender: »De Soto, Coronado, Cabrillo – Explorers of the Northern Mystery«, Handbook 144, National Park Service, Washington, D.C., 1992

David Lavender: »The Overland Migrations – Settlers to Oregon, California and Utah«, Handbook 105, National Park Service, Washington, D.C.

Robert M. Utley: »A Clash of Cultures – Fort Bowie and the Chiricahua Apaches«, Handbook, National Park Service, Washington, D.C., 1977

Albert A. Schroeder and Homer F. Hastings: »Montezuma Castle – National Monument«, Handbook, National Park Service, Washington, D.C., 1954/1985

Propyläen Weltgeschichte, 8. Band, Herausgeber: Golo Mann, Berlin/Frankfurt/Wien, 1960

»Die Geschichte der Indianer – 500 Nations«, Regie Jack Leustig, Vereinigte Staaten, 1994. Odeon Video (acht Folgen/50 Min.)

»Die Welt der Indianer – Geschichte, Kunst, Kultur von den Anfängen bis zur Gegenwart«, München, 1994

George Catlin: Die Indianer Nordamerikas, Kassel, 1973

Frank McNitt: »Richard Wetherill – Anasazi«, Albuquerque, 1995

Maximilian Prinz zu Wied: »Reise in das innere Nordamerika«, Augsburg, 1995

Siegfried Augustin: »Die Welt der Indianer in Augenzeugenberichten, München, 1997

Oswald Dreyer-Einbeke: »Die Entdeckung der Erde«, Frankfurt, 1988

Paul Wilhelm von Württemberg: «Reisen und Streifzüge in Mexiko und Nordamerika«, Stuttgart, 1986

Merrill D. Peterson: »Thomas Jefferson & the New Nation«, London/New York, 1980

National Geographic Journal, Vol. 156, Nr. 6, Dezember 1979
– Vol. 136, Nr. 2, August 1969
– Vol. 155, Nr. 4, April 1979
– Vol. 148, Nr. 5, November 1975
– Vol. 135, Nr. 1, Januar 1969
– Vol. 158, Nr. 1, Juli 1980
– Vol. 154, Nr. 6, Dezember 1978